Hinter dem Sachregister befindet sich ein ausführliches Verzeichnis der

Guttentagschen Sammlung

Deutscher Reichs- und Preußischer Gesetze

— Textausgaben mit Anmerkungen; Taschenformat —

die alle wichtigeren Gesetze in unbedingt zuverlässigem Abdruck und mit mustergültiger Erläuterung wiedergibt.

Guttentagsche Sammlung
Nr. 116. Deutscher Reichsgesetze. Nr. 116.
Textausgaben mit Anmerkungen.

Kriegs-
Zivil- und Finanzgesetze

vom 4. August 1914 an.

Die außerordentlichen reichsgesetzlichen Bestimmungen mit der amtlichen Begründung, den weiter ergangenen Bundesratsverordnungen, Bekanntmachungen und Ausführungsbestimmungen.

Dritte Auflage.

Berlin 1915.
J. Guttentag, Verlagsbuchhandlung,
G. m. b. H.

Vorwort zur ersten Auflage.

Die Notgesetze, die der im August 1914 begonnene Krieg veranlaßte, sind, soweit sie nicht rein militärischer Natur sind, in diesem Bändchen zusammengefaßt. Wie lange sie werden in Geltung bleiben müssen, wissen wir nicht. Ihre Wichtigkeit wird aber noch über die Zeit der kriegerischen Verwickelungen andauern.

Diese Gesetze wurden dem Reichstag am 4. August vorgelegt, ohne Beratung insgesamt angenommen, vom Kaiser unterzeichnet und ebenfalls noch am 4. August im Reichs-Gesetzblatt veröffentlicht.

Alles in Colonel Gesetzte ist amtliche Begründung bezw. Bekanntmachungen, Erlasse und Ausführungsbestimmungen, die weiteren erläuternden Zusätze sind in Nonpareille gegeben.

Berlin, 4. August 1914.

Die Verlagsbuchhandlung.

Vorwort zur dritten Auflage.

Seit dem Erscheinen der zweiten ergänzten Auflage dieses Büchleins hat die gesetzgebende Tätigkeit des Deutschen Reiches auf dem Gebiet des Prozeßwesens, des Finanzwesens, der Sozial- und Wirtschaftspolitik nicht geruht. Der Krieg hat vielmehr dauernd neue Fragen aufgeworfen, die eine Beantwortung auf dem Wege der Gesetzgebung und der verordnenden Tätigkeit der Behörden erheischten. Namentlich der § 3 des sogenannten Ermächtigungsgesetzes vom 4. August (RGBl. S. 327) hat dem Bundesrat weitgehende Vollmachten gegeben, regelnd in das wirtschaftliche Leben einzugreifen, und von dieser Ermächtigung ist, den Forderungen der Zeit entsprechend, reger Gebrauch gemacht worden.

Eine dem Reichstag überreichte Denkschrift über wirtschaftliche Maßnahmen aus Anlaß des Krieges — Reichstagsdrucksachen Nr. 26 vom 23. November 1914 und Nr. 29 vom 30. November 1914 — enthält wichtige programmatische Worte über diese regelnde und ordnende Tätigkeit, von denen die folgenden Sätze hier zitiert seien:

„Der unerwartete Eintritt des Kriegszustandes war naturgemäß geeignet, den Fortgang des wirtschaftlichen Lebens auch in Deutschland schwer zu gefährden. Die Einberufung der Wehrpflichtigen zur Fahne brachte deren wirtschaftliche Tätigkeit plötzlich zum Stillstand; in weitem Umfang griff auch die notwendige Heranziehung von Arbeitsmitteln für Heereszwecke in den regelmäßigen Betrieb von Landwirtschaft und Gewerbe ein. Die Inanspruchnahme der Eisenbahnen für die Militärtransporte lähmte zunächst die Heranschaffung von Nahrungsmitteln, Rohstoffen und anderen Waren. Der hoch entwickelte Welthandel wurde für Deutschland durch die scharfen Maßnahmen der feindlichen Staaten, namentlich Englands, unterbunden und das Wirtschaftsleben des deutschen Volkes damit im großen und ganzen auf die im Lande selbst vorhandenen Kräfte und Mittel eingeschränkt. Dazu kamen insbesondere noch der starke Geldbedarf für die Zwecke der Kriegsführung und die großen Schwierigkeiten in der Erhaltung des für das Wirtschaftsleben unentbehrlichen Kredits. Eine umfassende Arbeitslosigkeit, ein weitgehender Stillstand der Gütererzeugung, des Handels und des Verkehrs und eine bedenkliche Verteuerung der Nahrungs- und Gebrauchsmittel des Volkes traten in gefahrdrohende Aussicht.

Da galt es, durch rechtzeitige und doch wohlerwogene Maßnahmen nach Möglichkeit die deutsche Volkswirtschaft auf eigene Füße zu stellen, sie den schwierigen Verhältnissen anzupassen und einem gedeihlichen Fortgange des Wirtschaftslebens die Wege zu ebnen. Dazu bedurfte es eines planmäßigen, entschlossenen, arbeits- und opferbereiten Zusammenwirkens aller gegebenen Volkskräfte, namentlich auch umsichtiger Arbeit aller beteiligten Behörden, Organisationen und anderen berufenen Stellen.

Bei den bisher getroffenen Maßnahmen handelt es sich, wie nicht verkannt werden darf, in weitem Umfange um besonders schwierige Fragen, die tief in das wirtschaftliche Leben eingreifen, — um Fragen zugleich, deren staatliche Regelung zum ersten Male versucht wird, wobei ohne weiteres damit zu rechnen ist, daß solche Fragen sich kaum mit einem Schlage voll befriedigend lösen lassen. Dabei kommt noch in Betracht, daß solche Regelungen ihrem Zwecke nach auch dem Wechsel der Verhältnisse anzupassen sein werden."

Die hier genannte Denkschrift ist auch zu Erläuterungen der einzelnen Bekanntmachungen im folgenden verschiedentlich herangezogen worden und wird dann kurz als „Denkschrift Seite . . " zitiert, während der Nachtrag (Nr. 29 der Reichstagsdrucksachen) ausdrücklich als Nr. 29 kenntlich gemacht wird. Es ist überdies durchweg das Bestreben des vorliegenden Büchleins gewesen, bei den gegebenen Erläuterungen die amtlichen Auslegungen zu berücksichtigen und ganz oder teilweise wiederzugeben, so namentlich die amtliche Begründung der Gesetze vollständig, aus den genannten Denkschriften dasjenige, was als Erläuterung wichtig erschien, und an einzelnen Stellen (vermutlich offiziöse) Ausführungen der Norddeutschen Allgemeinen Zeitung; der Wortlaut der offiziellen Begründungen erschien für das Verständnis mancher dieser Maßnahmen von besonderer Bedeutung.

Nicht mit aufgenommen sind Verordnungen, die sich auf militärische Dinge beziehen, sowie auf Post, Eisenbahnen, Paßpflicht, Kolonialfragen und Prisenordnung. Auch die zahlreichen Ausfuhrverbote sind nicht aufgeführt; denn da an einer Stelle Halt gemacht werden mußte, sind diejenigen Bekanntmachungen durchweg fortgelassen, die nicht im Reichs-Gesetzblatt veröffentlicht worden sind. Im übrigen dürfte aber ein vollständiges Bild der gesetzgebenden Tätigkeit der ersten fünf Kriegsmonate hier niedergelegt sein. Bei Anordnung des Stoffes ist die sachliche Zusammengehörigkeit der einzelnen Gesetze und Verordnungen maßgebend gewesen, um das Gesamtbild klarer hervortreten zu lassen.

Abgeschlossen Anfang Januar 1915.

Die Verlagsbuchhandlung.

Inhaltsverzeichnis.

Zweiter Teil.

Sozialpolitische und wirtschaftliche Gesetze und Verordnungen.

F. Zahlungsverbote gegen das feindliche Ausland und Ueberwachung ausländischer Unternehmungen.

Erster Teil.

Unterstützungs-, Prozeß- und Finanz-Gesetze und -Verordnungen.

I.

Gesetz zur Aenderung des Gesetzes, betreffend die Unterstützung von Familien in den Dienst eingetretener Mannschaften, vom 28. Februar 1888 (RGBl. S. 59).

Vom 4. August 1914 (RGBl. S. 332).

§ 1. In dem Gesetze, betreffend die Unterstützung von Familien in den Dienst eingetretener Mannschaften, vom 28 Februar 1888 erhält:

1. § 1 Satz 2 folgende Fassung:
   Das Gleiche gilt bezüglich der Familien derjenigen Mannschaften, welche zur Disposition der Truppen- (Marine-) Teile beurlaubt sind, derjenigen Mannschaften, welche das wehrpflichtige Alter überschritten haben und freiwillig in den Dienst eintreten, **sowie des Unterpersonals der freiwilligen Krankenpflege.***)
2. § 2 Abs. 1 folgenden Zusatz:
   c) **dessen uneheliche Kinder, insofern seine Verpflichtung als Vater zur Gewährung des Unterhalts festgestellt ist.**
3. § 2 Abs. 3 folgende Fassung:
   Entfernteren Verwandten und geschiedenen Ehe-

---

*) **Das Fettgedruckte** ist neu.

frauen steht ein solcher Unterstützungsanspruch nicht zu*).

4. § 5 Abs. 1 folgende Fassung:

„Die Unterstützungen sollen mindestens betragen:

a) für die Ehefrau im Mai, Juni, Juli, August, September, Oktober, monatlich **neun Mark**, in den übrigen Monaten **zwölf Mark***),

b) für jedes Kind unter 15 Jahren sowie für jede der im § 2 unter b und c bezeichneten Personen monatlich **sechs Mark**."**)

§ 2. Das Gesetz tritt mit seiner Verkündung in Kraft.

Die amtliche Begründung des Gesetzes lautet:

Das Gesetz, betreffend die Unterstützung von Familien in den Dienst eingetretener Mannschaften, vom 28. Februar 1888 sieht für die Familien der Mannschaften der Reserve, Landwehr, Ersatzreserve, Seewehr und des Landsturms, sobald diese Mannschaften bei Mobilmachungen in den Dienst eintreten, im Falle der Bedürftigkeit Unterstützungen vor. Bei Festsetzung dieser Unterstützungen ist das Gesetz davon ausgegangen, daß es sich nicht darum handelt, Beträge auszuwerfen, welche den vollständigen Unterhalt der zu unterstützenden Personen sicherstellen sollen, sondern diejenigen Mindestbeträge festzusetzen, unter welche nicht heruntergegangen werden darf, sobald im einzelnen Falle das Bedürfnis zur Verabreichung einer Unterstützung überhaupt anerkannt worden ist. Die Verpflichtung, in den Fällen des Bedürfnisses das über die Beträge hinaus Erforderliche zu verabreichen, besteht daneben. Durch die seit Erlaß des Gesetzes veränderten wirtschaftlichen Verhältnisse erscheint eine Erhöhung der Beträge geboten.

Die Erweiterung des Personenkreises trägt nach dem Vorgang der neueren Pensionsgesetzgebung (vgl. § 22 Ziffer 3 des

*) Hier fiel die Bestimmung für die unehelichen Kinder fort, die jetzt mit in die Unterstützung einbezogen sind, sofern sie Unterhaltsansprüche haben.

**) Erhöhung der Sätze.

Gesetzes vom 31. Mai 1901 — Reichs-Gesetzbl. S. 193 —, § 44 des Gesetzes vom 31. Mai 1906 — Reichs-Gesetzbl. S. 565 —, § 17 des Gesetzes vom 17. Mai 1907 — Reichs-Gesetzbl. S. 214 —) der Bedeutung der freiwilligen Krankenpflege für Heer und Marine und dem Bedürfnis nach einer gesteigerten Beteiligung geeigneter Kräfte auf diesem Gebiete Rechnung. Die Familien des Personals der freiwilligen Krankenpflege — entsprechend der Pensionsgesetzgebung — nur für die Zeit der Verwendung auf dem Kriegsschauplatze zu unterstützen, würde dem bestehenden Bedürfnis nicht genügen. Schließlich ist vorgesehen, daß auch die unehelichen Kinder der Eingetretenen einen Unterstützungsanspruch erhalten, insofern sie Unterhaltsansprüche haben.

Das Unterstützungsgesetz von 1888, das wir seiner Wichtigkeit wegen hier abdrucken, lautet nach Einfügung der neuen Änderungen wie folgt:

Gesetz, betreffend die Unterstützung von Familien in den Dienst eingetretener Mannschaften, vom 28. Februar 1888 (RGBl. S. 59) und 4. August 1914 (RGBl. S. 332).

§ 1. Die Familien der Mannschaften der Reserve, Landwehr, Ersatzreserve, Seewehr und des Landsturms erhalten, sobald diese Mannschaften bei Mobilmachungen oder notwendigen Verstärkungen des Heeres oder der Flotte in den Dienst eintreten, im Falle der Bedürftigkeit Unterstützungen nach näherer Bestimmung dieses Gesetzes. Das Gleiche gilt bezüglich der Familien derjenigen Mannschaften, welche zur Disposition der Truppen-(Marine-)Teile beurlaubt sind, derjenigen Mannschaften, welche das wehrpflichtige Alter überschritten haben und freiwillig in den Dienst eintreten, sowie des Unterpersonals der freiwilligen Krankenpflege.

§ 2. Auf die nach § 1 zu gewährenden Unterstützungen haben Anspruch:

a) die Ehefrau des Eingetretenen und dessen eheliche und den ehelichen gesetzlich gleichstehende Kinder unter 15 Jahren, sowie
b) dessen Kinder über 15 Jahre, Verwandte in aufsteigender Linie und Geschwister, insofern sie von ihm unterhalten wurden oder das Unterhaltungsbedürfnis erst nach erfolgtem Diensteintritt desselben hervorgetreten ist,
c) dessen uneheliche Kinder, insofern seine Verpflichtung als Vater zur Gewährung des Unterhalts festgestellt ist.

Unter den sub b bezeichneten Voraussetzungen kann den Verwandten der Ehefrau in aufsteigender Linie und ihren Kindern aus früherer Ehe eine Unterstützung gewährt werden.

Entfernteren Verwandten und geschiedenen Ehefrauen steht ein solcher Unterstützungsanspruch nicht zu.

§ 3. Die Verpflichtung zur Unterstützung liegt den nach § 17 des Gesetzes über die Kriegsleistungen vom 13. Juni 1873 (Reichs-Gesetzbl. S. 129) gebildeten Lieferungsverbänden ob.

Staaten, in welchen von der Bildung besonderer Lieferungsverbände Abstand genommen worden ist, haben die Unterstützungen unter gleichmäßiger Anwendung der nachfolgenden Bestimmungen aus ihren Mitteln zu gewähren.

§ 4. Zur Unterstützung ist derjenige Lieferungsverband verpflichtet, innerhalb dessen der Unterstützungsbedürftige zur Zeit des Beginns des Unterstützungsanspruchs (§§ 1, 10 Absatz 3) seinen gewöhnlichen Aufenthalt hat.

§ 5. Die Unterstützungen sollen mindestens betragen:

a) für die Ehefrau im Mai, Juni, Juli, August, September, Oktober monatlich neun Mark, in den übrigen Monaten zwölf Mark;

b) für jedes Kind unter 15 Jahren sowie für jede der im § 2 unter b und c bezeichneten Personen monatlich sechs Mark.

Die Geldunterstützung kann teilweise durch Lieferung von Brotkorn, Kartoffeln, Brennmaterial usw. ersetzt werden.

Unterstützungen von Privatvereinen und Privatpersonen dürfen auf die vorbezeichneten Mindestbeträge nicht angerechnet werden.

§ 6. In jedem Lieferungsverbande entscheidet endgültig eine Kommission sowohl über die Unterstützungsbedürftigkeit der einzelnen Familien, als auch unter Beachtung der Vorschriften des § 5 über den Umfang und die Art der Unterstützungen. Es können mehrere Kommissionen für einen Lieferungsverband eingesetzt werden.

Die Kommission ist berechtigt, Auskunft über die Verhältnisse der einzelnen Familien von den Gemeindebehörden zu erfordern, auch die letzteren zu ihren Verhandlungen zuzuziehen.

§ 7. Hat der Lieferungsverband gesetzlich anerkannte korporative Vertretung, so sind rücksichtlich der Bildung, Zusammensetzung, des Vorsitzes und der Wahrnehmung der Geschäfte auch dieser Kommission die bestehenden gesetzlichen Bestimmungen maßgebend. Ist der hiernach eintretende Vorsitzende nicht von der Landesregierung berufen oder bestätigt, so ist dieselbe befugt, den Vorsitzenden mit Stimmrecht zu ernennen. Wo eine solche

Vertretung nicht vorhanden ist, besteht die Kommission aus einem von der Landesregierung zu bestellenden Vorsitzenden und einer von ihr zu berufenden, den Verhältnissen angemessenen Anzahl von Mitgliedern.

Einer jeden Kommission wird, soweit die Verhältnisse es gestatten, ein von dem Landwehr-Bezirkskommando zu bestimmender Offizier beigeordnet.

§ 8. Die Kommission kann nur beschließen, wenn mehr als die Hälfte ihrer Mitglieder zugegen ist. Die Beschlüsse werden nach Stimmenmehrheit gefaßt. Bei Stimmengleichheit entscheidet die Stimme des Vorsitzenden. Der beigeordnete Offizier (§ 7), sowie die zugezogene Gemeindebehörde (§ 6) nehmen an der Abstimmung nicht Teil.

§ 9. Ist die Verfassung des Lieferungsverbandes nicht ausreichend, um die Beschaffung der zur Gewährung der Unterstützungen erforderlichen Mittel sicherzustellen, so ist die Landesregierung befugt, die nötigen Anordnungen für den Verband zu treffen und den Verbandsangehörigen zur Beschaffung jener Mittel Abgaben aufzulegen.

§ 10. Die bewilligten Unterstützungsbeträge sind in halbmonatlichen Raten vorauszuzahlen.

Rückzahlungen der vorausbezahlten Beträge finden auch dann nicht statt, wenn der in den Dienst Eingetretene vor Ablauf der halbmonatlichen Periode zurückkehrt.

Für Beginn und Fortdauer der Unterstützungen kommt auch der für Hin- und Rückmarsch zum bezw. vom Truppenteil erforderliche Zeitraum in Berechnung.

Die Unterstützungen werden dadurch nicht unterbrochen, daß der in den Dienst Eingetretene als krank oder verwundet zeitweilig in die Heimat beurlaubt wird.

Wenn der in den Dienst Eingetretene vor seiner Rückkehr verstirbt oder vermißt wird, so werden die Unterstützungen so lange gewährt, bis die Formation, welcher er angehörte, auf den Friedensfuß zurückgeführt oder aufgelöst wird. Insoweit jedoch den Hinterbliebenen auf Grund des Gesetzes vom 27. Juni 1871*) (Reichs-Gesetzbl. S. 275) Bewilligungen gewährt werden, fallen die durch gegenwärtiges Gesetz geregelten Unterstützungen fort.

§ 11. Falls Personen, deren Familien nach den Vorschriften dieses Gesetzes Unterstützungen erhalten, nach ihrem Eintritt in den Dienst

a) der Fahnenflucht sich schuldig machen, oder
b) durch gerichtliches Erkenntnis zu Gefängnisstrafe von längerer als sechsmonatlicher Dauer oder zu einer härteren Strafe verurteilt werden,

so wird die bewilligte Unterstützung bis zum Wiedereintritt in den Dienst eingestellt.

Die Truppenbefehlshaber haben in diesen Fällen den beteiligten Kommissionen schleunigst Nachricht zu geben.

§ 12. Für die nach vorstehenden Bestimmungen geleisteten Unterstützungen wird zu den im § 5 festgesetzten Mindestbeträgen Entschädigung aus Reichsfonds gewährt. Der Zeitpunkt der Zahlung dieser Entschädigung wird durch jedesmaliges Spezialgesetz des Reichs bestimmt.

*) Betreffend die Pensionierung und Versorgung der Militärpersonen des Reichsheeres und der Kaiserlichen Marine, sowie die Bewilligungen für die Hinterbliebenen solcher Personen.

II.
Gesetz über die Kriegsversorgung von Zivilbeamten.

Vom 4. August 1914 (RGBl. S. 335).

§ 1. Dem § 34 des Gesetzes über die Pensionierung der Offiziere usw. wird als 2. Absatz folgender Satz eingefügt:

Gleichen Anspruch haben diejenigen Beamten der Zivilverwaltung, die während der Dauer des Kriegszustandes auf Befehl ihrer Vorgesetzten zur Unterstützung militärischer Maßnahmen verwendet und damit unter den Befehl des Kommandierenden Generals des örtlichen Armeekorps treten.

§ 2. Die Hinterbliebenen der nach § 1 versorgungsberechtigten Personen sowie die Hinterbliebenen von solchen im § 1 genannten Personen, die bei dem dort angegebenen Anlaß gestorben sind, werden versorgt wie die Hinterbliebenen der kriegsdienstbeschädigten oder im Kriege gefallenen Heeresbeamten (Mil.Hint.Ges. vom 17. Mai 1907 — RGBl. 1907 S. 214 ff. —).

Den nach Abs. 1 nicht versorgungsberechtigten Witwen können Witwenbeihilfen in Anwendung der Vorschriften des Militärhinterbliebenengesetzes gewährt werden.

§ 3. Dieses Gesetz tritt mit Wirkung vom 31. Juli 1914 in Kraft.

Nach dem jetzigen Stande der Gesetzgebung steht solchen Beamten der Zivilverwaltung, die während des Kriegszustandes zur Unterstützung der militärischen Maßnahmen im Grenzschutz- und Bewachungsdienst Verwendung finden, kein Anspruch auf **Kriegsversorgung** zu, wie solche allen Militärpersonen und Heeresbeamten gewährt wird, die durch den Krieg zu Schaden kommen. Es handelt sich hierbei in erster Linie um Forstschutzbeamte, Chausseeaufseher, Beamte der Wasserbauverwaltung, Zoll- und Steueraufseher, Beamte staatlicher Wasserversorgungsanlagen.

Alle diese Beamten sind während der Ausübung ihres Dienstes zur Zeit des Kriegszustandes feindlichen Angriffen ausgesetzt und werden dabei zur Verwendung ihrer Waffe gezwungen in gleicher Weise wie Militärpersonen.

Infolgedessen ist es für notwendig erkannt worden, ihnen dieselben Wohltaten wie den übrigen am Kriege Beteiligten zuzuwenden.

Dies kann durch den in § 1 vorgeschlagenen Zusatz zum § 34 des Offizier-Pensionsgesetzes vom 31. Mai 1906 erreicht werden.

Auch für die Hinterbliebenen muß in gleicher Weise gesorgt werden.

Es ist erforderlich, daß dem Gesetze Wirkung mit dem Beginne des Kriegszustandes, das ist der 31. Juli d. Js., gegeben wird (Begr.).

2. Der § 34 des Offizierpensionsgesetzes lautet:

„Beamte der Zivilverwaltung, Geistliche und andere kirchliche Beamte, die während der Dauer eines Krieges bei dem Feld- und Besatzungsheer als Heeresbeamte verwendet werden und nicht zu den Heeresbeamten des Beurlaubtenstandes gehören, haben gegen den Militärfiskus Anspruch auf Pension, wenn sie durch eine im Dienste als Heeresbeamte erlittene Dienstbeschädigung zur Fortführung des Zivildienstes dauernd unfähig geworden sind und deshalb aus dem Zivildienst ausscheiden müssen."

(Hier schließt sich die neue oben mitgeteilte Bestimmung an:

„Gleichen Anspruch haben usw.")

„Für die Bemessung und Zahlung der Pension gelten die Vorschriften des Reichsbeamtengesetzes."

(Die weiteren Bestimmungen mit Erläuterung können in Romen, Militärpensionsgesetze I., Guttentag'sche Sammlung Deutscher Reichsgesetze Nr. 79 a, nachgelesen werden.)

3. Die Hinterbliebenenversorgung ist in dem 57 Paragraphen umfassenden Militärhinterbliebenengesetz geregelt, dessen Bestimmungen also auf die Zivilbeamten in den angegebenen Fällen ausgedehnt werden. Eine von H. Reh kommentierte Ausgabe des Militärhinterbliebenengesetzes erschien als Bändchen 118 der Guttentag'schen Sammlung Deutscher Reichsgesetze.

III.

Gesetz, betreffend den Schutz der infolge des Krieges an Wahrnehmung ihrer Rechte behinderten Personen.

Vom 4. August 1914 (RGBl. S. 328).

1. Die amtliche Begründung führt zu diesem Hauptgesetz des Prozeßschutzes in der Kriegszeit folgendes aus:

Bei Ausbruch des Krieges gegen Frankreich wurde mittels Gesetzes vom 21. Juli 1870 (Bundes-Gesetzbl. S. 493) für die Dauer des damaligen Kriegszustandes die Einstellung der Zivilprozesse angeordnet, in welchen „Militärpersonen" als Haupt- oder Nebenpartei beteiligt waren. Ferner wurden durch dieses Gesetz für das Konkursverfahren, die Subhastationsprozesse usw. Maßregeln zum Schutze der erwähnten Personen gegen die ihnen infolge ihrer Abwesenheit drohenden Rechtsnachteile getroffen. Die Zwangsvollstreckung wurde erheblichen Beschränkungen unterworfen und endlich das Ruhen der Verjährung zugunsten der genannten Personen und ihrer Gegner angeordnet.

Eines gleichen Schutzes bedürfen die Personen, welche infolge ihrer Beteiligung an dem gegenwärtig ausgebrochenen Kriege an Wahrnehmung ihrer Rechte behindert sind. Dieser Schutz wird ihnen durch die Vorschriften der Zivilprozeßordnung nicht in ausreichendem Maße gewährt. Allerdings kann nach § 247 das Prozeßgericht die Aussetzung des Verfahrens anordnen, wenn eine Partei sich zu Kriegszeiten im Militärdienste befindet oder sich an einem Orte aufhält, welcher durch Krieg von dem Verkehre mit dem Prozeßgericht abgeschnitten ist, und es darf angenommen werden, daß die Gerichte von dieser Befugnis in den hierzu geeigneten Fällen Gebrauch machen werden. Hierdurch sind jedoch, wie auch in der Begründung des Entwurfs der Zivilprozeßordnung anerkannt wird, die zum Kriegsdienst Einberufenen gegen prozessuale Nachteile, welche ihnen aus ihrer Abwesenheit erwachsen können, schon deshalb nicht unter allen Umständen gesichert, weil die Möglichkeit vorliegt, daß im einzelnen Falle das Gericht von der Einberufung der Partei zum Kriegsdienst keine Kenntnis erhält und daß aus diesem Grunde die Aussetzung des Verfahrens unterbleibt. Eine ausreichende Sicherheit bietet nur die Unterbrechung des Verfahrens kraft Gesetzes, wie sie im Jahre 1870 angeordnet wurde.

Abgesehen hiervon ist die Anwendbarkeit des § 247 auf das eigentliche Prozeßverfahren beschränkt. Die Zwangsvollstreckung gegen Militärpersonen, welche zu einem mobilen Truppenteil oder zur Besatzung eines in Dienst gestellten Kriegsfahrzeugs gehören, ist nur durch die im § 850 Abs. 1 Nr. 6 enthaltene Vorschrift beschränkt.*) Ferner sind die zum Kriegsdienst einberufenen Personen gegen den Ausschluß ihrer Rechte im Konkurs-, Aufgebots-, Verteilungs-, Zwangsversteigerungs- und Zwangsverwaltungsverfahren sowie gegen den Ablauf der Verjährung reichsgesetzlich nicht geschützt. Es liegt daher das Bedürfnis vor, auch für den gegenwärtigen Krieg nach dem Vorgang vom Jahre 1870 ein Spezialgesetz zu erlassen, welches den zum Kriegsdienst Einberufenen und den ihnen gleichzustellenden Personen nach den angegebenen Richtungen den erforderlichen Schutz gewährt. Diesem Bedürfnis soll der Entwurf abhelfen.

Da das Gesetz vom 21. Juli 1870 sich, soweit bekannt, in der Praxis bewährt hat, ist dasselbe im allgemeinen bei Aufstellung des Entwurfs zum Anhalt genommen und nur insoweit der Abänderung unterzogen worden, als dies mit Rücksicht auf die veränderte Rechtslage, wie sie sich aus den inzwischen ergangenen Gesetzen, insbesondere den Reichsjustizgesetzen und dem Bürgerlichen Gesetzbuch, ergibt, geboten erschien. Auch in der äußeren

*) Dort heißt es: „Der Pfändung sind nicht unterworfen:

6. das Diensteinkommen der Militärpersonen, welche zu einem mobilen Truppenteil oder zur Besatzung eines in Dienst gestellten Kriegsfahrzeuges gehören."

Anordnung schließt sich der Entwurf mit wenigen Ausnahmen jenem Gesetz an.

§ 1. Für den gegenwärtigen Kriegszustand gelten die in den §§ 2 bis 10 enthaltenen Vorschriften.

1.*) Aus diesem Paragraphen ergibt sich die vorübergehende Geltung des Gesetzes. Während das Ende des „Kriegszustandes" gemäß § 11 bestimmt werden soll, geht der Entwurf davon aus, daß der tatsächliche Kriegszustand zur Zeit des Inkrafttretens dieses Gesetzes bereits begonnen hat, und daß daher die Frage, ob und inwieweit ein Kriegszustand im Sinne anderer gesetzlicher Bestimmungen vorliegt, hier außer Betracht bleibt. Das Gesetz erlangt mithin, soweit die sonstigen Voraussetzungen für seine Anwendung im einzelnen Falle gegeben sind, sofort — vom Zeitpunkt der Verkündung (§ 12) — Wirksamkeit bis zur Beendigung des Kriegszustandes in Gemäßheit des § 11.

§ 2. In bürgerlichen Rechtsstreitigkeiten, welche bei den ordentlichen Gerichten anhängig sind oder anhängig werden, wird das Verfahren unterbrochen:

1. wenn eine Partei vermöge ihres Dienstverhältnisses, Amtes oder Berufs zu den mobilen oder gegen den Feind verwendeten Teilen der Land- oder Seemacht oder zu der Besatzung einer armierten oder in der Armierung begriffenen Festung gehört;
2. wenn eine Partei dienstlich aus Anlaß der Kriegsführung des Reichs sich im Ausland aufhält;
3. wenn eine Partei als Kriegsgefangener oder Geisel sich in der Gewalt des Feindes befindet.

Die vorstehende Bestimmung findet auch Anwendung auf die bürgerlichen Rechtsstreitigkeiten, welche bei den

*) Diese und die folgenden Anmerkungen sind der amtlichen Begründung entnommen. Wo die Begründung von dem „Entwurf" sprach, ist hier „Gesetz" gesagt worden.

auf Grund des Gewerbegerichtsgesetzes (Reichs-Gesetzbl. 1901 S. 353) zur Entscheidung gewerblicher Streitigkeiten berufenen Gerichten und den auf Grund des Gesetzes vom 6. Juli 1904 (Reichs-Gesetzbl. S. 266) errichteten Kaufmannsgerichten anhängig sind oder anhängig werden.

1. Der § 2 ordnet im Einklang mit dem § 2 des Gesetzes vom 21. Juli 1870 die Unterbrechung des Verfahrens an. Er bestimmt in Verbindung mit § 3 den Umfang der Rechtsstreitigkeiten, bei denen gegebenenfalls die Unterbrechung eintreten soll, und den Kreis der Personen, denen der Schutz gewährt wird. In ersterer Beziehung wird er durch § 10, in letzterer Hinsicht durch § 9 ergänzt. Die Abgrenzung der schutzbedürftigen Personen ist auch für die übrigen Bestimmungen des Gesetzes maßgebend.

2. Bei Bestimmung des Personenkreises, für welchen das Gesetz wirksam werden soll, schließt sich das neue Gesetz, abgesehen von der Nr. 2 des ersten Absatzes, im wesentlichen den Bestimmungen des Gesetzes vom 21. Juli 1870 an. Die Worte „gegen den Feind geführt" sind durch „gegen den Feind verwendet" ersetzt worden, weil bei einer engen Auslegung des ersteren Ausdrucks die Absicht des Gesetzes in einzelnen Fällen vereitelt werden könnte. Die Zugehörigkeit zu den Truppen, wie sie in dem früheren Gesetze gefordert wird, kann in manchen Fällen, die unter das Gesetz fallen müssen, zweifelhaft sein; namentlich paßt dieser Ausdruck nicht für alle bei der Marine in Betracht kommenden Verhältnisse. Es ist deshalb der Ausdruck „Teile der Land- oder Seemacht" gewählt worden. Wenn ferner das frühere Gesetz nur die Besatzungstruppen einer „eingeschlossenen" Festung schützt, so wird oft schwer zu ermitteln sein, ob und von wann ab eine Festung eingeschlossen gewesen sei; dagegen läßt sich der Beginn der „Armierung" durch Auskunft der Militärbehörde stets zuverlässig feststellen, und von diesem Zeitpunkt ab sind die zur Besatzung gehörigen Personen regelmäßig nicht mehr in der Lage, ihre Rechtsangelegenheiten wahrzunehmen. Der Zusatz

unter Nr. 2 bezweckt eine Erweiterung des im Jahre 1870 gewährten Schutzes im Interesse der im Ausland befindlichen Personen. Die besonderen Schwierigkeiten des Verkehrs mit der Heimat während des Krieges erfordern es, daß den Personen, welche sich dienstlich aus Anlaß der Kriegsführung des Reichs im Ausland aufhalten, der gesetzliche Schutz unter allen Umständen gewährt werde, auch wenn sie nicht den unter Nr. 1 aufgeführten Kategorien angehören.

3. Die Frage, ob eine Person vermöge ihres Dienstverhältnisses, Amtes oder Berufs zu den mobilen usw. Teilen der Land- oder Seemacht gehört, muß der gerichtlichen Prüfung im einzelnen Falle überlassen bleiben. Was insbesondere die Zugehörigkeit vermöge des Berufs anlangt, so wird eine solche namentlich für diejenigen Personen nicht anzunehmen sein, welche sich lediglich des Erwerbes halber freiwillig einem mobilen Truppenteil anschließen, ohne zu einer Dienstleistung berufen zu sein; anderseits kann auch eine an sich private Tätigkeit, wie die freiwillige Krankenpflege, wenn sie mit ausdrücklicher oder stillschweigender Zustimmung der zuständigen Stelle bei einem mobilen Truppenteile geleistet wird, jene Zugehörigkeit begründen. Auch die Frage, ob die Zugehörigkeit zu einem mobilen Truppenteile durch die vorübergehende Abwesenheit aus dienstlichen oder anderen Gründen gelöst werde, kann nur nach der Lage des einzelnen Falles beurteilt werden. Da aus der allgemeinen Fassung des Gesetzes vom 21. Juli 1870 sich erhebliche Schwierigkeiten bei der praktischen Anwendung nicht ergeben haben, erscheint das Vertrauen berechtigt, daß die Gerichte bei Würdigung des Zweckes des Gesetzes auch jetzt die richtige Lösung finden werden.

4. Das Gesetz ordnet die Unterbrechung und die Aussetzung (§ 3 Abs. 2) unmittelbar nur für das Verfahren vor den ordentlichen Gerichten (§ 2 Abs. 1) und vor den im Abs. 2 bezeichneten Gewerbegerichten und Kaufmannsgerichten an. Zu den ordentlichen Gerichten gehören auch die in den Konsulargerichtsbezirken und in den Schutzgebieten bestellten Gerichte, da ihnen vom Reiche

die regelmäßige Ausübung der Gerichtsbarkeit für ihre Bezirke übertragen ist.

5. Auf das Verfahren vor den im § 2 bezeichneten Gerichten finden die Vorschriften der Zivilprozeßordnung, insbesondere auch die §§ 248 bis 250, 252 Anwendung.*) Es bedarf daher hier nur der Regelung der Voraussetzungen für die Unterbrechung oder Aussetzung und für die Aufnahme des Verfahrens. Die Wirkungen der Unterbrechung, die Rechtsbehelfe gegen ein während der Unterbrechung zu Unrecht erlassenes Urteil, die Form der Aufnahme des Verfahrens usw. regeln sich nach der Zivilprozeßordnung. Ebenso ist aus den Vorschriften der Zivilprozeßordnung zu entnehmen, was unter der Unterbrechung des „Verfahrens" zu verstehen sei, ob und inwieweit hierunter das Mahnverfahren, das Verfahren, betreffend die Anordnung eines Arrestes, usw. fallen, ferner inwieweit die als Streitgenossen, Nebeninterveniенten usw. an dem Rechtsstreit Beteiligten für die Frage der Unterbrechung oder des Fortganges des Verfahrens den Parteien im engeren Sinne gleichzustellen sind.

6. Wann die Unterbrechung des Verfahrens beginnt, ergibt sich zur Genüge aus § 2 in Verbindung mit den §§ 1 und 12. In den bei Verkündung des Gesetzes anhängigen Rechtsstreitigkeiten beginnt die Unterbrechung, wenn eine Partei bereits zu einem mobilen Heeresteil usw. gehört, mit der Verkündung, wenn eine Partei erst später in ein solches Verhältnis tritt oder eine derartige Person erst später Partei wird, mit diesem Zeitpunkt. In keinem Falle sind die Wirkungen der Unterbrechung auf die Zeit vor der Verkündung des Gesetzes zurückzubeziehen, wenn der Kriegszustand auch bereits früher begonnen haben sollte. Eine solche Rückbeziehung ist nicht beabsichtigt, da sie wohlerworbene Rechte Dritter verletzen würde. Wird eine an dem Kriege beteiligte Person nach der Verkündung des Gesetzes verklagt, so tritt die Unterbrechung erst mit dem Zeitpunkt ein, in welchem der Rechtsstreit anhängig geworden ist. Die Erhebung der Klage, welche

*) Die Paragraphen handeln von der Aussetzung des Verfahrens.

erst die Rechtshängigkeit begründet (ZPO. § 263), ist also zulässig und wirksam, was in den Worten des § 2 „oder anhängig werden“ angedeutet ist, auch aus dem Begriffe der Unterbrechung folgt und daher einer weiteren Hervorhebung im Gesetze nicht bedarf. In der Regel wird die Erhebung der Klage tatsächlich unterbleiben, weil ein wirksames Urteil durch dieselbe einstweilen nicht erzielt werden kann und der § 8 des Gesetzes gegen den Ablauf der Verjährung und der für die Beschreitung des Rechtswegs vorgeschriebenen Ausschlußfristen sowie der Fristen, auf welche die Vorschriften des § 203 des Bürgerlichen Gesetzbuchs entsprechende Anwendung finden, sichert. Der Gläubiger kann jedoch auch aus anderen Gründen ein Interesse daran haben, die Klage schon während des Kriegszustandes zu erheben, und es liegt kein ausreichender Anlaß vor, dies zu verhindern. Überdies würde die Unzulässigkeit der Klageerhebung den Richter vor der Terminsbestimmung zu der oft schwierigen und in diesem Stadium mit dem jetzigen Prozeßverfahren nur schwer vereinbaren Prüfung der Frage nötigen, ob der Beklagte zu den im § 2 bezeichneten Personen gehört. Dem etwaigen Einwand, daß ein Verhandlungstermin nicht bestimmt werden dürfe, solange die Einlassungsfrist nicht läuft (ZPO. § 249 Abs. 1), steht die Erwägung entgegen, daß inzwischen die Unterbrechung des Verfahrens, namentlich durch Aufnahme seitens des Beklagten, beendigt werden kann (§ 4 dieses Gesetzes).*)

§ 3. Eine Unterbrechung des Verfahrens tritt nicht ein:

1. wenn die im § 2 bezeichnete Partei einen persönlichen Sicherheitsarrest erwirkt hat, insoweit es sich um die Entscheidung handelt, ob der Arrest aufrechtzuerhalten oder aufzuheben sei;
2. wenn die Partei durch einen Prozeßbevollmächtigten vertreten ist oder einen anderen zur Wahrnehmung ihrer Rechte berufenen Vertreter hat.*)

---

*) Eine hierzu später ergangene Ergänzung s. unten S. 220.

In den unter Nr. 2 bezeichneten Fällen hat das Prozeßgericht auf Antrag des Vertreters die Aussetzung des Verfahrens anzuordnen.

1. Der § 3 entspricht den Vorschriften im § 3 Nr. 1 und 2, § 4 Abs. 1 des Gesetzes vom 21. Juli 1870. Die Möglichkeit, einen persönlichen Sicherheitsarrest auch während des Kriegszustandes zu beseitigen, muß der von dem Arreste betroffenen Person im Interesse des Schutzes ihrer persönlichen Freiheit unbedingt gesichert werden. Haben die im § 2 bezeichneten Personen einen gewählten oder gesetzlichen Vertreter, welcher zur Wahrnehmung ihrer Rechte berufen ist, so liegt kein Grund zur Unterbrechung des Verfahrens vor. Diese Voraussetzung trifft jedoch nicht zu, wenn eine unter elterlicher Gewalt oder unter Vormundschaft oder Pflegschaft stehende Person sich nach dem bürgerlichen Rechte durch Verträge in beschränktem Umfang verpflichten kann und der Rechtsstreit eine solche Verpflichtung betrifft; denn in einem solchen Falle sind die Eltern oder der Vormund oder Pfleger zur Vertretung in dem betreffenden Rechtsstreit nicht berufen (ZPO. § 52 Abs. 1). Abgesehen von diesen Fällen greift die Ausnahmebestimmung unter Nr. 2 Platz ohne Rücksicht darauf, ob der Rechtsstreit die „eigenen Handlungen" der Partei betrifft oder nicht (vgl. § 3 Nr. 2 des Gesetzes vom 21. Juli 1870). Gehört der Vertreter gleichfalls zu den im § 2 bezeichneten Personen, so findet, sofern er eine prozeßunfähige Partei *gesetzlich* vertritt, der § 9 dieses Gesetzes Anwendung. Auch für die Fälle, in denen ein gewählter Vertreter zu jenen Personen gehört, die Unterbrechung anzuordnen, liegt kein ausreichender Anlaß vor; es darf angenommen werden, daß in solchen Fällen durch Stellung eines Aussetzungsantrags oder Beschaffung eines anderweiten Vertreters für die Interessen der Partei gesorgt werden wird.

2. In den Fällen unter Nr. 2 ist der Vertreter befugt, die Aussetzung des Verfahrens zu beantragen. Dem Antrag *muß* das Gericht stattgeben, wenn die vertretene Person zu einer der im § 2 bezeichneten Kategorien gehört. Ob der Vertreter sich

trotz der Abwesenheit der Partei ausreichende Information verschaffen könnte, ist unerheblich; wollte man dem Gerichte die Befugnis zur Ablehnung des Antrags aus derartigen Gründen gewähren, so würde es einer oft schwierigen Begründung des Antrags bedürfen und der Erfolg desselben stets zweifelhaft sein.

3. Die Ausnahmebestimmung im § 3 Nr. 3 des Gesetzes vom 21. Juli 1870 ist in das neue Gesetz nicht aufgenommen. Wenngleich die ihr zugrunde liegende Erwägung auch unter den gegenwärtigen Verhältnissen ihre Berechtigung haben mag, so ist doch die Bestimmung insofern bedenklich, als sie ihre Anwendbarkeit von dem Vorhandensein eines Pächters oder Verwalters auf dem Gute abhängig macht, und ohne wesentliche praktische Bedeutung, weil der Pächter oder Verwalter jederzeit in der Lage wäre, die Aussetzung des Verfahrens durch seinen Antrag herbeizuführen. Wollte man aber die Vorschrift über die Nichtaussetzung des Verfahrens auf alle Grundeigentümer ausdehnen, so würde hierin eine nicht zu rechtfertigende Benachteiligung der Militärpersonen gegenüber dem Vorgang vom Jahre 1870 liegen.

§ 4. Die Unterbrechung oder Aussetzung des Verfahrens hört auf:

1. mit der Beendigung des Kriegszustandes;
2. vor diesem Zeitpunkt mit der Aufnahme des Verfahrens durch die im § 2 bezeichnete Partei (Zivilprozeßordnung § 250).

Erfolgt die Aufnahme durch die Partei nicht bis zum Ablauf eines Monats seit der Beendigung des nach § 2 maßgebenden Verhältnisses, so kann die Partei zur Aufnahme und zugleich zur Verhandlung der Hauptsache geladen werden. Erscheint sie in dem Termine nicht und wird der Ablauf der für die Aufnahme festgesetzten Frist glaubhaft gemacht, so ist auf Antrag die Beendigung des nach § 2 maßgebenden Verhältnisses als zugestanden anzunehmen und zur Hauptsache zu verhandeln.

1. Die Bestimmungen des Gesetzes über die Beendigung der Unterbrechung und Aussetzung des Verfahrens weichen insofern vom § 7 des Gesetzes vom 21. Juli 1870 ab, als der Entwurf gegenüber den die Aufnahme verzögernden Personen während des Kriegszustandes ein besonderes Aufnahmeverfahren vorschreibt. Hierdurch wird der Zeitpunkt, mit welchem die Unterbrechung und Aussetzung endet, in einer für den Gegner kenntlichen Weise fixiert und der Gegner, welcher häufig von der Beendigung des nach § 2 maßgebenden Verhältnisses nicht sofort Kenntnis erlangen wird, vor der Gefahr geschützt, die nach § 249 Abs. 1 der Zivilprozeßordnung von der Beendigung der Unterbrechung oder Aussetzung ab von neuem laufenden Fristen zu versäumen. Das Aufnahmeverfahren ist den im § 239 der Zivilprozeßordnung für den Fall des Todes einer Partei erlassenen Vorschriften nachgebildet. Nach den für diesen Fall geltenden Grundsätzen richtet sich daher auch das Verfahren, wenn eine Verhandlung zur Hauptsache nicht erforderlich ist, und es sich nur darum handelt, durch die Aufnahme des Verfahrens eine Frist in Lauf zu setzen. Für das Versäumnisverfahren ist die Glaubhaftmachung vorgeschrieben, weil mit der Möglichkeit gerechnet werden muß, daß die zur Aufnahme geladene Person tatsächlich noch zu den im § 2 bezeichneten Personen gehört, aber nicht in der Lage ist, dies im Termine geltend zu machen.

2. Das Gesetz vom 21. Juli 1870 bestimmt am Schlusse des § 7, daß, wenn die Fortsetzung des Verfahrens von der Militärperson beantragt ist, die Einstellung auch in bezug auf eine gegen die Militärperson erhobene Widerklage endet. Das neue Gesetz enthält keine entsprechende Vorschrift. Solange die Widerklage in demselben Prozesse mit der Klage verhandelt wird, ist die Militärperson nicht in der Lage, die Aufnahme auf die Klage zu beschränken. Dagegen würde sie allerdings hierzu imstande sein, wenn das Gericht die Verhandlung in getrennten Prozessen gemäß § 145 Abs. 2 der Zivilprozeßordnung angeordnet hat. Für diese Fälle darf aber angenommen werden, daß das Gericht unbilligen Härten für den Gegner durch Verbindung der Prozesse auf Grund des § 150 der Zivilprozeßordnung vorbeugen wird.

3. Der im Wortlaut des Gesetzes angezogene § 250 ZPO. lautet: „Die Aufnahme eines unterbrochenen oder ausgesetzten Verfahrens und die in diesem Titel erwähnten Anzeigen erfolgen durch Zustellung eines Schriftsatzes."

§ 5. Die Zwangsvollstreckung gegen die im § 2 bezeichneten Personen wegen privat-rechtlicher und öffentlich-rechtlicher Geldforderungen unterliegt folgenden Beschränkungen:

1. Die Versteigerung und die anderweite Verwertung beweglicher körperlicher Sachen ist unzulässig. Die Vollstreckungsbehörde kann jedoch auf Antrag oder von Amts wegen anordnen, daß eine verbrauchbare Sache oder eine Sache, die der Gefahr einer beträchtlichen Wertsverringerung ausgesetzt ist oder deren Aufbewahrung unverhältnismäßige Kosten verursachen würde, versteigert und der Erlös hinterlegt oder zur Befriedigung des Gläubigers an diesen abgeführt werde.

   Die Ablieferung von gepfändetem Gelde an den Gläubiger wird hierdurch nicht ausgeschlossen.

2. Die Versteigerung von Gegenständen, welche der Zwangsvollstreckung in das unbewegliche Vermögen unterliegen, ist unzulässig.

Die vorstehenden Bestimmungen finden auch Anwendung auf Zwangsvollstreckungen in das Vermögen der Ehefrauen und Kinder der im § 2 bezeichneten Personen, insoweit die Zwangsvollstreckung die Vermögensrechte berührt, die dem Ehemann auf Grund des ehelichen Güterrechts oder die den Eltern auf Grund der elterlichen Gewalt zustehen.

1. Die Vorschriften über die Unterbrechung und Aussetzung des Verfahrens stehen an sich der Zwangsvollstreckung gegen die

am Kriege beteiligten Personen auf Grund der vollstreckbaren Titel, welche bereits bei Verkündung des Gesetzes erworben sind oder später erlangt werden, nicht entgegen. Die unbeschränkte Zulassung der Zwangsvollstreckung würde aber unter Umständen zu großen Härten gegen die genannten Personen führen, da ihnen durch die Abwesenheit von der Heimat die Geltendmachung von Einwendungen (ZPO. §§ 732, 766, 767) und die Beschaffung der Mittel zur Befriedigung begründeter Ansprüche erschwert wird. Anderseits verbietet die Rücksicht auf die Gläubiger die völlige Ausschließung der Zwangsvollstreckung. Bei Abwägung der sich entgegenstehenden Interessen erscheint es zunächst geboten, die Versteigerung beweglicher körperlicher Sachen grundsätzlich zu verbieten. Denn erfahrungsmäßig wird bei diesen Versteigerungen ein dem wahren Werte entsprechender Erlös selten erzielt; dem Schuldner erwächst daher durch die Versteigerung unter Umständen ein erheblicher Schaden, den er bei Aussetzung der Versteigerung bis zu seiner Rückkehr möglicherweise noch abwenden kann. In den Fällen indessen, in denen es sich um verbrauchbare Sachen (§ 92 des Bürgerlichen Gesetzbuchs) oder um Sachen handelt, die der Gefahr einer beträchtlichen Wertsverringerung ausgesetzt sind oder deren Aufbewahrung unverhältnismäßige Kosten verursacht, würde eine Hinausschiebung des Versteigerungstermins durchaus nicht immer dem Interesse des Schuldners entsprechen. In solchen Fällen stellt es der Entwurf daher nach dem Vorbild des § 930 Abs. 3 der Zivilprozeßordnung in das Ermessen der Vollstreckungsbehörde, auf Antrag oder von Amts wegen anzuordnen, daß die gepfändeten Sachen versteigert, der Erlös hinterlegt oder zur Befriedigung des Gläubigers an diesen abgeführt werde. Eine den Schuldner gegen die Entziehung des Gewahrsams der gepfändeten Sachen schützende Vorschrift, wie sie der § 12 Nr. 1 des Gesetzes vom 21. Juli 1870 enthielt, erscheint im Hinblick auf den § 808 Abs. 2 der Zivilprozeßordnung entbehrlich.

2. Bezüglich der Zwangsvollstreckung in Geld und in Forderungen genügen ebenfalls die Beschränkungen, welche bereits

in den bestehenden Gesetzen begründet sind (vgl. u. a. ZPO. § 811 Nr. 8, § 850 Abs. 1 Nr. 5, 6). Mit Rücksicht auf diese Beschränkungen kann namentlich auch von einer dem § 12 Nr. 3 des Gesetzes vom 21. Juli 1870 entsprechenden Vorschrift abgesehen werden. Da das Geld zu den beweglichen körperlichen Sachen auch im Sinne der §§ 808 ff. der Zivilprozeßordnung gehört, ist zur Vermeidung von Mißverständnissen die Anwendbarkeit der im § 5 dieses Gesetzes unter Nr. 1 festgesetzten Beschränkungen ausdrücklich ausgeschlossen worden.

3. Unter Nr. 2 wird ferner die Versteigerung von Gegenständen des unbeweglichen Vermögens (ZPO. §§ 864, 865) ausgeschlossen, da durch die Versteigerung dem Eigentümer häufig die Grundlage seiner wirtschaftlichen Existenz entzogen werden würde.

4. Die Rechte an Gegenständen, welche bei anderen Personen der Zwangsvollstreckung unterworfen werden (ZPO. §§ 771, 805), können im allgemeinen von Amts wegen nicht berücksichtigt werden. Das Gesetz vom 21. Juli 1870 macht in dieser Beziehung Ausnahmen im § 9 zugunsten der Hauptintervenienten und im § 13 Abs. 2 Nr. 3 zugunsten des Ehemanns und Vaters. Die Rechte der Hauptintervenienten werden indessen in der Regel auf Grund der §§ 65, 148 der Zivilprozeßordnung schon vor der Zwangsvollstreckung genügend gewahrt werden können. Dagegen empfiehlt es sich, im zweiten Punkte dem Vorgang vom Jahre 1870 zu folgen. Allerdings gewährt das Bürgerliche Gesetzbuch abweichend von den früher in dem größten Teile Deutschlands geltenden Vorschriften dem Vater nicht mehr das Recht, auf Grund der elterlichen Nutznießung der Zwangsvollstreckung in das Kindesvermögen zu widersprechen (§ 1659 des Bürgerlichen Gesetzbuchs, § 746 der Zivilprozeßordnung). Auch der Ehemann kann nach den Vorschriften des Bürgerlichen Gesetzbuchs auf Grund des ehelichen Güterstandes in der Regel keine Einwendungen gegen die Zwangsvollstreckung in das eingebrachte Gut oder in das Gesamtgut erheben. Gleichwohl erscheint es nicht angängig, während der Abwesenheit des zum Kriegsdienst

einberufenen Ehemanns oder Vaters der Zwangsvollstreckung in das Vermögen der Ehefrau oder der Kinder freien Lauf zu lassen. Denn wenn auch dem Vater oder Ehemanne Rechtsbehelfe gegen die Zwangsvollstreckung in das Vermögen der Ehefrau oder der Kinder in der Regel nicht zustehen, so ist doch zu berücksichtigen, daß es ihm, wenn der Kriegsdienst ihn nicht von der Heimat fern hielte, häufig gelingen würde, die zur Befriedigung der Gläubiger erforderlichen Mittel zu beschaffen oder die Zwangsversteigerung auf andere Weise abzuwenden. Es würde daher nicht nur für die zur mobilen Armee eingezogenen Personen, sondern in vielen Fällen auch für deren Familien eine schwere wirtschaftliche Schädigung bedeuten, wenn die Habe der Ehefrau und der Kinder während der Abwesenheit des Ernährers dem Zugriffe der Gläubiger schutzlos preisgegeben würde. Diese Erwägungen lassen es geboten erscheinen, die Durchführung der Zwangsvollstreckung auch in das Vermögen der Ehefrauen und der unter elterlicher Gewalt stehenden Kinder der im § 2 bezeichneten Personen, insoweit dadurch die Vermögensrechte des Ehemanns oder der Eltern berührt werden, einzuschränken und die Vorschriften unter Nr. 1 und 2 für anwendbar zu erklären. Wenn auch der Gerichtsvollzieher selten in der Lage sein wird, gegebenenfalls aus eigener Initiative mit Rücksicht auf die ihm meistens unbekannten Vermögensrechte des Ehemanns und Vaters von der Zwangsvollstreckung Abstand zu nehmen, so wird doch durch eine derartige Vorschrift die Möglichkeit gewährt, diese Rechte auf jede Anregung von dritter Seite zu berücksichtigen, auch wenn die Geltendmachung seitens eines nicht legitimierten Vertreters und nicht in der sonst gesetzlich vorgeschriebenen Form erfolgt.

5. Die Vorschrift, wonach der Gewahrsam an beweglichen körperlichen Sachen dem Schuldner in der Regel zu belassen ist, findet auch auf die Vollziehung des Arrests Anwendung. Eine ausdrückliche Bestimmung hierüber, wie sie das Gesetz vom 21. Juli 1870 im letzten Satze des § 10 enthält, ist mit Rücksicht auf den § 928 der Zivilprozeßordnung nicht erforderlich.*)

---

*) Der Paragraph lautet: „Auf die Vollziehung des Arrestes finden die

6. Da der § 5 eine dem § 2 entsprechende Beschränkung auf das Verfahren bei bestimmten Behörden nicht enthält, gelten die hier festgesetzten Beschränkungen für jede Art der Zwangsvollstreckung, namentlich auch für das von den Verwaltungsbehörden innerhalb ihrer Zuständigkeit betriebene Zwangsvollstreckungsverfahren. An Stelle des Gerichtsvollziehers und des Vollstreckungsgerichts treten alsdann die mit den gleichartigen Amtsverrichtungen betrauten Beamten und Behörden.

§ 6. Die Eröffnung des Konkursverfahrens über das Vermögen der im § 2 bezeichneten Personen ist nur auf deren Antrag zulässig.

Ist das Konkursverfahren über das Vermögen einer solchen Person eröffnet, so kann das Konkursgericht auf den Antrag des Gemeinschuldners die Aussetzung des Verfahrens anordnen.

Die Aussetzung hört auf:

1. mit der Beendigung des Kriegszustandes;
2. vor diesem Zeitpunkt mit einem die Fortsetzung des Verfahrens anordnenden Beschlusse des Gerichts. Der Beschluß erfolgt auf den Antrag des Gemeinschuldners oder nach Anhörung desselben auf den Antrag des Verwalters oder eines Konkursgläubigers. Die Fortsetzung des Verfahrens ist anzuordnen, wenn sie vom Gemeinschuldner oder nach Ablauf der im § 4 Abs. 2 festgesetzten Frist vom Verwalter oder von einem Konkursgläubiger beantragt wird.

Der die Aussetzung und der die Fortsetzung des Verfahrens anordnende Beschluß sowie der Grund der Anordnung sind öffentlich bekannt zu machen.

Vorschriften über die Zwangsvollstreckung entsprechende Anwendung, soweit nicht die nachfolgenden Paragraphen (der ZPO.) abweichende Bestimmungen enthalten."

1. Das Gesetz vom Jahre 1870 enthält bezüglich des Konkursverfahrens über das Vermögen der Militärpersonen keine ausdrücklichen Bestimmungen. Ob hieraus zu folgern sei, daß jenes Gesetz die Eröffnung und die Fortsetzung des Konkursverfahrens unbeschränkt zulassen wollte, kann hier dahingestellt bleiben. Jedenfalls erheischt der Zweck, den das neue Gesetz verfolgt, auch nach dieser Richtung besondere Maßregeln, da der Konkurs in die Rechtslage des Schuldners bei weitem tiefer eingreift als die Zwangsvollstreckung. Mit Rücksicht hierauf erscheint es zunächst geboten, die Eröffnung des Konkursverfahrens nur auf den Antrag des Schuldners zuzulassen, wenngleich der hierin liegende Eingriff in die Rechte der Gläubiger, insbesondere auch die Beschränkung des Anfechtungsrechts, unter Umständen erhebliche Nachteile für die Gläubiger zur Folge haben wird.

2. Auch die Fortsetzung eines anhängigen Konkursverfahrens kann mit unbilligen Härten für den Gemeinschuldner verknüpft sein, wenn er infolge der Einberufung zum mobilen Heere verhindert ist, seine Rechte wahrzunehmen. Das Gesetz gewährt daher dem Gerichte die Befugnis zur Aussetzung des Verfahrens auf den Antrag des Gemeinschuldners. Diese Befugnis erstreckt sich auf jedes anhängige Konkursverfahren, mag es vor der Verkündung des Gesetzes oder vor der Begründung des nach § 2 maßgebenden Verhältnisses oder später zufolge der Vorschrift im § 6 Abs. 1 auf den Antrag des Gemeinschuldners eröffnet sein.

3. Daß der Fortsetzung des ausgesetzten Verfahrens während des Kriegszustandes stets ein die Fortsetzung verordnender Beschluß des Gerichts vorangehen muß, bedarf keiner weiteren Begründung. Diese Anordnung ist, wenn sie vom Gemeinschuldner beantragt wird, stets zu erlassen. Dem Antrag des Verwalters oder eines Konkursgläubigers muß das Gericht stattgeben, wenn der Gemeinschuldner vor Beendigung des Kriegszustandes aus dem nach § 2 maßgebenden Verhältnis ausgeschieden und seitdem ein Monat verstrichen ist; andernfalls liegt die Entscheidung über den Antrag im Ermessen des Gerichts.

§ 7. Die Eröffnung und die Fortsetzung eines Konkurs-, Aufgebots- oder Verteilungsverfahrens sowie die Anordnung und die Fortsetzung einer Zwangsversteigerung oder Zwangsverwaltung von Gegenständen des unbeweglichen Vermögens wird, unbeschadet der Vorschriften in den §§ 5, 6, durch die Beteiligung der im § 2 bezeichneten Personen als Gläubiger oder anderweit Berechtigte nicht berührt.*) Es gelten jedoch hierbei folgende Bestimmungen:

---

*) Einer Anregung der Ältesten der Kaufmannschaft von Berlin, mit Rücksicht auf die durch den Krieg herbeigeführte Wirtschaftslage die Zwangsversteigerungen von Grundstücken nach Möglichkeit überhaupt hinauszuschieben, ist vom preußischen Justizminister entsprochen worden. Offiziell wurde folgendes mitgeteilt:

„In dem am 4. August von dem Reichstag angenommenen Gesetze betreffend den Schutz der infolge des Krieges an der Wahrnehmung ihrer Rechte behinderten Personen, ist die Versteigerung von Gegenständen, die der Zwangsvollstreckung in das unbewegliche Vermögen unterliegen, insofern erheblichen Beschränkungen unterworfen, als sie sich gegen Militärpersonen richtet oder Militärpersonen bei ihr beteiligt sind. Aber auch darüber hinaus sind wirtschaftliche Schäden nicht nur einzelner Beteiligter, sondern auch der Allgemeinheit möglich, wenn der Versteigerungstermin in der gegenwärtigen Zeit abgehalten wird. Soweit ein Versteigerungstermin bisher noch nicht anberaumt ist, gibt der § 36 Absatz 2 des Zwangsversteigerungsgesetzes dem Vollstreckungsgerichte die Handhabe zu prüfen, ob nicht besondere Gründe dafür vorliegen, den Zeitraum zwischen der Anberaumung des Termins und dem Termine so zu bemessen, daß die Entstehung von Schäden der erwähnten Art vermieden wird. Aus dem gleichen Grunde kommt auch eine Vertagung eines bereits angesetzten Versteigerungstermins in Frage. Daß eine solche Vertagung — wenn auch nur in außergewöhnlichen Fällen — zulässig ist, hat das Reichsgericht in dem Urteile vom 27. Februar 1914 (Warneyers Jahrb. d. Entsch., Erg.Bd. 1914 S. 265), siehe auch das Urteil des Reichsgerichts vom 25. April 1911 (JW. 1911 S. 599), anerkannt."

Weitere Beschlüsse des Bundesrats zur Verhütung des Konkurses und bezüglich anderer Fragen der Zwangsversteigerung siehe am Schlusse dieses Gesetzes unten S. 53 ff.

1. Ist gegen diese Personen ein Versäumnis- oder ein Ausschlußurteil ergangen oder sind sie infolge ihrer Abwesenheit sonstwie als säumig behandelt oder mit ihren Rechten ausgeschlossen worden, so können sie binnen sechs Monaten nach Beendigung des Kriegszustandes oder des nach § 2 maßgebenden Verhältnisses, soweit es in dem Verfahren noch möglich ist, die versäumten Handlungen nachholen und ihre Ansprüche geltend machen oder, soweit dies nicht mehr möglich ist, von demjenigen, zu dessen Gunsten die Rechtsänderung eingetreten ist, die Herausgabe des erlangten Vorteils nach den Vorschriften über die Herausgabe einer ungerechtfertigten Bereicherung verlangen.

Ist ein Recht von einer der im § 2 bezeichneten Personen angemeldet oder ist anzunehmen, daß ein solches ihr zusteht, so wird ihr dasselbe in der betreffenden Entscheidung oder Verfügung ausdrücklich vorbehalten.

2. Ergibt sich bei einer vorzunehmenden Verteilung, daß eine solche Person eine bei der Verteilung zu berücksichtigende Forderung angemeldet hat oder daß eine derartige Forderung ihr mutmaßlich zusteht, so muß bei der Verteilung so verfahren werden, als wenn die Forderung und das für sie in Anspruch genommene oder anscheinend begründete Vorrecht endgültig festgestellt wäre. Die auf die Forderung fallenden Beträge sind zu hinterlegen.

3. Ergibt sich bei der Zwangsversteigerung eines Gegenstandes des unbeweglichen Vermögens nach Beendigung der Versteigerung, daß eine der

im § 2 bezeichneten Personen wegen einer Forderung, für welche die Zwangsversteigerung betrieben wird oder der Gegenstand der Zwangsversteigerung dinglich haftet oder die ein Recht auf Befriedigung aus dem Grundstück gewährt oder wegen einer Grundschuld oder einer Rentenschuld durch das Meistgebot nicht gedeckt wird, so kann der Zuschlag versagt und ein neuer Versteigerungstermin bestimmt werden, sofern die Umstände die Annahme begründen, daß ein höheres, zur gänzlichen oder teilweisen Befriedigung genügendes Gebot erfolgen werde.

4. Die Bestimmungen unter Ziffer 1—3 gelten nicht zugunsten derjenigen Personen, welche einen zur Wahrnehmung ihrer Rechte berufenen Vertreter haben.

1. Der § 7 bezweckt, entsprechend den gleichartigen Vorschriften im § 11 des Gesetzes vom 21. Juli 1870, die am Kriege beteiligten Personen gegen die Nachteile, welche im Konkursverfahren usw. nach den gesetzlichen Regeln den Interessenten bei nicht rechtzeitiger Anmeldung und Verfolgung ihrer Rechte erwachsen, insoweit zu sichern, als dies ohne gänzliche Hemmung der fraglichen Rechtsangelegenheiten möglich ist. Da die in Betracht kommenden gesetzlichen Vorschriften hinsichtlich der Voraussetzungen des Rechtsverlustes und der Wirkungen der Säumnis überaus verschieden sind, mußte sich das neue Gesetz im Anschluß an das Gesetz vom Jahre 1870 auf die Aufstellung allgemeiner Grundsätze beschränken, deren Anwendung im einzelnen sich nach den für das betreffende Verfahren geltenden Vorschriften richtet. Insbesondere können darüber, gegen wen die unter Nr. 1 gewährte Klage zu richten sei und wie sich das Verfahren in den unter Nr. 2 geregelten Fällen im einzelnen gestalte, nähere Bestimmungen nicht getroffen werden. Das Gesetz mußte sich daher darauf beschränken hervorzuheben, daß die am Kriege be-

teiligten Personen, soweit das in dem Verfahren noch möglich ist, die versäumten Handlungen nachholen können und auf die ihnen gewährte Klage nur in den Fällen angewiesen sind, in denen sie ihre Ansprüche nach der Lage des Verfahrens in diesem selbst nicht mehr geltend machen können.

2. Materielle Abweichungen von dem früheren Gesetz enthält das neue nur unter Nr. 3 und 4. Unter Nr. 3 sind den durch eine Hypothek gesicherten Forderungen alle sonstigen Forderungen, für welche der Gegenstand der Zwangsversteigerung dinglich haftet oder die ein Recht auf Befriedigung aus dem Grundstück gewähren, z. B. die Forderungen, für welche an einem der Zwangsversteigerung unterliegenden Schiffe ein Pfandrecht besteht oder die im § 10 Nr. 2 des Gesetzes über die Zwangsversteigerung und die Zwangsverwaltung vom 24. März 1897 (Reichs-Gesetzbl. S. 97) bezeichneten Forderungen sowie die Grundschulden und Rentenschulden gleichgestellt worden, weil kein Anlaß zu einer abweichenden Behandlung dieser Rechte vorliegt. Unter Nr. 4 sind auch die prozeßfähigen Personen von den unter Nr. 1 bis 3 gewährten Vorteilen für den Fall ausgeschlossen worden, daß sie einen Vertreter bestellt haben, da dieser in der Lage ist, ihre Rechte wahrzunehmen.

§ 8. Die Verjährung ist gehemmt zugunsten der im § 2 bezeichneten Personen und ihrer Gegner bis zur Beendigung des Kriegszustandes oder des nach § 2 maßgebenden Verhältnisses.

Das Gleiche gilt von den gesetzlich für die Beschreitung des Rechtswegs vorgeschriebenen Ausschlußfristen sowie von den Fristen, auf welche die Vorschriften des § 203 des Bürgerlichen Gesetzbuchs ganz oder teilweise entsprechende Anwendung finden.

1. Die Bestimmung im ersten Absatz entspricht dem § 14 des Gesetzes vom 21. Juli 1870. Aus der Fassung des neuen Gesetzes geht hervor, daß die Verjährung nur während des Bestehens des

nach § 2 maßgebenden Verhältnisses gehemmt sein soll. Die Hemmung beginnt daher mit der Verkündung des Gesetzes, wenn bereits in diesem Zeitpunkt das maßgebende Verhältnis begründet ist, andernfalls erst mit dem Zeitpunkt, in welchem dieses Verhältnis eintritt. Ebenso hört die Hemmung mit der Beendigung des maßgebenden Verhältnisses, spätestens aber mit der Beendigung des Kriegszustandes auf. Von diesem Zeitpunkt ab läuft die von der Hemmung begonnene Verjährung fort. Daß von der Verkündung des Gesetzes bis zur Beendigung des Kriegszustandes auch eine neue Verjährung nicht beginnen kann, solange das nach § 2 maßgebende Verhältnis besteht, bedarf keiner ausdrücklichen Bestimmung.

2. Im zweiten Absatz ist bestimmt, daß während des aus dem ersten Absatz sich ergebenden Zeitraums auch die gesetzlich für die Beschreitung des Rechtswegs vorgeschriebenen Ausschlußfristen sowie die Fristen, auf welche die Vorschriften des § 203 des Bürgerlichen Gesetzbuchs entsprechende Anwendung finden, nicht laufen sollen. Dadurch werden die Ausschlußfristen, deren Beginn und Lauf nach den Vorschriften des Bürgerlichen Gesetzbuchs ebenso wie die Verjährung durch höhere Gewalt gehemmt werde (vgl. §§ 124 Abs. 2, 210, 215 Abs. 2, 477 Abs. 2, 802, 1002, 1599, 1997 des Bürgerlichen Gesetzbuchs u. a.), den Verjährungsfristen gleichgestellt. Für diese Vorschrift sprechen die gleichen Erwägungen, welche die Hemmung der Verjährung rechtfertigen. Eine weitere Ausdehnung auf die sonstigen Ausschlußfristen erscheint bedenklich, weil sie in das materielle Recht allzu tief eingreifen würde.

§ 9. Die Bestimmungen dieses Gesetzes, mit Ausnahme der in den §§ 5, 6 enthaltenen Vorschriften, finden entsprechende Anwendung auf diejenigen natürlichen Personen, welche durch eine im § 2 bezeichnete Person gesetzlich vertreten werden, sofern sie nicht prozeßfähig sind.

Soll eine solche Person verklagt oder soll der Rechtsstreit gegen sie fortgesetzt werden, so kann ihr der Vorsitzende des Prozeßgerichts, falls mit dem Verzuge Gefahr verbunden ist, auf Antrag einen besonderen Vertreter bestellen. Ist der Rechtsstreit bei der Bestellung des besonderen Vertreters bereits anhängig, so endet mit der Bestellung desselben die Unterbrechung des Verfahrens. Der besondere Vertreter ist zu dem Antrag auf Aussetzung des Verfahrens nicht befugt.

1. Der § 9 regelt, entsprechend dem § 13 des Gesetzes von 1870, die Fälle, in denen eine am Kriege beteiligte Person gesetzlicher Vertreter ist. Entscheidend ist hier allein das Hindernis in der Person des Vertreters; die Bestimmung findet daher Anwendung ohne Rücksicht darauf, ob auch der Vertretene zu den im § 2 bezeichneten Personen gehört. Selbstverständlich gilt sie in den Fällen des § 8 auch zugunsten der Gegner der im ersten Absatz des § 9 bezeichneten Personen.

2. Ausgenommen sind nur die Vorschriften in den §§ 5, 6 über die Zwangsvollstreckung und das Konkursverfahren. In ersterer Beziehung enthält auch das Gesetz von 1870 in § 13 Abs. 2 Nr. 3 nur eine besondere Bestimmung zugunsten der Vermögensrechte des Ehemanns und Vaters, welche in den § 5 des Entwurfs als dorthin gehörig übernommen ist. Bezüglich des Konkursverfahrens liegt ein wesentliches Bedürfnis zur besonderen Fürsorge nicht vor, da dem Gemeinschuldner in der Regel ein besonderer Vertreter vom Vormundschaftsgerichte bestellt werden wird, wenn der gesetzliche Vertreter infolge seiner Beteiligung am Kriege zur Wahrnehmung der Rechte nicht imstande ist.

3. Die im § 13 des Gesetzes von 1870 unter Nr. 2 des zweiten Absatzes enthaltenen Ausnahmen erledigen sich zum Teil durch die im § 52 Abs. 2 der Zivilprozeßordnung reichsgesetzlich geordnete Prozeßfähigkeit der unter väterlicher Gewalt stehenden großjährigen Personen und der Ehefrauen. Soweit dies nicht der Fall ist, erscheinen sie entbehrlich infolge der dem § 57 der Zivilprozeßordnung nachgebildeten Bestimmung dieses Gesetzes,

wonach für alle Rechtsstreitigkeiten bei Gefahr im Verzuge den im ersten Absatz bezeichneten Personen ein besonderer Vertreter bestellt werden kann. Soll diese Bestimmung praktische Bedeutung gewinnen, so ist es geboten, die Anwendbarkeit des § 3 Abs. 2 ausdrücklich auszuschließen; es erscheint dies auch unbedenklich, da die Bestellung des Vertreters fakultativ, der Richter also in der Lage ist, von der ihm eingeräumten Befugnis nur in den hierzu geeigneten Fällen Gebrauch zu machen. Eine besondere Bestimmung über die Beendigung der Unterbrechung ist für diese Fälle erforderlich, um die Unanwendbarkeit der hier entbehrlichen Vorschriften des § 4 über das Ausnahmeverfahren außer Zweifel zu stellen.

§ 10. Die Bestimmungen dieses Gesetzes über die Unterbrechung und die Aussetzung des Verfahrens finden, sofern nicht das Landesrecht etwas anderes bestimmt, auch auf die bürgerlichen Rechtsstreitigkeiten Anwendung, welche bei den im § 14 des Gerichtsverfassungsgesetzes zugelassenen besonderen Gerichten anhängig sind oder anhängig werden. Die Landesregierungen sind befugt, ergänzende und abweichende Anordnungen im Verordnungswege zu erlassen.

1. Auch in dem Verfahren vor den im § 14 des Gerichtsverfassungsgesetzes zugelassenen besonderen Gerichten *) müssen die am Kriege beteiligten Personen vor den ihnen drohenden Rechtsnachteilen möglichst geschützt werden. Die Vorschriften über die Unterbrechung und Aussetzung des Verfahrens vor den ordentlichen Gerichten sind daher auf das Verfahren vor den be-

*) Es sind dies die folgenden: Gewerbegerichte, Kaufmannsgerichte; die auf Staatsverträgen beruhenden Rheinschiffahrts- und Elbzollgerichte; Gerichte, welchen die Entscheidung von bürgerlichen Rechtsstreitigkeiten bei der Ablösung von Gerechtigkeiten oder Reallasten, bei Separationen, Konsolidationen, Verkoppelungen, gutsherrlich-bäuerlichen Auseinandersetzungen und dergleichen obliegt; Gemeindegerichte.

zeichneten besonderen Gerichten für anwendbar zu erklären. Im Hinblick auf die von der Zivilprozeßordnung abweichende Regelung des Verfahrens in einzelnen Bundesstaaten ist indessen der Landesgesetzgebung die Befugnis vorzubehalten, die Anwendung dieses Gesetzes in dem Verfahren vor jenen Gerichten ganz auszuschließen oder durch besondere Vorschriften dem Landesrecht anzupassen.

§ 11. Der Zeitpunkt, mit welchem der Kriegszustand als beendet anzusehen ist, wird durch Kaiserliche Verordnung bestimmt.

1. Die im Jahre 1870 und in Preußen bei früheren Gelegenheiten gemachten Erfahrungen haben gezeigt, daß mit dem Friedensschlusse das Bedürfnis nach besonderen Schutzmaßregeln für die Angehörigen des Heeres nicht unbedingt beseitigt wird. Anderseits wird es nicht unter allen Umständen geboten sein, die außerordentlichen Maßnahmen bis zur völligen Demobilmachung aufrechtzuerhalten. Sobald die Wiederherstellung des ordentlichen Zustandes möglich erscheint, wird im Interesse der Rechtssicherheit zu ihm zurückzukehren sein. Deshalb erscheint es zweckmäßig, die Bestimmung dieses Zeitpunkts, entsprechend dem Vorgang vom Jahre 1870, Kaiserlicher Verordnung zu überlassen.

§ 12. Dieses Gesetz tritt mit der Verkündung in Kraft.*))**

---

*) Eine ausführliche Kommentierung dieses ganzen Gesetzes gibt das Buch „Prozeßrechtlicher Schutz der Kriegszeit" von Landrichter a. D. Dr. J. Sieskind, zweite vermehrte Auflage. Berlin 1914.

**) Außer den folgenden Verordnungen (S. 52 ff.) sind am 14. Januar 1915 noch zwei wichtige ergänzende Verordnungen zu diesem Gesetz ergangen, die im Nachtrag unten S. 220 ff. abgedruckt sind.

Von sachlich zu diesem Gesetz gehörenden Verordnungen sind folgende ergangen:

1. Bekanntmachung über die Ausdehnung des Gesetzes, betreffend den Schutz der infolge des Krieges an Wahrnehmung ihrer Rechte behinderten Personen, vom 4. August 1914 (Reichs-Gesetzbl. S. 328) auf Kriegsbeteiligte Österreich-Ungarns.

Vom 22. Oktober 1914 (RGBl. S. 450).

Der Bundesrat hat auf Grund des § 3 des Gesetzes über die Ermächtigung des Bundesrats zu wirtschaftlichen Maßnahmen usw. vom 4. August 1914 (RGBl. S. 327) folgende Verordnung erlassen: *)

§ 1. Im Sinne des Gesetzes, betreffend den Schutz der infolge des Krieges an Wahrnehmung ihrer Rechte behinderten Personen, vom 4. August 1914 (Reichs-Gesetzbl. S. 328) stehen die deutsche und die österreichisch-ungarische Land- und Seemacht, die deutschen und die österreichisch-ungarischen Festungen sowie die Kriegsführung des Reichs und die Kriegsführung Österreich-Ungarns einander gleich.

§ 2. Diese Verordnung tritt mit dem Tage in Kraft, an dem der Reichskanzler im Reichs-Gesetzblatt bekannt macht, daß durch die Gesetzgebung Österreich-Ungarns die Gegenseitigkeit verbürgt ist.

2. Bekanntmachung über die Vertretung eines Genossen in der Generalversammlung einer Erwerbs- und Wirtschaftsgenossenschaft und über das Ausscheiden aus der Genossenschaft.

Vom 17. Dezember 1914 (RGBl. S. 518).

§ 1. Gehört ein Genosse einer eingetragenen Genossenschaft zu den Personen, die im § 2 des Gesetzes, betreffend den Schutz der infolge des Krieges an Wahrnehmung ihrer Rechte behinderten Personen, vom 4. August 1914 (Reichs-Gesetzbl. S. 328) bezeichnet sind, so kann er sein Stimmrecht in der Generalversamm-

*) Auch bei den folgenden Bekanntmachungen findet sich diese Bezugnahme auf das Ermächtigungsgesetz, die wir nicht überall wiederholen.

lung durch einen Bevollmächtigten ausüben. Für die Vollmacht ist die schriftliche Form erforderlich und genügend. Ein Bevollmächtigter kann mehr als einen Genossen vertreten.

§ 2. Ist bei dem Gerichte, das die Liste der Genossen führt, infolge des Krieges ein, wenngleich nur vorübergehender, Stillstand der Rechtspflege eingetreten, so gilt, falls die Tatsache, die gemäß §§ 65 bis 68 des Gesetzes, betreffend die Erwerbs- und Wirtschaftsgenossenschaften, das Ausscheiden eines Genossen begründet, nicht bis zum Schlusse des Geschäftsjahrs, zu dem das Ausscheiden erfolgen soll, in die Liste eingetragen ist, das Ausscheiden auch ohne Eintragung mit dem Schlusse dieses Geschäftsjahrs als erfolgt. Unter der gleichen Voraussetzung findet, falls der Tod eines Genossen nicht bis zum Schlusse des Geschäftsjahrs in der Liste der Genossen eingetragen ist, die im § 125 Abs. 2 des Gesetzes gegebene Vorschrift über die Haftung des Erben für die bis zum Tage der Eintragung von der Genossenschaft eingegangenen Verbindlichkeiten keine Anwendung.

Die im § 69 des Gesetzes bezeichnete Verpflichtung des Vorstandes, die Eintragung in die Liste zu veranlassen, wird durch die Vorschriften des Abs. 1 nicht berührt; konnte der Vorstand der Verpflichtung nicht bis zu dem im § 69 bezeichneten Zeitpunkt nachkommen, so hat er das Ausscheiden in dem von ihm geführten Verzeichnis der Genossen zu vermerken und das zur Eintragung in die Liste Erforderliche unverzüglich nach Wegfall des Hindernisses nachzuholen.

§ 3. Die Verordnung tritt mit dem Tage der Verkündung in Kraft.

3. Bekanntmachung, betreffend die Anordnung einer Geschäftsaufsicht zur Abwendung des Konkursverfahrens.*)

Vom 8. August 1914 (RGBl. S. 363).

§ 1. Wer infolge des Krieges zahlungsunfähig geworden ist, kann bei dem für die Eröffnung des Konkursverfahrens zustän-

*) Zur Begründung dieser Verordnung entnehmen wir der dem Reichstag überreichten Denkschrift S. 16/17 folgende Sätze:

digen Gerichte die Anordnung einer Geschäftsaufsicht zur Abwendung des Konkursverfahrens beantragen.

§ 2. Der Schuldner hat mit dem Antrag ein Verzeichnis der Gläubiger unter Angabe ihrer Adressen, eine Übersicht des Vermögensstandes in Form einer Gegenüberstellung der einzeln aufzuführenden Aktiven und Passiven und, sofern er Kaufmann ist, auch die letzte Bilanz einzureichen.

§ 3. Dem Antrag ist stattzugeben, wenn die Behebung der Zahlungsunfähigkeit nach Beendigung des Krieges in Aussicht genommen werden kann.

Das Gericht entscheidet über den Antrag nach freiem Ermessen.

§ 4. Wird dem Antrag stattgegeben, so bestellt das Gericht eine oder mehrere Personen zur Beaufsichtigung der Geschäftsführung des Schuldners und teilt den Gläubigern die Anordnung der Geschäftsaufsicht und die Aufsichtspersonen mit.

„Bei den gegenwärtigen außergewöhnlichen Verhältnissen kann eine Zahlungseinstellung leicht eintreten: sie kann sich infolge des verzögerten Eingangs von Forderungen, infolge der Schwierigkeit, große Sachwerte gerade jetzt in Geld umzusetzen oder dem Kredite dienstbar zu machen, auch bei Betrieben ergeben, die durchaus lebensfähig und sonst festgegründet sind. Die Eröffnung des Konkurses würde in solchen Fällen die wirtschaftliche Stellung des Schuldners für alle Zukunft in Frage stellen.... Auch dem G l ä u b i g e r, wie mehrfach angeregt worden ist, das Recht zur Beantragung der Geschäftsaufsicht zu geben, erschien mit dem Grundgedanken der Maßregel nicht verträglich. Die Geschäftsaufsicht ist nicht als ein Zwangsmittel, sondern als eine Vergünstigung gedacht und ausgestaltet ..... Unterläßt es der Schuldner, sich unter Geschäftsaufsicht zu stellen, so ist es dem Gläubiger unbenommen, die Eröffnung des Konkurses zu beantragen. Soweit übrigens die Anregungen das Ziel verfolgen, das Vermögen eines Kriegsteilnehmers vor einer Verschleuderung oder vor sonstigen unwirtschaftlichen Maßnahmen durch die Zurückbleibenden zu bewahren, bieten schon die Vorschriften des BGB. über die Abwesenheitspflegschaft (§ 1911) eine Handhabe. Nach ihnen ist die Bestellung eines Abwesenheitspflegers insbesondere auch dann möglich, wenn der Kriegsteilnehmer durch Erteilung eines Auftrags oder einer Vollmacht Fürsorge getroffen hat, aber Umstände eingetreten sind, die zum Widerruf des Auftrags oder der Vollmacht Anlaß geben."

§ 72, § 73 Abs. 1, 2 und § 75 der Konkursordnung gelten entsprechend. Öffentliche Bekanntmachungen finden nicht statt.

§ 5. Während der Dauer der Geschäftsaufsicht darf das Konkursverfahren über das Vermögen des Schuldners nicht eröffnet werden. Arreste und Zwangsvollstreckungen in das Vermögen des Schuldners finden nur zugunsten der Gläubiger statt, die vom Verfahren nicht betroffen werden (§ 9).

§ 6. Die Aufsichtspersonen haben die Geschäftsführung des Schuldners zu unterstützen und zu überwachen. Zu diesem Zwecke können sie die erforderlichen Maßnahmen treffen, insbesondere die Geschäftsführung ganz oder teilweise einer anderen Person übertragen. Widerspricht der Schuldner, so hat das Gericht das Erforderliche anzuordnen.

Für die Aufsichtspersonen gelten die §§ 81 Abs. 2, 82, 83, 84 Abs. 1 Satz 1 und Abs. 2 der Konkursordnung entsprechend.

Die Aufsichtspersonen haben gegen den Schuldner Anspruch auf Erstattung angemessener barer Auslagen und auf Vergütung für ihre Geschäftsführung. Die Festsetzung der Auslagen und der Vergütung erfolgt durch das Gericht.

§ 7. Der Schuldner ist verpflichtet, jeder Aufsichtsperson Einsicht in seine Geschäftsbücher und sonstigen Aufzeichnungen zu gewähren und Auskunft über den Stand seines Vermögens und über seine Geschäfte zu geben.

Der Schuldner soll ohne Zustimmung der Aufsichtspersonen weder unentgeltliche Verfügungen oder Verfügungen über Grundstücke und Rechte an Grundstücken vornehmen, noch Ansprüche befriedigen oder sicherstellen, noch auch andere als solche Verbindlichkeiten eingehen, die zur Fortführung des Geschäfts oder zu einer bescheidenen Lebensführung des Schuldners und seiner Familie erforderlich sind.

§ 8. Die vorhandenen Mittel sind, soweit sie nicht zur Fortführung des Geschäfts und zu einer bescheidenen Lebensführung des Schuldners und seiner Familie erforderlich sind, zur Befriedigung der Gläubiger zu verwenden; Umfang und Reihenfolge der Befriedigung bestimmen die Aufsichtspersonen nach billigem Ermessen. In Streitfällen entscheidet das Gericht.

§ 9. Von dem Verfahren werden nicht betroffen:

1. die Gläubiger, deren Ansprüche auf Rechtshandlungen des Schuldners beruhen, die dieser nach der Anordnung der Geschäftsaufsicht mit Zustimmung der Aufsichtspersonen vorgenommen hat oder ohne solche Zustimmung vornehmen durfte;
2. die Gläubiger, denen nach § 43 der Konkursordnung im Falle des Konkurses ein Anspruch auf Aussonderung zusteht;
3. die Gläubiger, soweit sie im Falle des Konkurses abgesonderte Befriedigung beanspruchen können;
4. die im § 61 Ziffer 1 und 2 der Konkursordnung bezeichneten Gläubiger wegen der dort angegebenen Forderungen, auch soweit sie nach der Anordnung der Geschäftsaufsicht fällig werden.

§ 10. Handelt der Schuldner seinen Verpflichtungen zuwider oder liegen sonstige wichtige Gründe vor, so kann das Gericht das Verfahren aufheben.

§ 11. Die Entscheidungen des Gerichts sind unanfechtbar.

§ 12. Das Verfahren ist gebührenfrei; auf die Auslagen finden die Vorschriften des fünften und sechsten Abschnitts des Gerichtskostengesetzes entsprechende Anwendung. Pauschsätze werden nicht erhoben.

§ 13. Diese Verordnung tritt mit dem Tage der Verkündung in Kraft.

4. Bekanntmachung, betreffend die zeitweilige Außerkraftsetzung einzelner Vorschriften des Handelsgesetzbuchs usw.

Vom 8. August 1914 (RGBl. S. 365).

§ 1. Die nachstehenden Vorschriften werden, soweit sie die Verpflichtung, bei Zahlungsunfähigkeit einer Gesellschaft oder einer Genossenschaft die Eröffnung des Konkursverfahrens zu beantragen, sowie das Verbot von Zahlungen nach Eintritt der Zahlungsunfähigkeit betreffen, bis auf weiteres außer Kraft gesetzt:

1. die Vorschriften des § 240 Abs. 2, des § 241 Abs. 3, 4, des § 249 Abs. 3, des § 298 Abs. 2, des § 315, des § 325 Nr. 8 des Handelsgesetzbuchs;
2. die Vorschriften der §§ 64, 71, 84 des Gesetzes, betreffend die Gesellschaften mit beschränkter Haftung;
3. die Vorschriften der §§ 99, 118, 142, 148 des Gesetzes, betreffend die Erwerbs- und Wirtschaftsgenossenschaften.

§ 2. Diese Verordnung tritt mit dem Tage der Verkündung in Kraft.

5. Bekanntmachung über das Mindestgebot bei der Versteigerung gepfändeter Sachen.

Vom 8. Oktober 1914 (RGBl. S. 427).

§ 1. Soweit eine Zwangsvollstreckung in körperliche Sachen nach den Vorschriften der Zivilprozeßordnung stattfindet, ist der gewöhnliche Verkaufswert der gepfändeten Sachen vor der Versteigerung zu schätzen.

Die Schätzung erfolgt durch den Gerichtsvollzieher. Ist gemäß § 813 der Zivilprozeßordnung zur Pfändung ein Sachverständiger zugezogen, so hat dieser die Schätzung vorzunehmen. Mit der Schätzung gepfändeter Wertpapiere, die einen Börsen- oder Marktpreis nicht haben, hat der Gerichtsvollzieher einen kaufmännischen Sachverständigen zu beauftragen; bei der Schätzung darf der gewöhnliche Verkaufswert solcher Wertpapiere, die in der letzten Woche vor dem 31. Juli 1914 noch einen Börsen- oder Marktpreis hatten, nicht unter dem letzten in dieser Woche amtlich notierten Markt- oder Börsenpreis festgestellt werden. In anderen Fällen kann der Gerichtsvollzieher einen Sachverständigen mit der Schätzung beauftragen.

Die Schätzung soll tunlichst bei der Pfändung erfolgen. In diesem Falle ist ihr Ergebnis in das Protokoll aufzunehmen.

Für Kostbarkeiten bewendet es bei der Vorschrift im § 814 der Zivilprozeßordnung.*)

*) „Kostbarkeiten sind vor der Versteigerung durch einen Sachverständigen abzuschätzen."

§ 2. Das Vollstreckungsgericht kann auf Antrag des Gläubigers oder des Schuldners die Schätzung durch einen Sachverständigen anordnen.

§ 3. Bei der Versteigerung der gepfändeten Sachen darf unbeschadet der Vorschrift im § 820 der Zivilprozeßordnung*) der Zuschlag nur auf ein Gebot erteilt werden, das mindestens die Hälfte des gewöhnlichen Verkaufswertes erreicht (Mindestgebot).

Bei Wertpapieren, die von den auf Grund des Darlehnskassengesetzes vom 4. August 1914 (Reichs-Gesetzbl. S. 340) errichteten Darlehnskassen beliehen werden, darf das Mindestgebot nicht hinter dem Betrage zurückbleiben, zu dem die Darlehnskassen Wertpapiere dieser Art beleihen.

Der gewöhnliche Verkaufswert und das Mindestgebot sind bei dem Ausbieten bekannt zu geben.

§ 4. Wird der Zuschlag nicht erteilt, weil ein das Mindestgebot erreichendes Gebot nicht abgegeben ist, so bleibt das Pfandrecht des Gläubigers bestehen. Er kann jederzeit die Anberaumung eines neuen Versteigerungstermins oder die Anordnung anderweitiger Verwertung der gepfändeten Sachen gemäß § 825 der Zivilprozeßordnung**) beantragen. Wird die anderweitige Verwertung angeordnet, so gilt § 3 entsprechend.

§ 5. Diese Verordnung tritt nach Ablauf einer Woche seit dem Tage der Verkündung in Kraft. Den Zeitpunkt des Außerkrafttretens bestimmt der Reichskanzler.

---

*) § 820 ZPO.: Gold- und Silbersachen dürfen nicht unter ihrem Gold- und Silberwerte zugeschlagen werden. Wird ein den Zuschlag gestattendes Gebot nicht abgegeben, so kann der Gerichtsvollzieher den Verkauf aus freier Hand zu dem Preise bewirken, welcher den Gold- oder Silberwert erreicht.

**) § 825 ZPO.: Auf Antrag des Gläubigers oder des Schuldners kann das Vollstreckungsgericht anordnen, daß die Verwertung einer gepfändeten Sache in anderer Weise oder an einem anderen Orte, als in den vorstehenden Paragraphen bestimmt ist, stattzufinden habe oder daß die Versteigerung durch eine andere Person als den Gerichtsvollzieher vorzunehmen sei.

6. Bekanntmachung über die Versagung des Zuschlags bei der Zwangsversteigerung von Gegenständen des unbeweglichen Vermögens.

Vom 10. Dezember 1914 (RGBl. S. 499).

§ 1. Ergibt sich bei der Zwangsversteigerung eines Gegenstandes des unbeweglichen Vermögens nach Schluß der Versteigerung, daß ein Anspruch, der ein Recht auf Befriedigung aus dem Gegenstande gemäß § 10 Nr. 2 oder Nr. 4 des Gesetzes über die Zwangsversteigerung und die Zwangsverwaltung (RGBl. 1898 S. 713) gewährt,*) durch das Meistgebot nicht gedeckt wird, so kann, wenn dieser Anspruch innerhalb der ersten zwei Dritteile des zur Berechnung des Reichsstempels für den Zuschlagsbeschluß festzusetzenden Wertes des Gegenstandes steht, auf Antrag des Berechtigten der Zuschlag versagt werden, sofern nicht der betreibende Gläubiger glaubhaft macht, daß ihm die Versagung des Zuschlags einen unverhältnismäßigen Nachteil bringt. Wird der Zuschlag versagt, so ist zugleich von Amtswegen ein neuer Versteigerungstermin zu bestimmen.

§ 2. Wird der Zuschlag versagt, so dürfen für den Versteigerungstermin Gebühren und Auslagen nicht erhoben werden.

§ 3. Diese Verordnung tritt mit dem Tage der Verkündung in Kraft. Den Zeitpunkt des Außerkrafttretens bestimmt der Reichskanzler.

7. Bekanntmachung über die Sicherheitsleistung mit Wertpapieren.

Vom 22. Dezember 1914 (RGBl. S. 541).

§ 1. Für eine Sicherheitsleistung, für welche die Vorschriften*) der §§ 234, 236**) des Bürgerlichen Gesetzbuchs oder des § 69***)

---

*) Betrifft die Ansprüche der Angestellten und Arbeiter und der Ansprüche aus dinglichen Rechten aller Art.

**) § 234 BGB.: Wertpapiere sind zur Sicherheitsleistung nur geeignet, wenn sie auf den Inhaber lauten, einen Kurswert haben und einer Gattung des Gesetzes über die Zwangsversteigerung und die Zwangsverwaltung gelten, sind Wertpapiere, die vor Ausbruch des Krieges einen Kurswert hatten, auch jetzt als Papiere mit Kurswert anzusehen.

Sind die Vorschriften der §§ 234, 236 des Bürgerlichen Gesetzbuchs maßgebend, so kann die Sicherheit in Höhe von drei Vierteilen des Kurswerts vom 25. Juli 1914 geleistet werden.

Sind die Vorschriften des § 69 des Gesetzes über die Zwangsversteigerung und die Zwangsverwaltung maßgebend, so kann die Sicherheit in Höhe des ganzen Kurswerts vom 25. Juli 1914 geleistet werden. Das Gericht kann auf Antrag nach freiem Ermessen die Sicherheitsleistung nur in Höhe eines geringeren Betrags für zulässig erklären.

Ist für ein Wertpapier am 25. Juli 1914 ein Kurs nicht notiert worden, so tritt der letzte vorher notierte Kurs an die Stelle.

§ 2. Die Vorschriften des § 1 finden auf die vom Reiche aus Anlaß des Krieges ausgegebenen Schuldverschreibungen entsprechende Anwendung. An die Stelle des Kurses vom 25. Juli 1914 tritt der Preis, zu dem die Ausgabe erfolgt ist.

---

angehören, in der Mündelgeld angelegt werden darf. Den Inhaberpapieren stehen Orderpapiere gleich, die mit Blankoindossament versehen sind.

Mit den Wertpapieren sind die Zins-, Renten-, Gewinnanteil- und Erneuerungsscheine zu hinterlegen.

Mit Wertpapieren kann Sicherheit nur in Höhe von drei Vierteilen des Kurswerts geleistet werden.

§ 236 BGB.: Mit einer Buchforderung gegen das Reich oder gegen einen Bundesstaat kann Sicherheit nur in Höhe von drei Vierteilen des Kurswerts der Wertpapiere geleistet werden, deren Aushändigung der Gläubiger gegen Löschung seiner Forderung verlangen kann.

***) § 69 b. Ges. üb. die Zwangsversteigerung: Die Sicherheitsleistung ist durch Hinterlegung von Geld oder inländischen Wertpapieren zu bewirken. Wertpapiere sind zur Sicherheitsleistung nur geeignet, wenn sie auf den Inhaber lauten und einen Kurswert haben; den Inhaberpapieren stehen Orderpapiere gleich, die mit Blankoindossament versehen sind. Mit Wertpapieren kann die Sicherheit in Höhe des ganzen Kurswertes geleistet werden.

Die Übergabe an das Gericht hat die Wirkung der Hinterlegung.

§ 3. Diese Verordnung tritt mit dem Tage der Verkündung in Kraft.

8. Bekanntmachung über die Verjährungsfristen.

Vom 22. Dezember 1914 (RGBl. S. 543).

§ 1. Die in den §§ 196, 197 des Bürgerlichen Gesetzbuchs bezeichneten Ansprüche*), die noch nicht verjährt sind, verjähren nicht vor dem Schlusse des Jahres 1915.

§ 2. Diese Verordnung tritt mit dem Tage ihrer Verkündung in Kraft.

---

*) § 196. In zwei Jahren verjähren die Ansprüche:

1. der Kaufleute, Fabrikanten, Handwerker und derjenigen, welche ein Kunstgewerbe betreiben, für Lieferung von Waren, Ausführung von Arbeiten und Besorgung fremder Geschäfte, mit Einschluß der Auslagen, es sei denn, daß die Leistung für den Gewerbebetrieb des Schuldners erfolgt;
2. derjenigen, welche Land- oder Forstwirtschaft betreiben, für Lieferung von land- oder forstwirtschaftlichen Erzeugnissen, sofern die Lieferung zur Verwendung im Haushalte des Schuldners erfolgt;
3. der Eisenbahnunternehmungen, Frachtfuhrleute, Schiffer, Lohnkutscher und Boten wegen des Fahrgeldes, der Fracht, des Fuhr- und Botenlohns, mit Einschluß der Auslagen;
4. der Gastwirte und derjenigen, welche Speisen oder Getränke gewerbsmäßig verabreichen, für Gewährung von Wohnung und Beköstigung sowie für andere den Gästen zur Befriedigung ihrer Bedürfnisse gewährte Leistungen, mit Einschluß der Auslagen;
5. derjenigen, welche Lotterielose vertreiben, aus dem Vertriebe der Lose, es sei denn, daß die Lose zum Weitervertriebe geliefert werden;
6. derjenigen, welche bewegliche Sachen gewerbsmäßig vermieten, wegen des Mietzinses;
7. derjenigen, welche, ohne zu den in Nr. 1 bezeichneten Personen zu gehören, die Besorgung fremder Geschäfte oder die Leistung von Diensten gewerbsmäßig betreiben, wegen der ihnen aus dem Gewerbebetriebe gebührenden Vergütungen, mit Einschluß der Auslagen;
8. derjenigen, welche im Privatdienste stehen wegen des Gehalts, Lohnes oder anderer Dienstbezüge, mit Einschluß der Auslagen, sowie der Dienstberechtigten wegen der auf solche Ansprüche gewährten Vorschüsse;

9. der gewerblichen Arbeiter — Gesellen, Gehilfen, Lehrlinge, Fabrikarbeiter —, der Tagelöhner und Handarbeiter wegen des Lohnes und anderer an Stelle oder als Teil des Lohnes vereinbarter Leistungen, mit Einschluß der Auslagen, sowie der Arbeitgeber wegen der auf solche Ansprüche gewährten Vorschüsse;
10. der Lehrherren und Lehrmeister wegen des Lehrgeldes und anderer im Lehrvertrage vereinbarter Leistungen sowie wegen der für die Lehrlinge bestrittenen Auslagen;
11. der öffentlichen Anstalten, welche dem Unterrichte, der Erziehung, Verpflegung oder Heilung dienen, sowie der Inhaber von Privatanstalten solcher Art für Gewährung von Unterricht, Verpflegung oder Heilung und für die damit zusammenhängenden Aufwendungen;
12. derjenigen, welche Personen zur Verpflegung oder zur Erziehung aufnehmen, für Leistungen und Aufwendungen der in Nr. 11 bezeichneten Art;
13. der öffentlichen Lehrer und der Privatlehrer wegen ihrer Honorare, die Ansprüche der öffentlichen Lehrer jedoch nicht, wenn sie auf Grund besonderer Einrichtungen gestundet sind;
14. der Ärzte, insbesondere auch der Wundärzte, Geburtshelfer, Zahnärzte und Tierärzte, sowie der Hebammen für ihre Dienstleistungen, mit Einschluß der Auslagen;
15. der Rechtsanwälte, Notare und Gerichtsvollzieher sowie aller Personen, die zur Besorgung gewisser Geschäfte öffentlich bestellt oder zugelassen sind, wegen ihrer Gebühren und Auslagen, soweit nicht diese zur Staatskasse fließen;
16. der Parteien wegen der ihren Rechtsanwälten geleisteten Vorschüsse;
17. der Zeugen und Sachverständigen wegen ihrer Gebühren und Auslagen.

Soweit die im Abs. 1 Nr. 1, 2, 5 bezeichneten Ansprüche nicht der Verjährung von zwei Jahren unterliegen, verjähren sie in vier Jahren.

§ 197. In vier Jahren verjähren die Ansprüche auf Rückstände von Zinsen, mit Einschluß der als Zuschlag zu den Zinsen zum Zwecke allmählicher Tilgung des Kapitals zu entrichtenden Beträge, die Ansprüche auf Rückstände von Miet- und Pachtzinsen, soweit sie nicht unter die Vorschrift des § 196 Abs. 1 Nr. 6 fallen, und die Ansprüche auf Rückstände von Renten, Auszugsleistungen, Besoldungen, Wartegeldern, Ruhegehalten, Unterhaltsbeiträgen und allen anderen regelmäßig wiederkehrenden Leistungen.

IV.*)

Darlehnskassengesetz.

Vom 4. August 1914 (RGBl. S. 340).

§ 1. In Berlin und an denjenigen Orten innerhalb des Reichs, an welchen sich Reichsbankhauptstellen und Reichsbankstellen befinden, sollen, wo es erforderlich ist, auf Anordnung des Reichskanzlers, nach Vernehmung des Ausschusses des Bundesrats für Handel und Verkehr, Darlehnskassen errichtet werden mit der Bestimmung, zur Abhilfe des Kreditbedürfnisses, vorzüglich zur Beförderung des Handels und Gewerbebetriebs gegen Sicherheit Darlehen zu geben.

Zur Vermittelung der Darlehnsgeschäfte und zur Bildung von Depots können die Darlehnskassen außerdem an geeigneten Orten Hilfsstellen errichten.

§ 2. Für den ganzen Betrag der bewilligten Darlehen soll unter der Benennung „Darlehnskassenscheine" ein besonderes Geldzeichen ausgegeben werden. Diese Scheine werden bei allen Reichskassen sowie bei allen öffentlichen Kassen in sämtlichen Bundesstaaten nach ihrem vollen Nennwert in Zahlung genommen; im Privatverkehre tritt ein Zwang zu deren Annahme nicht ein.

Im Sinne der §§ 9, 17 und 44 des Bankgesetzes vom 14. März 1875 (Reichs-Gesetzbl. S. 177) stehen die Darlehnskassenscheine den Reichskassenscheinen gleich.

Der Gesamtbetrag der Darlehnskassenscheine soll 1 500 Millionen Mark nicht übersteigen. Der Bundesrat wird ermächtigt, im Bedarfsfalle den Betrag der auszugebenden Darlehnskassenscheine zu erhöhen.**)

*) Die folgenden Gesetze IV—XII dienen der finanziellen Mobilmachung.

**) Dies ist durch Bek. v. 11. Nov. 1914 (RGBl. S. 475) auf den Höchstbetrag von 3000 Millionen Mark geschehen.

Von der Hauptverwaltung der Darlehnskassen (§ 13) darf kein Darlehnskassenschein ausgegeben werden, für welchen nicht nach der Bestimmung der §§ 4 und 6 genügende Sicherheit geleistet worden ist.

Vor der Ausgabe soll eine genaue Beschreibung der Darlehnskassenscheine durch die Hauptverwaltung der Darlehnskassen öffentlich bekannt gemacht werden.

§ 3. Die Darleben können nur im Betrage von wenigstens 100 Mark, in der Regel nicht auf längere Zeit als auf drei und nur ausnahmsweise bis zu sechs Monaten gewährt werden.

§ 4. Die Sicherheit kann bestehen:

a) in Verpfändung innerhalb des Gebiets des Reichs lagernder, dem Verderben nicht ausgesetzter Waren, Boden-, Bergwerks- und gewerblicher Erzeugnisse in der Regel bis zur Hälfte, ausnahmsweise bis zu zwei Dritteln ihres Schätzungswerts nach Verschiedenheit der Gegenstände und ihrer Verkäuflichkeit;

b) in Verpfändung von Wertpapieren, welche vom Reiche oder von der Regierung eines Bundesstaats oder unter Beobachtung der gesetzlichen Vorschriften von Korporationen, Aktiengesellschaften oder Kommanditgesellschaften auf Aktien, welche im Gebiete des Reichs ihren Sitz haben, ausgegeben sind, mit einem Abschlag vom Kurse oder marktgängigen Preise. Papiere, welche nicht auf den Inhaber lauten, müssen der Darlehnskasse übertragen werden;

c) in Verpfändung von anderen Wertpapieren, welche die Hauptverwaltung (§ 13) für zulässig erklärt.

Zur Bestellung des Pfandrechts an den im Abs. 1 unter a bezeichneten Sachen genügt es an Stelle der Übergabe, wenn die Verpfändung durch äußere Merkmale, wie durch Aufstellung von Tafeln oder dergleichen, erkennbar gemacht wird.

§ 5. Sachen, welche einem bedeutenden Preiswechsel unterliegen, werden nur dann als Unterpfand angenommen, wenn zugleich eine dritte sichere Person sich für die Erfüllung des Darlehnsvertrags verbürgt.

§ 6. Die Darleben können auch gegen Verpfändung von Forderungen, die in dem Reichsschuldbuch oder in dem Staatsschuldbuch eines deutschen Staates eingetragen sind, mit einem Abschlag vom Kurswert der nach Nennwert und Zinssatz der verpfändeten Buchforderung entsprechenden Schuldverschreibungen gewährt werden.

Soll zugunsten einer Darlehnskasse ein Pfandrecht an einer Forderung der im Abs. 1 bezeichneten Art in das Schuldbuch eingetragen werden, so genügt für den Antrag die Beglaubigung durch zwei Mitglieder des Vorstandes.

Auf die Beglaubigung finden die Vorschriften des § 183 des Gesetzes über die Angelegenheiten der freiwilligen Gerichtsbarkeit entsprechende Anwendung.

§ 7. Ist zugunsten einer Darlehnskasse ein Pfandrecht in das Schuldbuch eingetragen (§ 6), so erwirbt sie das Pfandrecht auch dann, wenn die Forderung einem Dritten zusteht, und geht das Pfandrecht dem vor der Verpfändung begründeten Rechte eines Dritten an der Forderung vor; es sei denn, daß das Recht des Dritten zu der Zeit der Eintragung des Pfandrechts im Schuldbuch eingetragen oder in diesem Zeitpunkt der Darlehnskasse bekannt oder infolge grober Fahrlässigkeit unbekannt war.

Ist der Schuldner mit der Erfüllung der durch das Pfandrecht gesicherten Forderung im Verzuge, so ist die Schuldbuchverwaltung auf schriftliches Verlangen der Darlehnskasse berechtigt und verpflichtet, der Darlehnskasse auch ohne Nachweis des Verzugs gegen Löschung der eingetragenen Forderung oder eines entsprechenden Teiles dieser Forderung auf den Inhaber lautende Schuldverschreibungen auszureichen, es sei denn, daß eine gerichtliche Anordnung vorliegt, welche die Ausreichung an die Darlehnskasse untersagt, oder in dem Schuldbuch solche Rechte Dritter oder Verfügungsbeschränkungen zugunsten Dritter vermerkt sind, welche früher als das Pfandrecht der Darlehnskasse eingetragen worden waren. Das Pfand haftet auch für die durch die Ausreichung entstehenden Kosten.

Die Schuldbuchverwaltung hat spätere Eintragungen bei der Ausreichung der Schuldverschreibungen der Darlehnskasse mitzuteilen.

Auf die Befriedigung der Darlehnskasse aus den von der Schuldbuchverwaltung ausgereichten Schuldverschreibungen finden die Vorschriften der §§ 10, 11 entsprechende Anwendung.

§ 8. Der Zinsfuß bei der Bewilligung der Darlehen soll der Regel nach höher sein als der öffentlich bekanntgemachte Prozentsatz, zu welchem die Reichsbank Wechsel ankauft.

§ 9. Das Unterpfand haftet für Kapital, Zinsen und Kosten; diese letzteren Nebenforderungen können von der Darlehnssumme sogleich gekürzt werden.

§ 10. Wird zur Verfallzeit nicht Zahlung geleistet, so kann die Darlehnskasse durch einen ihrer Beamten oder einen Kursmakler das Unterpfand verkaufen und sich aus dem Erlöse bezahlt machen. Selbst erwerben kann die Darlehnskasse das Unterpfand nur im Wege des Meistgebots bei einem öffentlichen Verkaufe.

§ 11. Auch wenn der Schuldner in Konkurs gerät, bleibt die Darlehnskasse zum außergerichtlichen Verkaufe des Unterpfandes berechtigt. Die beschränkende Vorschrift im § 127 Abs. 2 der Konkursordnung vom 20. Mai 1898 (Reichs-Gesetzbl. S. 612) findet keine Anwendung.

§ 12. Die Darlehnskassen bilden selbständige Einrichtungen mit den Eigenschaften und Rechten juristischer Personen. Ihre Geschäfte genießen Freiheit von Stempeln und Gebühren.

§ 13. Die Verwaltung der Darlehnskassen übernimmt für Rechnung des Reichs unter der oberen Leitung des Reichskanzlers die Reichsbank, jedoch mit Absonderung von ihren übrigen Geschäften. Die allgemeine Verwaltung wird in Berlin durch eine besondere Bankabteilung unter der Benennung „Hauptverwaltung der Darlehnskassen" nach näherer Bestimmung des Reichskanzlers geführt. Außerdem wird für jede Darlehnskasse ein besonderer, der Hauptverwaltung unterstellter Vorstand ernannt, wozu ein vom Reichskanzler zu bestimmender Reichsbevollmächtigter und Mitglieder des Handels- oder Gewerbestandes gehören sollen. Die Geschäftsanweisung für die Darlehnskassen erläßt der Reichskanzler.

§ 14. Die Eröffnung der Darlehnskassen ist nebst dem Namen des Reichsbevollmächtigten und der Mitglieder des Vorstandes durch die für amtliche Bekanntmachungen bestimmten Blätter zur allgemeinen Kenntnis zu bringen.

§ 15. Von den Vorstandsmitgliedern aus dem Handels- oder Gewerbestande haben zwei im wöchentlichen Wechsel die Geschäfte der Darlehnskassen zu begleiten und die Beobachtung der Bestimmungen dieses Gesetzes zu überwachen.

§ 16. Der Reichsbevollmächtigte muß von sämtlichen Geschäften Kenntnis nehmen und hat bei allen Anträgen auf Bewilligung von Darlehen das Versagungsrecht. Die Bestimmung des Abschlags von dem Kurse oder marktgängigen Preise der verpfändeten Papiere innerhalb der durch die Geschäftsanweisung gezogenen Grenzen steht nach Anhörung des Vorstandes dem Reichsbevollmächtigten zu.

§ 17. Der Zinsertrag der Darlehnskassen soll nach Abzug der Verwaltungskosten zur Deckung etwaiger Ausfälle und zur Wiedereinlösung der Darlehnskassenscheine verwendet werden. Ein etwaiger Überschuß fällt der Reichskasse zu.

§ 18. Die Darlehnskassenscheine werden auf Beträge von 5 Mark, 10 Mark, 20 Mark und 50 Mark ausgestellt.*) Über die Ausstellung von Darlehnskassenscheinen auch auf höhere Beträge sowie über das Verhältnis, in welchem von den einzelnen Abschnitten Gebrauch zu machen ist, werden vom Reichskanzler Bestimmungen getroffen.

*) Laut Bek. v. 31. Aug. 1914 (RGBl. S. 393) ist die Reichsschuldenverwaltung ermächtigt worden, auch Darlehnskassenscheine auf Beträge von 2 und 1 Mark auszustellen.

Die Darlehnskassenscheine werden von der Reichsschuldenverwaltung ausgestellt und in Grenzen des Höchstbetrags (§ 2 Abs. 3) nach Anordnung des Reichskanzlers der Hauptverwaltung der Darlehnskassen übergeben, welche die Verantwortung für die Ausgabe trägt.

Die Kontrolle über die Ausfertigung und über die Ausgabe der Darlehnskassenscheine übt die Reichsschuldenkommission.

Der Reichskanzler hat den Betrag der umlaufenden Darlehnskassenscheine monatlich zur allgemeinen Kenntnis zu bringen.

§ 19. Sobald das Bedürfnis zur Fortdauer einer Darlehnskasse nicht mehr besteht, hat der Reichskanzler deren Auflösung zu verfügen und öffentlich bekannt zu machen.

Nach Wiederherstellung des Friedens werden die auf Grund dieses Gesetzes ausgegebenen Darlehnskassenscheine nach näherer Anordnung des Bundesrats wieder eingezogen.

§ 20. Die Vorschriften in den §§ 146 bis 149, 151, 152 und 360 Nr. 4 bis 6 des Strafgesetzbuchs für das Deutsche Reich finden bezüglich der Darlehnskassenscheine entsprechende Anwendung.

§ 21. Die von der Reichsbank in der Zeit vom 3. August 1914 bis zur Einrichtung der Darlehnskassen bewilligten Lombardierungen anderer als der im § 13 Nr. 3 des Bankgesetzes bezeichneten Werte werden nachträglich genehmigt.

§ 22. Dieses Gesetz tritt mit dem Tage seiner Verkündung in Kraft.

Die amtliche Begründung wurde hier nicht abgedruckt, weil sie in der besonderen kommentierten Ausgabe des Darlehnskassengesetzes (Guttentagsche Sammlung deutscher Reichsgesetze Nr. 117) aus der Feder von H. Salomon und K. Bud zu finden ist. Auf diesen Kommentar sei daher verwiesen.

Hier seien die auf die Stempelfreiheit von Kreditkassen bezüglichen Verordnungen eingefügt:

1. Bekanntmachung, betreffend die Befreiung von der Reichsstempelabgabe zugunsten von Gesellschaften, welche die Befriedigung des geschäftlichen Kreditbedürfnisses bezwecken.

Vom 19. August 1914 (RGBl. S. 380).

Der Bundesrat hat auf Grund des § 3 des Gesetzes über die Ermächtigung des Bundesrats zu wirtschaftlichen Maßnahmen usw. vom 4. August 1914 (Reichs-Gesetzbl. S. 327) wie folgt beschlossen:

Inländische Gesellschaften, die nach ihrer Satzung ausschließlich die Befriedigung des aus Anlaß des gegenwärtigen Krieges hervortretenden geschäftlichen Kreditbedürfnisses bezwecken, satzungsmäßig den Reingewinn auf eine höchstens vierprozentige, mit Genehmigung des Bundesrats fünfprozentige Verzinsung der Kapitaleinlagen beschränken, auch bei Auslosungen, Ausscheiden eines Gesellschafters oder für den Fall der Auflösung der Gesellschaft nicht mehr als den Nennwert des Anteils zusichern und bei der Auflösung den etwaigen Rest des Gesellschaftsvermögens für gemeinnützige Zwecke bestimmen, sind von der in Tarifnummer 1 A des Reichsstempelgesetzes angeordneten Abgabe befreit. Löst sich die Gesellschaft nach Erreichung des in Satz 1 bezeichneten Zweckes nicht auf oder ändert sie einen der vorstehenden Punkte ihrer Satzung, so ist der Stempel nachzuerheben. Bei Errichtung der in Satz 1 bezeichneten Gesellschaften ist eine Stempelabgabe aus Nr. 4 a Abs. 2 des Reichsstempelgesetzes nicht zu entrichten.

2. Bekanntmachung, betreffend die Befreiung von Hypothekenpfandbriefen von der Reichsstempelabgabe.

Vom 18. September 1914 (RGBl. S. 411).

Der Bundesrat hat auf Grund des § 3 des Gesetzes über die Ermächtigung usw. vom 4. August 1914 beschlossen:

Hypothekenpfandbriefe der in Nr. 3 des Tarifs zum Reichsstempelgesetze bezeichneten Art bleiben von der daselbst angeordneten Reichsstempelabgabe und der Abstempelung unter den nachfolgenden Bedingungen befreit:

1. Die Pfandbriefe dürfen nur zur provisionsfreien Gewährung von nicht höher als mit 5 vom Hundert verzinslichen Darlehen gegen Abtretung oder Verpfändung erststelliger Hypotheken ausgereicht werden. Der Darlehnsnehmer darf sie lediglich zur Sicherheitsbestellung bei einer nach Maßgabe des Darlehnskassengesetzes vom 4. August 1914 (Reichs-Gesetzbl. S. 340) errichteten Darlehnskasse benutzen.

2. Der Aussteller der Pfandbriefe hat die unversteuert auszureichenden Stücke nach Reihe, Buchstaben, Nummer und Nennwert buchmäßig festzuhalten. Er haftet für die Reichsstempelabgabe von den unversteuert ausgereichten Stücken für den Fall eines späteren Eintritts der Stempelpflicht.

3. Die Pfandbriefe dürfen dem Darlehnsnehmer selbst nicht ausgehändigt werden, sondern sind für diesen der Darlehnskasse, für die sie als Sicherheit bestimmt sind, unmittelbar zu übersenden. Die Darlehnskasse darf die Pfandbriefe nach Erledigung der Sicherheit nur an den Aussteller zurückgeben. Sie hat für den Fall einer Veräußerung des Pfandes zuvor die Versteuerung und Abstempelung der Stücke zu veranlassen.

4. Der Aussteller hat die nach Ziffer 3 an ihn zurückgelangten Stücke mit den Anschreibungen über ihre Ausreichung zur Ungültigmachung der Steuerstelle vorzulegen oder ihre Versteuerung und Abstempelung herbeizuführen. Binnen welcher Frist, vom Tage der Zurückgabe der Stücke seitens der Darlehnskasse an den

Aussteller, die Vorlegung zur Ungültigmachung oder die Versteuerung und Abstempelung zu erfolgen hat, falls die Stücke nicht zu einem früheren Zeitpunkt in den freien Verkehr gesetzt werden sollen, bestimmt die Direktivbehörde.

5. Der Aussteller von Pfandbriefen, der von der steuerfreien Ausreichung Gebrauch machen will, hat zuvor unter Darlegung der Verhältnisse die Genehmigung der Direktivbehörde einzuholen und sich hierbei zur Einhaltung der vorbezeichneten Bedingungen und der von der Direktivbehörde etwa noch weiter angeordneten Überwachungsmaßnahmen sowie zur Haftung für die Stempelabgabe nach Ziffer 2 zu verpflichten.

3. Bekanntmachung, betreffend die Befreiung von der Reichsstempelabgabe zugunsten von Gesellschaften, welche die Befriedigung eines wirtschaftlichen Kreditbedürfnisses, oder die Beschaffung, Verteilung und Verwertung von Rohstoffen für die Landesverteidigung bezwecken.

Vom 25. September 1914 (RGBl. S. 415).

Der Bundesrat hat auf Grund des § 3 des Gesetzes über die Ermächtigung usw. vom 4. August 1914 beschlossen:

I. 1. Die zufolge der Bekanntmachung des Reichskanzlers vom 19. August 1914 (Reichs-Gesetzbl. S. 380) gewährten Stempelbefreiungen werden unter den gleichen Voraussetzungen, unter welchen sie dort den Gesellschaften zur Befriedigung eines geschäftlichen Kreditbedürfnisses zugestanden sind, auch den Gesellschaften zur Befriedigung eines wirtschaftlichen Kreditbedürfnisses gewährt.

2. Inländische Gesellschaften, die nach ihrer Satzung ausschließlich die Beschaffung, Verteilung und Verwertung von Roh- und sonstigen Stoffen im Interesse der Landesverteidigung während des gegenwärtigen Krieges bezwecken, sind unter den für Kreditgesellschaften in der zu 1 bezeichneten Bekanntmachung aufgestellten Voraussetzungen von der in Tarifnummer 1 A des Reichsstempelgesetzes angeordneten Abgabe befreit.

3. Von Anschaffungsgeschäften oder diesen gleichgestellten Geschäften über Aktien und Interimsscheine der nach diesem Beschluß und der zu 1 bezeichneten Bekanntmachung vom Gesellschaftsstempel (Tarifnummer 1 A des Reichsstempelgesetzes) befreiten Gesellschaften ist eine Stempelabgabe aus Tarifnummer 4 a des Reichsstempelgesetzes nicht zu entrichten.

II. Auf das Verfahren bei der Befreiung vom Gesellschaftsstempel nach diesem Beschluß und der zu I. 1 bezeichneten Bekanntmachung findet § 14 Abs. 1, 3, 4 der Ausführungsbestimmungen zum Reichsstempelgesetz Anwendung.

III. Die vorstehenden Bestimmungen treten mit Wirkung vom 19. August 1914 ab in Kraft.

V.

Gesetz, betreffend die Aenderung des Bankgesetzes.

Vom 4. August 1914 (RGBl. S. 327).

§ 1. Die §§ 9 und 10 des Bankgesetzes treten für die Reichsbank außer Kraft.

§ 2. Den Vorschriften im § 13 Ziffer 2 und im § 17 des Bankgesetzes genügen Wechsel, die das Reich verpflichten und eine Verfallzeit von höchstens drei Monaten haben, auch dann, wenn aus ihnen sonstige Verpflichtete nicht haften.

§ 3. Schuldverschreibungen des Reichs, welche nach spätestens drei Monaten mit ihrem Nennwert fällig sind, stehen im Sinne des § 17 des Bankgesetzes den daselbst bezeichneten Wechseln gleich.

§ 4. Der Bundesrat wird ermächtigt, den Zeitpunkt zu bestimmen, zu welchem die Vorschriften in den §§ 1 bis 3 dieses Gesetzes wieder außer Kraft treten.

§ 5. Dieses Gesetz tritt mit dem Tage der Verkündung in Kraft.

Die amtliche Begründung dieses Gesetzes führt aus:

Die besonderen Verhältnisse, unter denen die Reichsbank im Kriegsfall die ihr gestellten bedeutsamen Aufgaben zu erfüllen hat, lassen eine Änderung der Bestimmungen des Bankgesetzes über die Notensteuer und die Notendeckung unumgänglich geboten erscheinen.

Auf Grund der §§ 9 und 10 des Bankgesetzes hat die Reichsbank von dem Überschuß ihres Notenumlaufs über ihren Barvorrat und das ihr zustehende Kontingent eine Steuer von jährlich fünf vom Hundert an die Reichskasse zu entrichten. Die Vorschrift, welche den Zweck verfolgt, einem Übermaße der Notenausgabe entgegenzuwirken, läßt sich in Kriegszeiten auch bei Berücksichtigung der durch Artikel 2 des Gesetzes, betreffend Änderung des Bankgesetzes, vom 1. Juni 1909 (Reichs-Gesetzbl. S. 515) geregelten Erhöhung des steuerfreien Kontingents nicht aufrechterhalten. Denn hier wird eine außerordentliche Steigerung des ungedeckten Notenumlaufs zur wirtschaftlichen Notwendigkeit, da sie das einzige Mittel bildet, mit dessen Hilfe die Reichsbank — die letzte Geld- und Kreditquelle des Landes — den Anforderungen des Reichs und den weit über das gewöhnliche Maß hinaus anwachsenden Bedürfnissen des Verkehrs zu genügen vermag. § 1 setzt deshalb die Steuervorschrift für die Reichsbank bis auf weiteres außer Kraft.

Der § 17 des Bankgesetzes verpflichtet die Reichsbank, für den nicht bar gedeckten Betrag ihrer umlaufenden Noten Deckung bereit zu halten, die — abgesehen von angekauften Schecks — in diskontierten Wechseln bestehen muß, welche eine Verfallzeit von höchstens 3 Monaten haben, und aus welchen in der Regel drei, mindestens aber zwei als zahlungsfähig bekannte Verpflichtete haften. Andere als solche Wechsel dürfen nach § 13 Ziffer 2 des Bankgesetzes von der Reichsbank nicht angekauft werden. Eine Ausnahme zugunsten des Reichs ist nicht vorgesehen. Reichswechsel bedürfen daher — auch wenn sie binnen 3 Monaten fällig sind — einer zweiten Unterschrift, um bankfähig zu sein und als Notendeckung dienen zu können. Dies erscheint nicht gerechtfertigt. Denn der Reichswechsel bietet zweifellos die unbedingte Gewähr rechtzeitiger Einlösung, er steht hierin den ersten bankfähigen Wechseln mindestens nicht nach. Gegenüber der durch die Haftung des Reichs gegebenen Sicherheit würde die Unterschrift eines zweiten Verpflichteten offenbar nur von formeller Bedeutung sein, materiell ist sie ohne Belang und demgemäß überflüssig. Im Interesse tunlichster Erleichterung der Kreditoperationen des Reichs empfiehlt es sich daher, von dem Erfordernisse der zweiten Unterschrift Abstand zu nehmen, wie dies § 2 des neuen Gesetzes vorschreibt.

Schuldverschreibungen des Reichs, welche nach spätestens 3 Monaten mit ihrem Nennwert fällig werden, sind im § 13 Ziffer 2 des Bankgesetzes den Wechseln, von denen sie sich tatsächlich nur in formeller Hinsicht unterscheiden, als diskontierbare Wertpapiere an die Seite gestellt, im § 17 jedoch als Notendeckung nicht zugelassen. Angesichts der Haftung des Reichs kann dem Umstand, daß die Zahlungsverpflichtung nicht in die Wechselform gekleidet ist, keine entscheidende Bedeutung beigelegt werden. Sind die Reichswechsel ohne zweite Unterschrift als Notendeckung verwendbar, so liegt kein Grund vor, die eine vollkommen gleichwertige Verpflichtung — wenngleich in abweichender Form — begründenden Schuldverschreibungen von der Deckungsfähigkeit auszuschließen, sofern sie kurzfällig sind und demgemäß den Anforderungen entsprechen, denen die Notendeckung vom Standpunkt der Liquidität genügen muß. § 3 des neuen Gesetzes trifft eine dahingehende Bestimmung.

Im übrigen bleiben die bewährten Vorschriften des Bankgesetzes über die Notendeckung unverändert.

§ 4 ermächtigt den Bundesrat, die Vorschriften in §§ 1 bis 3 des Entwurfs wieder außer Kraft zu setzen.

VI.

Gesetz, betreffend Aenderung des Münzgesetzes.

Vom 4. August 1914 (RGBl. S. 326).

§ 1. Bis auf weiteres werden die Vorschriften im § 9 Abs. 2 Satz 2 und 3 des Münzgesetzes vom 1. Juni 1909 (Reichs-Gesetzbl. S. 507) dahin geändert, daß an Stelle der Goldmünzen Reichskassenscheine und Reichsbanknoten verabfolgt werden können.

§ 2. Der Bundesrat wird ermächtigt, den Zeitpunkt zu bestimmen, zu welchem die im § 1 dieses Gesetzes bezeichneten Vorschriften wieder in Kraft treten.

§ 3. Dieses Gesetz tritt mit dem Tage der Verkündung in Kraft.

Die amtliche Begründung sagt dazu:

Nach § 9 Abs. 2 des Münzgesetzes vom 1. Juni 1909 (Reichs-Gesetzbl. S. 507) bezeichnet der Bundesrat diejenigen Kassen, welche Goldmünzen gegen Einzahlung von Silbermünzen in Beträgen von mindestens 200 ℳ oder von Nickel- und Kupfermünzen in Beträgen von mindestens 50 ℳ auf Verlangen verabfolgen. Er setzt zugleich die näheren Bedingungen des Umtausches fest. Als solche Umwechslungsstellen dienen nach Bestimmung des Bundesrats zurzeit die Reichsbankhauptkasse in Berlin und die Kassen der Reichsbankhauptstellen in Frankfurt a. M., Königsberg und München. Diese Bestimmungen begründen mithin für das Reich die Verpflichtung, Silber-, Nickel- und Kupfermünzen unter gewissen Bedingungen gegen Goldmünzen einzulösen. Die durch den Kriegsausbruch geschaffenen Verhältnisse des Geldverkehrs lassen es geboten erscheinen, diese Vorschriften wenigstens vorübergehend aufzuheben. In Kriegszeiten steigt zunächst die Nachfrage nach Hartgeld, schon um die vermehrten Bedürfnisse der Heeres- und Marineverwaltung, namentlich für Löhnungszwecke, zu befriedigen. Auch im allgemeinen Verkehr macht sich erfahrungsgemäß die Neigung geltend, metallische Zahlungsmittel, auch Silber-, Nickel- und Kupfermünzen in verstärktem Maße zu begehren. Die Reichsbank wird demgemäß große Beträge an diesen Münzgattungen dem Verkehr zur Verfügung stellen müssen. Damit dies ausreichend geschieht, ist bereits der zufolge § 6 des Gesetzes über Änderungen im Finanzwesen, vom 3. Juli 1913 (Reichs-Gesetzbl. S. 521) beschaffte außerordentliche Silberbestand der Reichsbank überwiesen worden. Wenn nun auch diese beträchtlichen Mengen an Silbermünzen vom Verkehre vorerst willig aufgenommen werden, so ist doch mit der Möglichkeit zu rechnen, daß namentlich nach Befriedigung der zunächst aufgetretenen Zahlungsmittelbedürfnisse Ansammlungen von Silber- und anderen Scheidemünzen mit der Absicht vorgenommen werden, vermöge der obenerwähnten Vorschriften des Münzgesetzes der Reichsbank Goldmünzen in beträchtlichem Umfang zu entziehen. Zur Abwendung derartiger mit schädlichen Goldverlusten der Reichsbank verbundenen Folgen erscheint es erforderlich, das Reich von der Verpflichtung zur Einlösung der Scheidemünzen gegen Goldmünzen während des Kriegszustandes zu befreien. Anderseits soll auch während der Dauer eines Krieges gerade mit Rücksicht auf die stark vermehrte Ausstattung des Geldverkehrs mit Scheidemünzen zur Vermeidung wirtschaftlicher Störungen die Möglichkeit gegeben sein, diese in ihrer Zahlkraft beschränkten Münzen gegen Zahlungsmittel mit unbeschränkter Zahlkraft umzutauschen. Als solche Zahlungsmittel kommen bei Ausschluß der Goldmünzen die Reichsbanknoten und Reichskassenscheine, welchen durch ein gleichzeitig zu erlassendes Gesetz diese Eigenschaft beigelegt wird, in Betracht. Der § 1 dieses Gesetzes ändert daher den § 9 a. a. O. im Abs. 2 Satz 2 und 3 bis auf weiteres dahin, daß an Stelle der Goldmünzen Reichskassenscheine und Reichsbanknoten verabfolgt werden können.

§ 2 überträgt dem Bundesrate die Entscheidung darüber, wann die aufgehobenen Bestimmungen des Münzgesetzes wieder in Kraft treten sollen, was zur Zeit mit Sicherheit nicht zu übersehen ist, da dies von der weiteren Entwickelung der Verhältnisse abhängen wird.

In Anbetracht der durch die Kriegslage gebotenen Eilbedürftigkeit soll das Gesetz zufolge § 3 mit dem Tage der Verkündung in Kraft treten.

An dieser Stelle seien die Bundesratsverordnungen, die die Festhaltung des Goldes bezwecken, angefügt:

1. Bekanntmachung über die Unverbindlichkeit gewisser Zahlungsvereinbarungen.*)

Vom 28. September 1914 (RGBl. S. 417).

Der Bundesrat hat auf Grund des § 3 des Gesetzes über die Ermächtigung usw. vom 4. August 1914 folgende Verordnung erlassen:

§ 1. Die vor dem 31. Juli 1914 getroffenen Vereinbarungen, nach denen eine Zahlung in Gold zu erfolgen hat, sind bis auf weiteres nicht verbindlich.

§ 2. Diese Verordnung tritt mit dem Tage ihrer Verkündung in Kraft. Den Zeitpunkt des Außerkrafttretens bestimmt der Reichskanzler.

---

*) Die dem Reichstag überreichte Denkschrift führt (auf S. 7) zu dieser Verordnung folgendes aus: „Irgendwelche Verkehrsstörungen sind durch die umfassende Verwendung der Reichsbanknoten an Stelle der Goldmünzen nicht hervorgerufen worden. Immerhin blieb zu erwägen, daß im Hypothekenverkehr vielfach ausdrücklich Vereinbarungen getroffen waren, inhalts deren die Zahlung der Zinsen und die Rückzahlung des Kapitals in Goldmünzen erfolgen soll. In einer Zeit, in der die Reichsbank die Einlösung ihrer Noten gegen Gold sperrt, während der Verkehr nichtsdestoweniger die Vollwertigkeit der Note unbeschränkt anerkennt, erschien die vorübergehende Außerkraftsetzung derartiger Goldklauseln erforderlich, um den Schuldner gegen schikanöse Ausübung des Gläubigerrechts zu schützen, aber auch unbedenklich, da sie den Gläubiger in keiner Weise benachteiligt. Ihre Aufrechterhaltung würde überdies dem allgemeinen Streben nach Konzentrierung des Goldvorrates bei der Reichsbank entgegenwirken."

2. Bekanntmachung, betreffend Verbot des Agiohandels mit Reichsgoldmünzen.

Vom 23. November 1914 (RGBl. S. 481).

Der Bundesrat hat auf Grund des § 3 des Gesetzes über die Ermächtigung usw. vom 4. August 1914 folgende Verordnung erlassen:

§ 1. Wer ohne Genehmigung des Reichskanzlers es unternimmt, Reichsgoldmünzen zu einem ihren Nennwert übersteigenden Preise zu erwerben, zu veräußern oder solche Geschäfte über sie zu vermitteln oder dazu auffordert oder sich erbietet, wird, sofern nicht andere Vorschriften schwerere Strafen androhen, mit Gefängnis bis zu einem Jahre und zugleich mit Geldstrafe bis zu fünftausend Mark bestraft. Sind mildernde Umstände vorhanden, so kann ausschließlich auf Geldstrafe erkannt werden.

§ 2. In dem Urteil sind die Reichsgoldmünzen, die zu einer nach § 1 strafbaren Handlung gebraucht oder bestimmt sind, einzuziehen, sofern sie dem Täter oder einem Teilnehmer gehören. § 42 des Strafgesetzbuchs findet Anwendung.

§ 3. Diese Verordnung tritt mit dem 26. November 1914 in Kraft. Den Zeitpunkt des Außerkrafttretens bestimmt der Reichskanzler.

VII.

Gesetz, betreffend die Reichskassenscheine und die Banknoten.

Vom 4. August 1914 (RGBl. S. 347).

§ 1. Reichskassenscheine sind bis auf weiteres gesetzliches Zahlungsmittel.

§ 2. Bis auf weiteres ist die Reichshauptkasse zur Einlösung der Reichskassenscheine und die Reichsbank zur Einlösung ihrer Noten nicht verpflichtet.

§ 3. Bis auf weiteres sind die Privatnotenbanken berechtigt, zur Einlösung ihrer Noten Reichsbanknoten zu verwenden.

§ 4. Der Bundesrat wird ermächtigt, den Zeitpunkt zu bestimmen, zu welchem die Vorschriften in den §§ 1 bis 3 dieses Gesetzes außer Kraft treten.

§ 5. Dieses Gesetz tritt bezüglich der §§ 2, 3 mit Wirkung vom 31. Juli 1914, im übrigen mit dem Tage der Verkündung in Kraft.

Amtliche Begründung.

Mit Rücksicht auf die durch den Kriegszustand geschaffene Lage bedürfen die gesetzlichen Vorschriften über die Annahme der Reichskassenscheine und über die Einlösung der Reichskassenscheine sowie der Reichs- und der Privatbanknoten einer Änderung.

Nach § 5 des Gesetzes, betreffend die Ausgabe von Reichskassenscheinen, vom 30. April 1874 (Reichs-Gesetzbl. S. 40), der auch für die gemäß § 7 des Gesetzes über Änderungen im Finanzwesen vom 3. Juli 1913 (Reichs-Gesetzbl. S. 521) ausgegebenen Reichskassenscheine gilt, findet im Privatverkehr ein Zwang zur Annahme der Reichskassenscheine nicht statt. Demgegenüber sind die Noten der Reichsbank durch Artikel 3 des Gesetzes, betreffend Änderung des Bankgesetzes, vom 1. Juni 1909 (Reichs-Gesetzbl. S. 515) mit der Eigenschaft eines gesetzlichen Zahlungsmittels ausgestattet worden. Eine Ausdehnung dieser Vorschrift auf die Reichskassenscheine ist unterblieben, weil sie unter normalen Verhältnissen nicht als im Bedürfnis liegend erachtet wurde. Gegenwärtig liegt ein dahingehendes Bedürfnis vor. Der Ausbruch des Krieges hat zwar einen weit über das gewöhnliche Maß gesteigerten Bedarf des Verkehrs an Zahlungsmitteln zur Folge gehabt. Gleichwohl erscheint es im Verkehrsinteresse geboten, der Verwendung der Reichskassenscheine als Zahlungsmittel, die tatsächlich allgemein besteht, eine gesetzliche Grundlage zu geben, um einer aus grundlosen Befürchtungen oder aus schikanösem Verhalten entspringenden Zurückweisung bei Zahlungsleistungen vorzubeugen. Der § 1 des Gesetzes stellt demgemäß die Reichskassenscheine als gesetzliches Zahlungsmittel den Reichsbanknoten gleich.

Der § 18 des Bankgesetzes in der durch Artikel 4 I des Gesetzes vom 1. Juni 1909 festgestellten Fassung verpflichtet die Reichsbank, ihre Noten bei ihrer Hauptkasse in Berlin sofort auf Präsentation, bei ihren Zweiganstalten, soweit es deren Barbestände und Geldbedürfnisse gestatten, dem Inhaber gegen deutsche Goldmünzen einzulösen. Die Reichskassenscheine werden gemäß § 5 Abs. 1 des Gesetzes vom 30. April 1874 von der Reichshauptkasse für Rechnung des Reichs jederzeit auf Erfordern gegen bares Geld eingelöst. Da die Reichsbankhauptkasse laut Bekanntmachung vom 29. Dezember 1875 (Reichs-Zentralbl. S. 821) unter der Benennung „Reichshauptkasse“ die Zentralkassengeschäfte des Reichs zu führen hat, ist auch die Einlösung der Reichskassenscheine der Reichsbank übertragen.

Die Aufrechterhaltung dieser Einlösungspflicht im Kriegsfall unterliegt den ernstesten Bedenken. Sie würde den Metallvorrat der Reichsbank der Gefahr einer Schwächung durch spekulative Goldentziehungen aussetzen, während das öffentliche Interesse gebietet, den Goldbestand tunlichst ungeschmälert zu erhalten, da er in Verbindung mit den gesetzlich als Deckungsmittel zugelassenen, durchgängig soliden Anlagewerten der Bank die Grundlage des Notenkredits und in Verbindung mit der starken Goldzirkulation im freien Verkehre die Grundlage der Landeswährung bildet. Dieser Gefahr beugt § 2 des Gesetzes vor, indem er die Reichshauptkasse und die Reichsbank von der Verpflichtung, die Reichskassenscheine und die Reichsbanknoten einzulösen, befreit.

Hinsichtlich der Privatnotenbanken erscheint eine abweichende Regelung geboten. Von der Noteneinlösungspflicht können sie nicht entbunden werden, da sie nicht — wie die Reichsbank — unter der Leitung des Reichs stehen, die allein eine unbedingte Sicherheit dafür bietet, daß die Ausgabe uneinlösbarer Noten ausschließlich unter dem Gesichtspunkt des öffentlichen Interesses gehandhabt wird. Bleibt aber die Noteneinlösungspflicht unverändert bestehen, so liegt die Befürchtung nahe, daß Interessenten aus den Verkehrskreisen sie benutzen, um den Privatnotenbanken ihre Goldbestände zu spekulativen Zwecken zu entziehen. Ein derartiges Verfahren könnte letzten Endes dahin führen, daß die Banken in Ermangelung vorschriftsmäßiger Bardeckung genötigt würden, ihre Notenausgabe und damit überhaupt ihren Geschäftsbetrieb einzustellen. Um dem vorzubeugen, befreit § 3 die Privatnotenbanken von der Verpflichtung, ihre Noten gegen Metallgeld einzulösen, indem er ihnen die Verwendung von Reichsbanknoten zur Noteneinlösung — auch gegen den Willen der Präsentanten — gestattet. Da die Privatnotenbanken sich Reichsbanknoten im Wege der Rediskontierung eines Teiles ihres Portefeuilles bei der Reichsbank zu beschaffen vermögen, sichert die hier vorgesehene Regelung ihnen die Fortsetzung ihrer geschäftlichen Tätigkeit in dem bisherigen legitimen Umfang.

Im § 4 wird der Bundesrat ermächtigt, den Zeitpunkt zu bestimmen, zu welchem die bis auf weiteres getroffenen Vorschriften der §§ 1 bis 3 außer Kraft treten. Die Außerkraftsetzung soll jederzeit, auch vor Beendigung des Krieges, erfolgen können, da es in der Absicht liegt, die Einlösungspflicht, sobald die Verhältnisse es irgend gestatten, wiederherzustellen.

Im § 5 ist eine rückwirkende Kraft der Bestimmungen des § 2 vorgesehen, damit die Zeit zwischen dem Ausspruch des Kriegszustandes und der Verkündung des Gesetzes nicht dazu benutzt wird, der Reichsbank zu spekulativen Zwecken oder aus anderen Gründen Gold zu entziehen und sie so für die ihr im Kriegsfall obliegenden Aufgaben zu schwächen.

VIII.

Benutzung des Reichskriegsschatzes.

Vom 2. August 1914.

Mit Kaiserlicher Ermächtigung sind auf Grund der Bestimmung in § 1 Abs. 2 des Gesetzes, betreffend die Bildung eines Reichskriegsschatzes vom 11. November 1871 — Reichs-Gesetzbl. S. 403 — der im Juliusturm zu Spandau niedergelegte Reichskriegsschatz im Betrage von 120 Millionen Mark sowie der gemäß § 7 des Gesetzes über Änderungen im Finanzwesen vom 3. Juli 1913 — Reichs-Gesetzbl. S. 521 — angesammelte außerordentliche Goldbestand im gleichen Betrage bereits der Reichsbank im Hinblick auf die große Dringlichkeit der von ihr für das Reich zu leistenden Mobilmachungsausgaben unter Vorbehalt der nachträglichen Zustimmung des Bundesrats und des Reichstags überwiesen worden.

Den Reichstag beehre ich mich um diese Zustimmung ergebenst zu ersuchen.

Der Reichskanzler.

Dr. v. Bethmann Hollweg.

IX.

Gesetz, betreffend die Feststellung eines Nachtrags zum Reichshaushaltsetat für das Rechnungsjahr 1914.

Vom 4. August 1914 (RGBl. S. 345).

§ 1. Der diesem Gesetz als Anlage beigefügte Nachtrag zum Reichshaushaltsetat für das Rechnungsjahr 1914 tritt dem Reichshaushaltsetat hinzu.

§ 2. Der Reichskanzler wird ermächtigt, zur Bestreitung einmaliger außerordentlicher Ausgaben die Summe von 5 000 000 000 Mark im Wege des Kredits flüssig zu machen.

§ 3. Die zur Ausgabe gelangenden Schuldverschreibungen und Schatzanweisungen sowie die etwa zugehörenden Zinsscheine können sämtlich oder teilweise auf ausländische oder auch nach einem bestimmten Wertverhältnisse gleichzeitig auf in- und ausländische Währungen sowie im Ausland zahlbar gestellt werden.

Die Festsetzung des Wertverhältnisses sowie der näheren Bedingungen für Zahlungen im Ausland bleibt dem Reichskanzler überlassen.

§ 4. Überschüsse, die dadurch entstehen, daß fortdauernde Ausgaben der Heeres- und Marineverwaltung bei Kapitel 6 des außerordentlichen Etats anstatt im ordentlichen Etat verrechnet werden, dienen zur Verminderung der Anleihe.

§ 5. Der Reichskanzler wird ermächtigt, bei Zahlungen für das Reich, die vor der gesetzlichen oder verträglichen Fälligkeit erfolgen, einen angemessenen Abzug zu gewähren.

Nachtrag zum Reichshaushaltsetat für das Rechnungsjahr 1914.

Kap.	Tit.	Einnahmen und Ausgaben	Für das Rechnungsjahr 1914 treten hinzu Mark	Erläuterungen
		B. Außerordentlicher Etat.		
		I. Einnahmen.		
		Reichsschuld.		
3a		Aus den Gold- und Silberbeständen des Reichs	300 000 000	
4.	1/3.	Aus der Anleihe	5 000 000 000	
		Summe der Einnahmen	5 300 000 000	
		II. Ausgaben.		
6.		Aus Anlaß des Krieges Aufkommende Einnahmen fließen dem Fonds zu.	5 300 000 000	Den einzelnen Reichsverwaltungen werden die erforderlichen Teilbeträge überwiesen werden.

X.

Gesetz, betreffend die Feststellung eines zweiten Nachtrags zum Reichshaushaltsetat für das Rechnungsjahr 1914.

Vom 3. Dezember 1914 (RGBl. S. 489).

§ 1. Der diesem Gesetz als Anlage beigefügte zweite Nachtrag zum Reichshaushaltsetat für das Rechnungsjahr 1914 tritt dem Reichshaushaltsetat hinzu.

§ 2. Der Reichskanzler wird ermächtigt, zur Bestreitung einmaliger außerordentlicher Ausgaben die Summe von 5 000 000 000 Mark im Wege des Kredits flüssig zu machen.

§ 3. Die zur Ausgabe gelangenden Schuldverschreibungen und Schatzanweisungen sowie die etwa zugehörenden Zinsscheine können sämtlich oder teilweise auf ausländische oder auch nach einem bestimmten Wertverhältnisse gleichzeitig auf in- und ausländische Währungen sowie im Ausland zahlbar gestellt werden.

Die Festsetzung des Wertverhältnisses sowie der näheren Bedingungen für Zahlungen im Ausland bleibt dem Reichskanzler überlassen.

§ 4. Der Reichskanzler wird ermächtigt, zur vorübergehenden Verstärkung der ordentlichen Betriebsmittel der Reichshauptkasse über den im § 3 des Gesetzes, betreffend die Feststellung des Reichshaushaltsetats für das Rechnungsjahr 1914, vom 27. Mai 1914 (Reichs-Gesetzbl. S. 143) angegebenen Betrag hinaus nach Bedarf Schatzanweisungen bis zur Höhe von vierhundert Millionen Mark auszugeben.

2. Nachtrag zum Reichshaushaltsetat für das Rechnungsjahr 1914.

Kap.	Tit.	Einnahmen und Ausgaben	Für das Rechnungsjahr 1914 treten hinzu Mark
		B. Außerordentlicher Etat.	
		I. Einnahmen.	
		Reichsschuld.	
4.	1/3.	Aus der Anleihe	5 000 000 000
		II. Ausgaben.	
6.		Aus Anlaß des Krieges	5 000 000 000
		Aufkommende Einnahmen fließen dem Fonds zu.	

XI.

Gesetz, betreffend die Ergänzung der Reichsschuldenordnung.

Vom 4. August 1914 (RGBl. S. 325).

§ 1. Die Bereitstellung der nach dem Reichshaushaltsplane zur Bestreitung einmaliger außerordentlicher Ausgaben im Wege des Kredits zu beschaffenden und der zur vorübergehenden Verstärkung der ordentlichen Betriebsmittel der Reichshauptkasse vorgesehenen Geldmittel kann in den Grenzen der gesetzlichen Ermächtigungen (§ 1 der Reichsschuldenordnung) auch durch Ausgabe von Wechseln erfolgen.

§ 2. Die Wechsel (§ 1) werden auf Anordnung des Reichskanzlers von der Reichsschuldenverwaltung mittels Unterschrift zweier Mitglieder ausgestellt. Soweit die Vorschriften der Wechselordnung nicht entgegenstehen, finden auf diese Wechsel die nach der Reichsschuldenordnung in der Fassung des Gesetzes vom 22. Februar 1904 (Reichs-Gesetzbl. S. 66) für Schatzanweisungen geltenden Bestimmungen entsprechende Anwendung.

§ 3. Die vom Reiche ausgestellten Wechsel sind von der Wechselstempelsteuer befreit.

§ 4. Der Bundesrat wird ermächtigt, den Zeitpunkt zu bestimmen, zu welchem dieses Gesetz wieder außer Kraft tritt.

§ 5. Dieses Gesetz tritt mit dem Tage der Verkündung in Kraft.

Die amtliche Begründung führt aus:

Der Wechsel bildet wegen seiner großen geschäftlichen Vorzüge für den gesamten Geld- und Handelsverkehr die althergebrachte, von jeher wichtigste Kreditform. Vermöge dieser langjährigen Gewöhnung hat der Wechsel auf dem Markte eine vollständige Einbürgerung erlangt, während die Schatzanweisung als Mittel des Staatskredits im allgemeinen mehr fremd geblieben ist. Namentlich gilt dies im Verkehre mit den ausländischen Märkten, für die der Wechsel auch wegen niedriger Versendungskosten sowie hier und da in steuerlicher Hinsicht Vorteile vor der Schatzanweisung bietet. Wenn nun auch die letztere mit Rücksicht darauf, daß das Reich der Schuldner ist, unbedingte Sicherheit gewährt, so erscheint es doch namentlich in kritischen Zeiten, wie sie durch den Kriegsausbruch zu erwarten sind, ratsam, den Gepflogenheiten des Marktes dadurch Rechnung zu tragen, daß für die Flüssigmachung der Reichskredite auch die Wechselform eingeführt wird. Dies gewinnt dadurch noch eine erhöhte Bedeutung, daß nach dem dem Bundesrate vorgelegten Entwurf eines Gesetzes, betreffend die Änderung des Bankgesetzes, in Aussicht genommen ist, den das Reich verpflichtenden Wechseln mit einer Verfallzeit von höchstens drei Monaten auch ohne die zweite Unterschrift die Eigenschaft eines bankfähigen Schuldpapiers im Sinne der §§ 13 Ziffer 4, und 17 a. a. O. beizulegen.

Für die fragliche Einführung der Wechselform bedarf es einer Ergänzung der Reichsschuldenordnung, da diese als Schuldformen nur die Schuldverschreibung und die Schatzanweisung gestattet. Der § 1 des Gesetzes sieht deshalb die Möglichkeit vor, die im Wege des Kredits zu beschaffenden Geldmittel, und zwar sowohl die nach dem Reichshaushaltsplane zur Bestreitung einmaliger außerordentlicher Ausgaben als auch die zur vorübergehenden Verstärkung der ordentlichen Betriebsmittel der Reichshauptkasse bewilligten gleichfalls durch Ausgabe von Wechseln bereitzustellen. Diese Wechsel sollen wie die Schuldverschreibungen und Schatzanweisungen zufolge § 2 des Gesetzes von der Reichsschuldenverwaltung ausgestellt werden, weil diese Behörde mit der ihr durch den § 9 der Reichsschuldenordnung beigelegten Verantwortlichkeit die gesamte Reichsschuld zu verwalten hat und es daher im Interesse der Einheitlichkeit nicht angängig erscheint, einen Teil der Reichsschuld etwa für den Reichskanzler auszunehmen, wie dies an sich bei der Ausstellung von Wechseln nahe liegen würde. Daß die Wechsel des Reichs namentlich hinsichtlich der äußeren Form und der eintretenden Rechtswirkungen gerade im Interesse der leichteren Begebbarkeit den Bestimmungen der Wechselordnung unterworfen sind, bedarf keiner weiteren Ausführung. Es sei nur darauf hingewiesen, daß die wechselmäßige Verpflichtung des Reichs behufs einer auch den Verkehr mit diesen Wechseln fördernden geschäftlichen Vereinfachung schon durch die Unterschriften zweier Mitglieder der Reichsschuldenverwaltung begründet werden soll. Dabei mag erwähnt werden, daß zu diesen bei dem kollegialen Charakter der Reichsschuldenverwaltung auch die Unterschrift des Präsidenten dieser Behörde gehört. Im übrigen sollen aber die für Schatzanweisungen als der gleichfalls kurzfristigen Kreditform geltenden Vorschriften der Reichsschuldenordnung auch auf diese Wechsel sinngemäß anwendbar sein. Dies entspricht dem Bedürfnis, da es auf diese Weise möglich sein wird, daß z. B. Schatzanweisungen durch Wechsel eingelöst werden können und umgekehrt, desgleichen Wechsel durch Schuldverschreibungen. Für die geschäftliche Behandlung der Reichskredite wird es dabei von besonderer Wichtigkeit sein, daß die den Verkehr mit Schatzanweisungen erleichternden Vorschriften des Abänderungsgesetzes vom 22. Februar 1904 (Reichs-Gesetzbl. S. 66) auch bei den Wechseln Platz greifen können.

Die Befreiung der vom Reiche ausgestellten Wechsel von der Wechselstempelsteuer (§ 3 des Gesetzes) bedarf keiner Begründung.

Da der Wechsel als Kreditform des Reichs wesentlich mit Rücksicht auf die von dem Kriege zu besorgende Beunruhigung des Geldmarkts zugelassen werden soll, deren Ende jedoch nicht vorhergesehen werden kann, so soll durch den § 4 des Gesetzes dem Bundesrate die Ermächtigung erteilt werden, den Zeitpunkt zu bestimmen, zu welchem das Gesetz wieder außer Kraft tritt.

Daß nach § 5 des Gesetzes das Gesetz mit dem Tage der Verkündigung in Kraft treten soll, entspricht den durch den Kriegsausbruch geschaffenen Verhältnissen.

Die hier im wesentlichen in Betracht kommenden Paragraphen der Reichsschuldenordnung (vom 19. März 1900, RGBl. 1900 S. 129) in der abgeänderten Fassung vom 22. Februar 1904 (RGBl. S. 66) lauten:

§ 1. Die Bereitstellung der außerordentlichen, im Wege des Kredits zu beschaffenden Geldmittel, welche in dem Reichshaushaltsplane zur Bestreitung einmaliger Ausgaben für Zwecke der Reichsverwaltung vorgesehen sind, erfolgt auf Grund einer gesetzlichen Ermächtigung des Reichskanzlers bis zur Höhe der bewilligten Summe in dem zu ihrer Beschaffung erforderlichen Nennbetrage durch Aufnahme einer verzinslichen Anleihe oder durch Ausgabe von Schatzanweisungen. Diese Ermächtigung enthält zugleich die Befugnis, Schatzanweisungen durch Ausgabe von neuen Schatzanweisungen und von Schuldverschreibungen in dem erforderlichen Nennbetrag einzulösen. Über die Ausführung des die Ermächtigung erteilenden Gesetzes hat der Reichskanzler dem Reichstage bei dessen nächster Zusammenkunft Rechenschaft abzulegen.

Die Ermächtigung des Reichskanzlers, zur vorübergehenden Verstärkung der ordentlichen Betriebsmittel der Reichs-Hauptkasse nach Bedarf Schatzanweisungen auszugeben, hat gleichfalls durch Gesetz zu erfolgen.

§ 7. Die Bestimmung darüber, zu welcher Zeit und in welchen Beträgen Schatzanweisungen ausgegeben werden sollen, steht, soweit nicht in den im § 1 vorgesehenen Ermächtigungen ein Anderes vorgeschrieben ist, dem Reichskanzler zu. Das Gleiche gilt von der Bestimmung des Zinssatzes und der Umlaufszeit; der Fälligkeitstermin ist in den Schatzanweisungen anzugeben.

Nach Anordnung des Reichskanzlers können Schatzanweisungen wiederholt, jedoch nur zur Deckung der in den Verkehr gelangten Schatzanweisungen ausgegeben werden. Schatzanweisungen oder Schuldverschreibungen, die zur Einlösung von fällig werdenden Schatzanweisungen bestimmt sind, hat die Reichsschuldenverwaltung auf Anordnung des Reichskanzlers vierzehn Tage vor dem Fälligkeitstermine zur Verfügung zu halten. Die Verzinsung der neuen Schuldpapiere darf nicht vor dem Zeitpunkte beginnen, mit dem die Verzinsung der einzulösenden Schatzanweisungen aufhört.

Die Umlaufzeit der zur vorübergehenden Verstärkung der ordentlichen Betriebsmittel der Reichs-Hauptkasse bestimmten Schatzanweisungen darf den Zeitraum von sechs Monaten nach dem Ablaufe des betreffenden Rechnungsjahrs nicht überschreiten.

Die Schatzanweisungen werden von der Reichsschuldenverwaltung ausgestellt; auf die Ausfertigung finden die Vorschriften des § 4 Anwendung. Die Ausgabe der Schatzanweisungen wird durch die Reichskasse bewirkt.

§ 8. Die für die Verzinsung und Tilgung der Anleihe sowie für die Verzinsung und Einlösung der Schatzanweisungen erforderlichen Beträge müssen der Reichsschuldenverwaltung zur Verfallzeit aus den bereitesten Einkünften des Reichs zur Verfügung gestellt werden.

Welche Teile der Anleihe getilgt werden sollen, bestimmt in Ermangelung besonderer gesetzlicher Vorschriften der Reichskanzler.

§ 16. Wird der Reichsschuldenverwaltung der Verlust einer Schuldverschreibung oder Schatzanweisung von dem bisherigen Inhaber mit der Behauptung angezeigt, daß die Schuldurkunde vernichtet sei, so hat ihm auf seinen Antrag die Reichsschuldenverwaltung eine neue Schuldverschreibung oder Schatzanweisung zu erteilen, falls sie die Vernichtung der Urkunde für nachgewiesen erachtet. Die Kosten hat der bisherige Inhaber zu tragen und vorzuschießen.

Ist ein Zinsschein abhanden gekommen oder vernichtet, so ist der im § 804 Abs. 1 des Bürgerlichen Gesetzbuchs bestimmte Anspruch ausgeschlossen, ohne daß es der Ausschließung in dem Scheine bedarf.

Behauptet der bisherige Inhaber eines Zinsscheins, daß der Schein vernichtet sei, so finden die Vorschriften des Abs. 1 Anwendung.

§ 17. Für das Aufgebotsverfahren zum Zwecke der Kraftloserklärung einer auf den Inhaber lautenden Schuldverschreibung oder Schatzanweisung ist dasjenige Amtsgericht ausschließlich zuständig, in dessen Bezirke die Reichsschuldenverwaltung ihren Sitz hat.

Durch Anordnung des Reichskanzlers kann die Anwendung der Vorschrift des Abs. 1 für einzelne Teile der Anleihe im voraus ausgeschlossen werden. Über die Ausführung einer solchen Anordnung hat der Reichskanzler dem Reichstage, wenn dieser versammelt ist, sofort, andernfalls bei dessen nächster Zusammenkunft Rechenschaft abzulegen.

§ 18. Soll eine Schuldverschreibung oder Schatzanweisung für kraftlos erklärt werden, so muß die öffentliche Bekanntmachung des Aufgebots und des Ausschlußurteils, unbeschadet der Vorschriften der §§ 1009, 1017 der Zivilprozeßordnung, auch durch einmalige Einrückung in eine in Hamburg, eine in Leipzig, eine in Frankfurt a. M. und eine in München erscheinende Zeitung erfolgen; die Bestimmung und die Veröffentlichung dieser Zeitungen im Deutschen Reichsanzeiger sind jährlich durch den Reichskanzler zu veranlassen.

§ 19. Die Reichsschuldenverwaltung hat jährlich amtliche Listen der im abgelaufenen Rechnungsjahre für kraftlos erklärten Schuldverschreibungen und Schatzanweisungen durch den Deutschen Reichsanzeiger und die im § 18 bezeichneten Blätter sowie durch Aushang auf der Börse in Berlin und den Börsen der im § 18 bezeichneten Orte zu veröffentlichen.

Die Reichsschuldenverwaltung kann noch andere Veröffentlichungen veranlassen.

§ 21. Von dem Inkrafttreten dieses Gesetzes an gelten für die vorher ausgestellten, auf den Inhaber lautenden Schuldverschreibungen, Zinsscheine und Schatzanweisungen für Vorschriften der §§ 798 bis 802, 805 und des § 806 Satz 1 des Bürgerlichen Gesetzbuchs, die Vorschriften der Zivilprozeßordnung über das Aufgebotsverfahren zum Zwecke der Kraftloserklärung einer abhanden gekommenen oder vernichteten Urkunde sowie die Vorschriften der §§ 17 bis 19 dieses Gesetzes.

Den vor dem Inkrafttreten dieses Gesetzes aufgestellten Schuldverschreibungen, Zinsscheinen und Schatzanweisungen stehen diejenigen Schuldverschreibungen, Zinsscheine und Schatzanweisungen gleich, welche nach dieser Zeit auf Grund einer früheren gesetzlichen Ermächtigung ausgegeben werden.

Zweiter Teil.

Sozialpolitische und wirtschaftliche Gesetze und Verordnungen.

XII.

Gesetz, betreffend Erhaltung von Anwartschaften aus der Krankenversicherung.

Vom 4. August 1914 (RGBl. S. 334).

Mitglieder von Krankenkassen werden, wenn sie zu Kriegs-, Sanitäts- oder ähnlichen Diensten einberufen sind, durch Unterbrechung ihrer Mitgliedschaft einer Reihe von Rechtsnachteilen ausgesetzt; dem Eintreten dieser Nachteile tunlichst vorzubeugen, ist der Zweck des vorliegenden Gesetzes. (Begr.)

§ 1. Dem regelmäßigen Aufenthalt im Inland im Sinne des § 313 Abs. 1 der Reichsversicherungsordnung gilt gleich ein Aufenthalt im Ausland, der durch Einberufung des Mitglieds zu Kriegs-, Sanitäts- oder ähnlichem Dienste verursacht ist.

1. § 313 Abs. 1 der RVO. bestimmt: „Scheidet ein Mitglied, das auf Grund der Reichsversicherung oder bei einer knappschaftlichen Krankenkasse in den vorangegangenen zwölf Monaten mindestens sechsundzwanzig Wochen oder unmittelbar vorher mindestens sechs Wochen versichert war, aus der versicherungspflichtigen Beschäftigung aus, so kann es in seiner Klasse oder Lohnstufe Mitglied bleiben, solange es sich regelmäßig im Inland aufhält und nicht nach § 313 ausscheidet (wenn er Mitglied einer anderen Kasse wird). Es kann in eine niedere Klasse oder Lohnstufe übertreten."

2. Ein längerer Aufenthalt im Ausland könnte nach § 313 Abs. 1 der Reichsversicherungsordnung das Erlöschen des Rechts auf Weiterversicherung zur Folge haben. Deshalb wird, um Zweifel

auszuschließen, ein Aufenthalt im Ausland, der durch Einberufung des Mitglieds zu Kriegs-, Sanitäts- oder ähnlichen Diensten verursacht ist, dem inländischen Aufenthalt gleichgestellt. (Begr.)

§ 2. Hat die Satzung einer Krankenkasse eine Wartezeit für Leistungen bestimmt, so ruht der Fristenlauf für alle Versicherten, die während des gegenwärtigen Krieges Kriegs-, Sanitäts- oder ähnliche Dienste leisten. Ist die Wartezeit bereits erfüllt, so bedarf es nicht der Zurücklegung einer neuen Wartezeit. Die Zeit, für welche die Beiträge weiter gezahlt werden, wird auf die Wartezeit angerechnet.

1. Der erste Satz hat insbesondere die Fälle im Auge, daß durch die Satzung der Anspruch Versicherungsberechtigter auf Grund des § 207 der Reichsversicherungsordnung oder der Anspruch auf Mehrleistungen der Kasse auf Grund des § 208 der Reichsversicherungsordnung von einer Wartezeit abhängig gemacht wird. Um zu verhüten, daß durch Dienstleistungen im gegenwärtigen Kriege einem Mitglied in dieser Hinsicht Nachteile entstehen, sollen für solche Versicherten, welche Kriegs-, Sanitäts- oder ähnliche Dienste leisten, bereits zurückgelegte Wartezeiten auf die satzungsmäßige Wartezeit angerechnet werden. So würde beispielsweise ein Versicherter, der von einer sechsmonatigen Wartezeit des § 208 bei der Einberufung zum Heer schon vier Monate zurückgelegt hat, bei dem Wiedereintritt in die früheren Verhältnisse nur noch eine zweimonatige Wartezeit zu erfüllen haben. (Begr.)

2. Für den Fall, daß die Wartezeit bereits erfüllt ist, sieht Satz 2 vor, daß es einer erneuten Wartezeit nicht mehr bedarf. (Begr.)

3. Satz 3 ermöglicht es dem ausscheidenden Versicherten, in gewissen Fällen, z. B. im Sanitätsdienst, durch Weiterzahlung der Beiträge eine schon begonnene, aber noch nicht abgelaufene Wartezeit während des Krieges zu ergänzen und dadurch beispielsweise den Anspruch auf die Mehrleistungen einer Angehörigenunterstützung zu erwerben. (Begr.)

§ 3. Versicherungsberechtigte, deren Mitgliedschaft nach § 314 Abs. 1 der Reichsversicherungsordnung erloschen ist, haben das Recht, binnen sechs Wochen nach ihrer Rückkehr in die Heimat in die Krankenversicherung wieder einzutreten, wenn sie während des gegenwärtigen Krieges Kriegs-, Sanitäts- oder ähnliche Dienste geleistet haben.

1. Versicherungsberechtigte, die Kriegs-, Sanitäts- oder ähnliche Dienste leisten, würden aus diesem Anlaß die Kassenmitgliedschaft endgültig verlieren, wenn sie zwei Mal hintereinander die Beiträge nicht entrichtet haben und die hierfür bestimmte gesetzliche Frist (§ 314 Abs. 1 der Reichsversicherungsordnung) in die Zeit nach Beginn dieser Dienstleistung hineinreicht. Um dies zu verhindern, gibt ihnen § 3 des Entwurfs die Befugnis, binnen sechs Wochen nach ihrer Rückkehr in die Heimat oder in ihre bisherigen Verhältnisse in die Krankenversicherung wieder einzutreten. Hiervon werden insbesondere kleine Gewerbetreibende Nutzen ziehen können, die vor dem Kriege über 2500, aber unter 4000 M. Einkommen hatten. (Begr.)

§ 4. Diese Vorschriften gelten nur für Reichsangehörige.

1. Die Geltung des Gesetzes wird auf Reichsangehörige beschränkt, weil keine Veranlassung vorliegt, seine Vergünstigungen auch Ausländern zugute kommen zu lassen. (Begr.)

2. Durch Bek. v. 26. Novbr. 1914 (RGBl. S. 485) auf Angehörige der österreichisch-ungarischen Monarchie ausgedehnt (rückwirkend vom 4. Aug. 1914 an). Im Sinne dieses Gesetzes stehen den dem Deutschen Reiche geleisteten Kriegs-, Sanitäts- und ähnlichen Diensten diejenigen gleich, welche der österreichisch-ungarischen Monarchie geleistet werden.

§ 5. Der Bundesrat wird ermächtigt, den Zeitpunkt zu bestimmen, zu welchem dieses Gesetz wieder außer Kraft tritt.

1. Die Unmöglichkeit, in die Heimat oder in die bisherigen Verhältnisse zurückzukehren, kann für den Versicherten auch noch nach der tatsächlichen Beendigung des Krieges fortbauern, z. B. wenn der Versicherte in Kriegsgefangenschaft geraten ist und später zurückkehrt oder ähnliches. Daher wird dem Bundesrat die Ermächtigung erteilt, den Zeitpunkt zu bestimmen, zu welchem das Gesetz wieder außer Kraft treten soll. (Begr.)

§ 6. Das Gesetz tritt mit seiner Verkündung in Kraft.

1.*) Bekanntmachung über die Anrechnung militärischer Dienstleistungen in der Arbeiterversicherung.

Vom 26. November 1914 (RGBl. S. 485).

Der Bundesrat hat auf Grund des § 3 des Gesetzes über die Ermächtigung des Bundesrats zu wirtschaftlichen Maßnahmen usw. folgende Verordnung erlassen:

Die auf Militärdienstzeiten bezüglichen Vorschriften der §§ 1281 Nr. 1, 1286, 1370, 1393 Abs. 1 Nr. 1, 2 und Abs. 2, 1396 Abs. 1, 1419 Abs. 3 und 1438 Abs. 1 der RVO. und des Art. 66 des Einf.-Ges. zur RVO. gelten entsprechend für Militärdienstzeiten, die während des gegenwärtigen Krieges in österreichisch-ungarischen Diensten zurückgelegt worden sind oder noch werden.

XIII.

Gesetz, betreffend die Wahlen nach der Reichsversicherungsordnung.

Vom 4. August 1914 (RGBl. S. 348).

Art. 1. Der Bundesrat wird ermächtigt, die Amtsdauer der Vertreter der Unternehmer oder anderen

*) Die andere Verordnung vom gleichen Tage s. vorige S. 95 § 4 Anm. 2.

Arbeitgeber sowie der Versicherten bei Versicherungsbehörden und Versicherungsträgern über den 31. Dezember 1914 hinaus bis spätestens zum 31. Dezember 1915 zu verlängern. Dies gilt auch für die nichtständigen Mitglieder des Reichsversicherungsamts. Für die nichtständigen Mitglieder der Landesversicherungsämter steht diese Befugnis den obersten Verwaltungsbehörden zu.

Art. 2. Dieses Gesetz tritt mit seiner Verkündung in Kraft.

Nach Artikel 4 Abs. 2 des Einführungsgesetzes zur Reichsversicherungsordnung müssen die nach der Reichsversicherungsordnung erforderlichen Wahlen spätestens am 31. Dezember 1914 beendet sein. Diese Wahlen würden nach den bisher getroffenen Maßnahmen unter normalen Verhältnissen voraussichtlich überall rechtzeitig durchgeführt worden sein. Infolge der durch den Kriegszustand gegenwärtig eingetretenen Belastung der mit der Durchführung der Wahlen betrauten Behörden — in Preußen der unteren Verwaltungsbehörden und der Oberpräsidien — mit anderen dringlicheren Geschäften sind diese Behörden vielfach nicht in der Lage, die mit der Durchführung dieser Wahlen verbundene Arbeitslast zu bewältigen. Ferner kommt in Betracht, daß wegen der Einberufung einer großen Zahl der Wahlberechtigten zu den Fahnen eine jetzt vorgenommene Wahl unter Umständen kein getreues Bild von dem Willen der gesamten Wählerschaft geben würde. Um diesen Verhältnissen Rechnung zu tragen, ermächtigt dieses Gesetz den Bundesrat, die Amtsdauer der Vertreter der Unternehmer oder anderen Arbeitgeber sowie der Versicherten bei Versicherungsbehörden und Versicherungsträgern da, wo ein Bedürfnis vorhanden ist, über den 31. Dezember 1914, aber nicht über den 31. Dezember 1915 hinaus zu verlängern. Den genannten Vertretern sind die nichtständigen Mitglieder des Reichsversicherungsamts wie in Artikel 4 des Einführungsgesetzes zur Reichsversicherungsordnung gleichgestellt.

Bezüglich der nichtständigen Mitglieder der Landesversicherungsämter kann nach dem Vorgang des Artikel 4 Abs. 2 dieses Einführungsgesetzes die Befugnis den obersten Verwaltungsbehörden übertragen werden. (Begr.)

---

1. Bekanntmachung,
betreffend die Wahlen nach der Reichsversicherungsordnung.
Vom 4. September 1914 (RGBl. S. 395).

Auf Grund des Artikel 1 des Gesetzes, betreffend die Wahlen nach der Reichsversicherungsordnung, vom 4. August 1914 hat der Bundesrat folgendes bestimmt:

Soweit die Amtsdauer der Vertreter der Unternehmer oder anderen Arbeitgeber sowie der Versicherten bei Versicherungsbehörden und Versicherungsträgern und der nichtständigen Mitglieder des Reichsversicherungsamts vor dem 31. Dezember 1915 abläuft, wird sie bis zu dem Zeitpunkt, an welchem die nach den Vorschriften der Reichsversicherungsordnung zu wählenden Vertreter oder Mitglieder ihr Amt antreten, jedoch längstens bis zum 31. Dezember 1915, verlängert.

Diese Verordnung tritt mit dem Tage der Verkündung in Kraft.

XIV.

Gesetz, betreffend Sicherung der Leistungsfähigkeit der Krankenkassen.

Vom 4. August 1914 (RGBl. S. 337).

§ 1. Für die Dauer des gegenwärtigen Krieges werden bei sämtlichen Orts-, Land-, Betriebs- und Innungskrankenkassen die Leistungen auf die Regelleistungen und die Beiträge auf 4½ vom Hundert des Grundlohns festgesetzt. Laufende Leistungen bleiben unberührt.

Das Versicherungsamt (Beschlußausschuß) kann auf Antrag des Vorstandes einer Krankenkasse verfügen, daß niedrigere Beiträge erhoben oder höhere Leistungen gewährt werden, wenn die Leistungsfähigkeit dieser Kasse gesichert ist. Das Versicherungsamt hat auf solchen Antrag alsbald zu beschließen. Auf Beschwerde entscheidet das Oberversicherungsamt endgültig.

§ 2. Reichen bei einer Kasse diese Beiträge von 4 ½ vom Hundert des Grundlohns für die Regelleistungen und Verwaltungskosten nicht aus, so hat bei Orts- und Landkrankenkassen der Gemeindeverband, bei Betriebskrankenkassen der Arbeitgeber, bei Innungskrankenkassen die Innung die erforderlichen Beihilfen aus eigenen Mitteln zu leisten.

Solange dies bei einer Orts- oder Landkrankenkasse geschieht, kann der Gemeindeverband einem Vertreter das Amt des Kassenvorsitzenden übertragen.

Gemeindeverbände sind die von der obersten Verwaltungsbehörde auf Grund der Reichsversicherungsordnung § 111 Ziffer 2 hierzu bestimmten Verbände*).

§ 3. Für die Dauer des gegenwärtigen Krieges werden die Vorschriften der Reichsversicherungsordnung über die hausgewerbliche Krankenversicherung außer Kraft gesetzt. Laufende Leistungen und fällige Beiträge bleiben unberührt.

Auf übereinstimmenden Antrag der beteiligten Gemeinde oder des Gemeindeverbandes und des Vorstandes der Krankenkasse kann das Oberversicherungs-

*) Nach § 111 Z. 2 RVO. bestimmt die oberste Verwaltungsbehörde, welche Verbände als Gemeindeverbände zu gelten haben; eine einzelne Gemeinde gilt als Gemeindeverband im Sinne dieses Gesetzes nur dann, wenn es die oberste Verwaltungsbehörde bestimmt.

amt genehmigen, daß die hausgewerbliche Krankenversicherung durch statutarische Bestimmung geregelt wird. Das Oberversicherungsamt entscheidet endgültig.

§ 4. Der Bundesrat wird ermächtigt, den Zeitpunkt zu bestimmen, zu welchem dieses Gesetz wieder außer Kraft tritt.

§ 5. Dieses Gesetz tritt mit dem Tage seiner Verkündung in Kraft.

Die amtliche Begründung führt dazu aus:

Es steht zu befürchten, daß im gegenwärtigen Kriege manche Krankenkassen leistungsunfähig werden, weil sie mit den eingezogenen Arbeitern gute Risiken und entsprechend hohe Beiträge einbüßen und weil ihnen infolge Arbeitslosigkeit Beiträge wegfallen, dagegen viele Krankheitsfälle zur Last fallen werden. Dies gilt besonders für neu errichtete Kassen, die naturgemäß noch keine größeren Rücklagen besitzen. Außerdem werden manche Krankenkassen vorübergehend zahlungsunfähig werden, weil sie nicht schnell genug genügende Barmittel werden auftreiben können. Für leistungsfähige Kassen haben nach der Reichsversicherungsordnung bei Orts- und Landkrankenkassen der Gemeindeverband, bei Betriebskrankenkassen der Arbeitgeber und bei Innungskrankenkassen die Innung aus eigenen Mitteln Beihilfen zu leisten. Diese Zuschußpflicht beginnt nach §§ 390, 391 der Reichsversicherungsordnung erst, wenn die Leistungen der Kassen auf die Regelleistungen vermindert sind und die Beiträge auf sechs vom Hundert des Grundlohns erhöht sind. Beides setzt Satzungsänderungen voraus, die auf dem normalen Wege der Beschlußfassung durch die Organe und der Genehmigung durch die Versicherungsbehörden nur unter beträchtlichem Zeitablauf erreichbar sind. In vielen Fällen werden daher die Kassen leistungsfähig geworden sein, ehe die Hilfe eintritt.

Für normale Zeiten, in denen derartige Fälle nur ausnahmsweise vorkommen, gibt § 391 dem Versicherungsamt die Befugnis, solche nötigen Satzungsänderungen durch Verfügung vorläufig anzuordnen. Dies ist indessen nur eine Möglichkeit, so daß keine Gewähr dafür besteht, ob die zurzeit mit anderen Geschäften überlasteten Behörden dies rechtzeitig in Angriff nehmen. Außerdem wird die Herabsetzung der Leistungen bei den Arbeitern schmerzlich empfunden werden. Dasselbe gilt für die Erhöhung der Beiträge für Arbeiter und Arbeitgeber. Bei zahlreichen beteiligten Versicherungsämtern würde es hierüber zu unliebsamen Erörterungen kommen, wodurch der Erlaß vorläufiger Verfügungen sich verzögern würde.

Die wichtigste Aufgabe, der gegenüber andere Erwägungen zurücktreten müssen, ist indessen die Vorsorge, daß die Krankenkassen ununterbrochen ihre Leistungen erfüllen können. Hierzu ist nötig, daß in jedem Falle, wo eine Kasse vorübergehend oder dauernd finanziell versagt, sofort der Gemeindeverband, der Arbeitgeber oder die Innung mit ihrer Zuschußpflicht einzutreten haben. Daher empfiehlt es sich, durch Reichsgesetz bei sämtlichen Kassen sofort die Leistungen auf die Regelleistungen herabzusetzen und ferner die Beiträge auf viereinhalb vom Hundert des Grundlohns zu erhöhen. Bei Landkrankenkassen ist in der Regel der Ortslohn als Grundlohn bestimmt (§ 481 der Reichsversicherungsordnung). Es erschien bedenklich, unter den erschwerten Erwerbsverhältnissen die Beiträge durch Gesetz allgemein auf sechs vom Hundert des Grundlohns zu erhöhen. Um trotzdem für leistungsunfähig gewordene Kassen den unmittelbaren Anschluß an die Zuschußpflicht zu erreichen, schreibt § 2 des Gesetzes vor, daß diese Zuschußpflicht bereits bei einer Beitragshöhe von viereinhalb vom Hundert des Grundlohns einzutreten hat, wenn bei einer Kasse die Regelleistungen und Verwaltungskosten nicht mehr durch diese Beiträge gedeckt werden. Die Verwaltungskosten sind nur der Deutlichkeit halber noch besonders aufgeführt worden. Wenn eine Kasse durch übereinstimmenden Beschluß der Arbeitgeber und Versicherten im Ausschuß bisher höhere Beiträge erhoben hat, werden sie hierdurch auf viereinhalb vom Hundert des Grundlohns ermäßigt. Entsprechend der Vorschrift der Reichsversicherungsordnung in den §§ 389, 390 hat der Gemeindeverband, solange er Beihilfen leistet, das Recht, das Amt des Kassenvorsitzenden durch einen Vertreter wahrnehmen zu lassen. Die Gemeindeverbände, wie die beteiligten Arbeitgeber und Innungen werden sich nötigenfalls auf diese Zuschußpflicht einzurichten haben, wenn sie auch durch Herabsetzung der Leistungen auf die Regelleistungen in größere Ferne gerückt ist. Natürlich bleibt § 211 der Reichsversicherungsordnung hiervon unberührt, so daß für Versicherungsfälle, die bereits eingetreten sind, die Leistungen nicht herabgesetzt oder vorzeitig eingestellt werden können.

Zweifellos sind viele Kassen so gestellt, daß sie auch bei niedrigeren Beiträgen und höheren Leistungen als die im § 1 vorgeschriebenen, nicht leistungsunfähig werden. Es besteht keine Veranlassung auch für diese Kassen jene Einschränkung Platz greifen zu lassen. Daher ist den Kassenvorständen die Befugnis gegeben, unter Nachweis ihrer Leistungsfähigkeit bei dem zuständigen Versicherungsamt zu beantragen, daß höhere Leistungen, z. B. die Familienversicherung, in Kraft bleiben und daß niedrigere Beiträge erhoben werden. Das Versicherungsamt hat solche Anträge umgehend zu erledigen und ihnen stattzugeben, wenn nach seiner Überzeugung die Leistungsfähigkeit gesichert ist. Wo Kassenvorstand und Versicherungsamt sofort diese Aufgabe in Angriff nehmen, können die gegenwärtigen Verhältnisse einer Kasse unverändert fortgeführt werden. Sollte im weiteren Verlauf die Leistungsfähigkeit solcher Kasse unsicher werden, so würde das Versicherungsamt auf Grund des § 391 der Reichsversicherungsordnung einzugreifen haben. Da das ganze Verfahren auf Schnelligkeit abgestellt sein muß, so ist vorgeschrieben, daß der Antrag vom Vorstand der Kasse und zwar in nicht getrennter Beschlußfassung der Vertreter der Arbeitgeber und der Versicherten im Vorstande zu stellen ist und daß Beschwerden vom Oberversicherungsamt endgültig entschieden werden.

Geht man von dem Grundsatz aus, daß das Funktionieren der Krankenkassen im Interesse der großen Masse der bei ihnen

Versicherten unter allen Umständen sichergestellt werden muß, so wird man noch einen weiteren Schritt tun müssen, so mißlich er auch ist. Die Versicherung der Hausgewerbtreibenden ist für viele Teile Deutschlands erst seit wenigen Monaten in Kraft. In großen Gebieten, z. B. in Groß-Berlin, ist sie noch ganz unvollkommen durchgeführt. Sie macht ihrer technischen Schwierigkeiten halber große Verwaltungskosten und erfordert viel Arbeit, die jetzt bei vielen Krankenkassen nicht mehr geleistet werden kann, da sie nach Entziehung zahlreicher Angestellter durch die Einberufung jetzt nur mit Mühe ihren Betrieb leidlich aufrecht erhalten können. Die ordnungsmäßige Zusendung der Listen und Zuschüsse zwischen den einzelnen Krankenkassen ist während des Krieges überhaupt in Frage gestellt. Endlich ist die Versicherung der Hausgewerbtreibenden für die Krankenkassen eine große finanzielle Belastung. So hart es daher ist, so muß man unter diesen Umständen die Versicherung der Hausgewerbtreibenden, die in vielen Fällen während des Krieges doch nicht durchführbar ist, gesetzlich außer Kraft setzen, um die Krankenversicherung aller übrigen Versicherten aufrecht zu erhalten. Auch hierbei bleibt § 211 der Reichsversicherungsordnung in Wirksamkeit; daß fällige Beiträge und ebenso Zuschüsse noch zu leisten sind, ist nur der Deutlichkeit halber betont und weil für die hausgewerbliche Krankenversicherung noch viele Zuschüsse rückständig sind.

Auch diese Maßregel ist nicht für solche Kassen und Bezirke nötig, wo die Krankenversicherung der Hausgewerbtreibenden seit längerer Zeit auf Grund eines beibehaltenen Ortsstatuts (§ 488 der Reichsversicherungsordnung) oder auf Grund der Reichsversicherungsordnung bei örtlich begrenzter Hausindustrie gut arbeitet. Wenn sich dort der beteiligte Gemeindeverband und der Vorstand der beteiligten Krankenkasse, der letztere in nicht getrennter Beschlußfassung der Vertreter der Arbeitgeber und der Versicherten im Vorstande darüber einig sind, daß die Versicherung des Hausgewerbes funktioniert und technisch wie finanziell von der Krankenkasse auch weiterhin geleistet werden kann, so haben sie nur sofort einen entsprechenden Antrag beim Oberversicherungsamt zu stellen

Die Oberversicherungsämter, denen der Eilbedürftigkeit halber die Genehmigungsbefugnis übertragen ist, haben solchen Antrag schleunigst zu erledigen. Der Gemeindeverband und die Krankenkasse haben in ihrem Antrage vorzuschlagen, wie sie die Krankenversicherung des Hausgewerbes durchführen wollen, sei es durch Aufrechterhaltung des Ortsstatuts (Reichsversicherungsordnung § 488), sei es durch Beibehaltung der besonderen Vorschriften der Reichsversicherungsordnung (§§ 466 bis 493). Auf diese Weise ist dafür gesorgt, daß die Krankenversicherung der Hausgewerbtreibenden überall dort erhalten bleiben kann, wo sie überhaupt in Kriegszeiten durchführbar ist. In Werkstätten beschäftigte Arbeiter sind auch, wenn ihr Arbeitgeber ein Hausgewerbtreibender ist, als gewerbliche Arbeiter versicherungspflichtig.

XV.

Gesetz, betreffend Ausnahmen von Beschäftigungsbeschränkungen gewerblicher Arbeiter.

Vom 4. August 1914 (RGBl. S. 333).

Der gegenwärtige Kriegszustand, der die gesamte männliche wehrpflichtige Bevölkerung Deutschlands zur Verteidigung des Vaterlandes erfordert, bringt tief einschneidende Veränderungen in der industriellen Erzeugung mit sich. Während für manche Industriezweige, namentlich solche, die für den Heeresbedarf und die Nahrungsmittelindustrie arbeiten, mindestens vorübergehend eine außergewöhnliche Häufung der Arbeit eintritt, ist für andere Industriezweige nach Möglichkeit Vorsorge zu treffen, daß sie nicht zum Stilliegen kommen. Um beiden Erfordernissen Rechnung zu tragen, insbesondere um der nicht zum Kriegsdienste herangezogenen männlichen und der weiblichen Bevölkerung in weitestgehendem Maße Beschäftigung zu sichern, müssen Ausnahmen von den Beschränkungen, die die Gewerbeordnung für die Beschäftigung von Arbeitern vorsieht, zugelassen werden.

Das Gesetz gibt dem Reichskanzler die Ermächtigung, allgemein Ausnahmen zuzulassen. Darüber hinaus sollen auch die höheren Verwaltungsbehörden befugt sein, auf Antrag im Einzelfall Ausnahmen zuzulassen. (Begr.) *)

§ 1. Für die Dauer des gegenwärtigen Krieges kann der Reichskanzler allgemein oder für bestimmte Bezirke oder für bestimmte Arten von Anlagen und, soweit er nicht Bestimmungen erläßt, die höhere Verwaltungsbehörde für einzelne Betriebe auf Antrag Ausnahmen von den in den §§ 135 bis 137a Abs. 2, 154a der Gewerbeordnung vorgesehenen Beschränkungen und von den auf Grund der §§ 120e, 120f, 139a der Gewerbeordnung vom Bundesrat erlassenen Bestimmungen gewähren.

1. Die §§ 135 bis 137a und 154a enthalten die Beschränkungen der Fabrikarbeit der Kinder, Jugendlichen und Frauen.

2. Die auf Grund der anderen angeführten Paragraphen erlassenen Bundesratsbestimmungen betreffen die hauptsächlichsten Arbeiterschutzvorschriften, namentlich in arbeitshygienischer Hinsicht.

§ 2. Der Bundesrat wird ermächtigt, den Zeitpunkt zu bestimmen, zu welchem dieses Gesetz wieder außer Kraft tritt.

§ 3. Dieses Gesetz tritt mit seiner Verkündung in Kraft.

---

*) Erwähnt sei, daß der Bundesrat am 30. Sept. beschlossen hat, die Jahresberichte der Gewerbeaufsichtsbeamten über das Jahr 1914 mit denen über das Jahr 1915 erst Anfang 1916 erstatten zu lassen.

1. Bekanntmachung,
betreffend den Betrieb der Anlagen der Großeisenindustrie.
Vom 21. Oktober 1914 (RGBl. S. 446).

Auf Grund der §§ 120 f, 139 b der Gewerbeordnung hat der Bundesrat folgende Bestimmung erlassen:

Der § 7 der Bekanntmachung vom 4. Mai 1914, betreffend den Betrieb der Anlagen der Großeisenindustrie (Reichs-Gesetzbl. S. 118), wird wie folgt geändert:*)

§ 7. Die vorstehenden Bestimmungen treten am 1. Dezember 1915 in Kraft und an Stelle der Bekanntmachung vom 19. Dezember 1908 (Reichs-Gesetzbl. S. 650).

Die auf Grund des § 3 der Bekanntmachung vom 19. Dezember 1908 gestatteten Ausnahmen bleiben, wenn ihre Dauer nicht auf einen kürzeren Zeitpunkt beschränkt ist, bis zum 30. November 1915 in Geltung, treten aber am 1. Dezember 1915 sämtlich außer Kraft.

2. Bekanntmachung,
betreffend die Einrichtung und den Betrieb gewerblicher Anlagen, in denen Thomasschlacke gemahlen oder Thomasschlackenmehl gelagert wird.
Vom 21. Oktober 1914 (RGBl. S. 445).

Auf Grund des § 120 e der Gewerbeordnung hat der Bundesrat über die Einrichtung und den Betrieb gewerblicher Anlagen,

*) Da jene Bekanntmachung vom 4. Mai gegenüber den jetzt gültigen Bestimmungen Verschärfungen vom Standpunkt des Arbeiterschutzes enthält, so erschien es zweifelhaft, ob ihre Durchführung bei dem möglicherweise hier und da vorhandenen Mangel an geschulten Arbeitskräften möglich sein würde. Außerdem bedingen die neuen Bestimmungen wesentliche Änderungen der Form und des Inhalts der Überarbeitsverzeichnisse. Das Nötige hierüber zu bestimmen, ist Sache der Landesbehörde. Wegen des Krieges war es jedoch bisher nicht möglich, die hierfür erforderlichen umfangreichen Vorarbeiten zum Abschluß zu bringen; infolgedessen würde den beteiligten Werken keine genügende Zeit mehr bleiben, sich mit den neuen Bestimmungen formeller Art vertraut zu machen und das Erforderliche zu ihrer Ausführung vorzubereiten. Es war daher geboten, die bisherigen Bestimmungen noch ein weiteres Jahr bestehen zu lassen (Denkschr. S. 56).

in denen Thomasschlacke gemahlen oder Thomasschlackenmehl gelagert wird, folgende Vorschrift erlassen:

Der § 9 Abs. 1 und 2 der Bekanntmachung, betreffend die Einrichtung und den Betrieb gewerblicher Anlagen, in denen Thomasschlacke gemahlen oder Thomasschlackenmehl gelagert wird, vom 3. Juli 1909 (Reichs-Gesetzbl. S. 543)/23. Dez. 1911 (Reichs-Gesetzbl. S. 1153) wird bis auf weiteres aufgehoben.*)

3. Bekanntmachung, betreffend die Einrichtung und den Betrieb von Anlagen zur Herstellung von Bleifarben und anderen Bleiprodukten.

Vom 11. November 1914 (RGBl. S. 474).

Auf Grund des § 139a der Gewerbeordnung hat der Bundesrat beschlossen:

Die Bestimmungen im § 10 Abs. 1, 2 der Bekanntmachung, betreffend die Einrichtung und den Betrieb von Anlagen zur Herstellung von Bleifarben und anderen Bleiprodukten, vom 26. Mai 1903 (Reichs-Gesetzbl. S. 225) bleiben bis zum 1. Januar 1917 in Kraft.**)

---

*) Der § 9 Abs. 1 und 2 enthält Bestimmungen über die Beschaffenheit der zur Beförderung von Thomasmehl benutzten Säcke. Die Bestimmungen sind erlassen, um ein Verstäuben oder Austreten des gesundheitsschädlichen Thomasmehls bei der Beförderung infolge mangelhafter Dichtigkeit und Festigkeit der Säcke möglichst zu verhüten. Infolge des Krieges ist die Beschaffung einer ausreichenden Zahl vorschriftsmäßiger Säcke unmöglich, weil die Zufuhr des Rohmaterials, der Jute, unterbunden ist. Andererseits ist es zur Sicherstellung der nächstjährigen Ernte unbedingt nötig, der Landwirtschaft Thomasmehl in genügender Menge zuzuführen, wozu nötigenfalls auch Säcke, die den Bestimmungen des § 9 Abs. 1, 2 nicht entsprechen, zu verwenden sind. Zu dem Zwecke ist der § 9 Abs. 1, 2 einstweilen außer Kraft gesetzt. (Denkschr. S. 56.)

**) Die bezeichneten Absätze des § 10 enthalten Beschränkungen für die Beschäftigung von Arbeiterinnen und jugendlichen Arbeitern. Diese Beschränkungen, die ursprünglich nur bis zum 1. Juli 1913 galten, wurden dann auf die Zeit bis zum 1. Januar 1915 ausgedehnt (Bek. v. 6. März 1913 u. v. 29. Mai 1914, RGBl. 1913 S. 125, 1914 S. 186). Es war beabsichtigt, die noch geltende Bekanntmachung noch vor Ablauf dieses Jahres durch eine neue, wesentlich

XVI.

Gesetz, betreffend die Abwickelung von börsenmäßigen Zeitgeschäften in Waren.

Vom 4. August 1914 (RGBl. S. 336).

§ 1. Der Bundesrat kann anordnen, daß Börsentermingeschäfte in Waren, die gemäß § 50 Abs. 1 des Börsengesetzes (Reichs-Gesetzbl. 1908 S. 215) zum Börsenterminhandel zugelassen sind, und Geschäfte der im § 67 des Börsengesetzes bezeichneten Art, soweit sie nach den Geschäftsbedingungen einer deutschen Börse vor dem 1. August 1914 abgeschlossen und erst nach dem Inkrafttreten dieses Gesetzes zu erfüllen sind, mit dem Inkrafttreten der Anordnung so anzusehen sind, als ob ein Vertragsteil gemäß eines ihm zustehenden Rechtes zurückgetreten ist.

§ 2. Die Landeszentralbehörde derjenigen Börse, nach deren Geschäftsbedingungen (§ 50 Abs. 2, § 67 Abs. 1 des Börsengesetzes) das Geschäft geschlossen ist, setzt einen Liquidationspreis fest.

Vor der Festsetzung des Liquidationspreises ist der Börsenvorstand zu hören. Die Marktlage vor der Erklärung des Zustandes der drohenden Kriegsgefahr ist bei der Festsetzung zu berücksichtigen.

§ 3. Ist der vereinbarte Preis niedriger als der Liquidationspreis, so kann der Käufer vom Verkäufer, und ist er höher, so kann der Verkäufer vom Käufer

---

geänderte Bekanntmachung zu ersetzen. Die Vorarbeiten dafür sind bereits abgeschlossen. Wegen der durch den Krieg geschaffenen besonderen Verhältnisse läßt sich jedoch einstweilen nicht übersehen, wann es möglich sein wird, die neue Bekanntmachung zu erlassen. Daraus ergab sich die Notwendigkeit, die Geltungsdauer des § 10 der jetzt giltigen Bekanntmachung bis zum 1. Januar 1917 zu verlängern. (Denkschr. S. 57.)

den Unterschied verlangen. In der Anordnung des Bundesrats ist der Zeitpunkt für die Fälligkeit der Forderung zu bestimmen.

§ 4. Auf Börsentermingeschäfte, bezüglich deren der Börsenvorstand den Erlaß der Anordnung, daß sie von der Benutzung der Börseneinrichtungen ausgeschlossen sind, gemäß § 51 Abs. 1 Satz 3 des Börsengesetzes ausgesetzt hat, finden die vorstehenden Vorschriften entsprechende Anwendung.

§ 5. Der Bundesrat kann die im § 1 bezeichnete Anordnung allgemein oder für einzelne Warengattungen oder für einzelne Börsen erlassen.

§ 6. Dieses Gesetz tritt mit seiner Verkündung in Kraft.

Amtliche Begründung.

Durch den Kriegszustand ist für die Kreise, die am Börsentermingeschäft in Waren und an dem börsenmäßigen Zeithandel in Getreide und Mehl nach den vom Bundesrate gemäß § 67 des Börsengesetzes genehmigten Geschäftsbedingungen (Bekanntmachung vom 29. Mai 1908, Reichs-Gesetzbl. S. 240) beteiligt sind und für den Warenmarkt überhaupt eine bedrohliche Lage eingetreten. Ein Teil der Produktenbörsen hat die Notierung von Preisen für den Zeithandel eingestellt, da die Grundlagen für eine kaufmännische Berechnung fortgefallen sind. Wer vorher an dieser Behörde Geschäfte auf Zeit abgeschlossen hat, kann daher weder sein Risiko übersehen noch es durch Gegengeschäfte ausgleichen. Geschäfte über alsbaldige Warenlieferungen werden dadurch zum Schaden der Allgemeinheit, die ein entscheidendes Interesse an einer verständigen Gestaltung der Warenpreise hat, im hohen Grade erschwert.

Da im Gegensatze zum Ausland die Geschäftsbedingungen für den Warenhandel an wichtigen deutschen Börsen, zum Beispiel in Berlin, keine Handhabe zu einer vorzeitigen Abwickelung der

Zeitgeschäfte bieten, will der Entwurf nach dem Vorbild auswärtiger Börsenbedingungen die alsbaldige Abwickelung von allen solchen schwebenden Zeitgeschäften, gleichviel zu welchem Zeitpunkt sie fällig werden, ermöglichen. Zu diesem Zwecke soll der Bundesrat anordnen können, daß die Geschäfte rechtlich so angesehen werden, als wäre ein Vertragsteil berechtigterweise zurückgetreten. Eine Kraftloserklärung der Geschäfte wäre bedenklich, da die Geschäfte nach wie vor rechtliche Folgen äußern sollen. Diese bestehen nach dem Gesetze (§ 3) darin, daß eine Verpflichtung zur Zahlung des Unterschiedes zwischen dem Vertragspreis und einem Liquidationspreis eintritt.

Die Anordnung, für welche Warengattungen eine solche alsbaldige Abwickelung der Zeitgeschäfte ermöglicht werden soll, muß dem Bundesrat übertragen werden, weil die Regelung im Gesetze selbst nach Lage der Verhältnisse untunlich ist; die Zuständigkeit des Bundesrats und nicht der Landeszentralbehörden ist dadurch begründet, daß die Anordnungen für Börsen in verschiedenen Bundesstaaten notwendig werden können. Die Liquidationspreise dagegen müssen, da die einzelnen Geschäfte nach den Geschäftsbedingungen der verschiedenen Börsen geschlossen werden und bei ihrem Abschluß die örtlichen Verhältnisse maßgebend sind, für jede Börse besonders festgestellt werden. Bei der Verantwortlichkeit der Aufgabe kommen hierfür nur die Landeszentralbehörden als die obersten Börsenaufsichtsorgane in Betracht; die vorgeschriebene Anhörung des Börsenvorstandes gibt den Beteiligten Gelegenheit, sich über die Lage der Verhältnisse zu äußern.

Zu diesem Gesetz ist folgende Bekanntmachung ergangen:

1. Bekanntmachung, betreffend die Abwickelung von börsenmäßigen Zeitgeschäften in Waren.

Vom 24. August 1914 (RGBl. S. 381).

Auf Grund der §§ 1, 3, 4 und 5 des Gesetzes, betreffend die Abwickelung von börsenmäßigen Zeitgeschäften in Waren, vom

4. August 1914 (Reichs-Gesetzbl. S. 336) hat der Bundesrat folgende Anordnung getroffen:

§ 1. Börsentermingeschäfte in Kupfer, Zinn, Zucker, Baumwolle und Kaffee, sowie Geschäfte der im § 67 des Börsengesetzes (Reichs-Gesetzbl. 1908 S. 215) bezeichneten Art in Getreide und Mehl sind, soweit sie nach den Geschäftsbedingungen einer deutschen Börse vor dem 1. August abgeschlossen und erst nach dem 4. August 1914 zu erfüllen sind, mit dem Inkrafttreten dieser Anordnung so anzusehen, als ob ein Vertragsteil gemäß eines ihm zustehenden Rechtes zurückgetreten ist. Das Gleiche gilt für Börsentermingeschäfte in Kautschuk, bezüglich deren der Börsenvorstand in Hamburg den Erlaß der Anordnung, daß sie von der Benutzung der Börseneinrichtungen ausgeschlossen sind, gemäß § 51 Abs. 1 Satz 3 des Börsengesetzes ausgesetzt hat.

Geschäfte, welche bis zum Inkrafttreten dieser Anordnung von einem Vertragsteil rechtswirksam erfüllt sind, werden von ihr nicht betroffen.

§ 2. Der Zeitpunkt für die Fälligkeit der Forderungen, die sich gemäß § 3 des Gesetzes vom 4. August 1914 (Reichs-Gesetzbl. S. 336) ergeben, wird bestimmt:

1. soweit es sich um Börsentermingeschäfte in Kupfer und Zinn handelt, bei denen die Lieferung vereinbart ist
   a) für den Monat August 1914: auf den 1. September 1914, für den Monat September 1914: auf den 30. September 1914, für den Monat Oktober 1914: auf den 31. Oktober 1914;
   b) für alle späteren Monate: auf den 30. November 1914,
      zu b mit der Maßgabe, daß für die Zeit vom 30. November 1914 bis zum letzten Tage der vereinbarten Lieferungsmonate Zwischenzinsen nach dem Jahressatze von 6 v. H. abzuziehen sind;
2. soweit es sich um Börsentermingeschäfte in Zucker handelt, bei denen die Lieferung vereinbart ist
   a) für die Monate August und September 1914: auf den 1. September 1914,
   für den Monat Oktober 1914: auf den 1. Oktober 1914,

für den Monat November 1914: auf den 1. November 1914;

b) für alle späteren Monate: auf den 15. November 1914, zu b mit der Maßgabe, daß für die Zeit vom 15. November 1914 bis zum ersten Tage der vereinbarten Lieferungsmonate Zwischenzinsen nach dem Jahressatze von 6 v. H. abzuziehen sind;

3. soweit es sich um Börsentermingeschäfte in Kaffee und Kautschuk handelt: auf den ersten Tag des vereinbarten Lieferungsmonats;

4. soweit es sich um Börsentermingeschäfte in Baumwolle und um Geschäfte der im § 67 des Börsengesetzes bezeichneten Art in Getreide und Mehl handelt: auf den 15. September 1914, mit der Maßgabe, daß bei Geschäften, die nach dem 30. September zu erfüllen sind, für die Zeit vom 15. September 1914 bis zum ersten Tage der vereinbarten Lieferungsmonate Zwischenzinsen nach dem Jahressatze von 6 v. H. abzuziehen sind.

§ 3. Diese Anordnung tritt mit dem Tage ihrer Verkündung in Kraft.

XVII.

Gesetz über die Ermächtigung des Bundesrats zu wirtschaftlichen Maßnahmen und über die Verlängerung der Fristen des Wechsel- und Scheckrechts im Falle kriegerischer Ereignisse.

Vom 4. August 1914 (RGBl. S. 327).

Die amtliche Begründung führt zu dem Gesetz als Ganzem aus:

Die zur Erhaltung oder Ausübung der Wechselrechte oder der Regreßrechte aus dem Scheck vorgeschriebenen Handlungen sind gesetzlich an bestimmte Fristen gebunden (vgl. Wechselordnung Artikel 19, 20, 24 Abs. 2, 31, 41, 45, 60, 62, 98, 99; Scheckgesetz §§ 11, 16, 17). Insbesondere muß die Vorlegung des Wechsels zur Zahlung und die Erhebung der Protestes mangels Zahlung bei Verlust der Regreßansprüche gegen den Aussteller und die Indossanten spätestens am zweiten Werktag nach dem Zahlungstage geschehen. Ebenso kann das Regreßrecht aus einem im Inland ausgestellten und zahlbaren Scheck nur ausgeübt werden, wenn der Scheck binnen zehn Tagen nach der Ausstellung dem Bezogenen am Zahlungsorte zur Zahlung vorgelegt worden ist. Nach dem geltenden Rechte können, wenn eine solche Frist versäumt wird, die mit der Versäumung verbundenen Rechtsnachteile durch Berufung auf höhere Gewalt nicht abgewendet werden. Bei einer durch kriegerische Ereignisse eintretenden Verkehrsstockung würden sich hieraus große Härten ergeben. Abgesehen von den Verlusten, die einzelnen Personen dadurch erwachsen, wäre eine empfindliche Beeinträchtigung des Wechselkredits in den dem Kriegsschauplatze naheliegenden Gegenden zu befürchten, die, namentlich wenn Verkehrsmittelpunkte davon betroffen werden sollten, leicht weitere Kreise ziehen könnte.

Das vorliegende Gesetz sucht hiergegen Abhilfe zu schaffen. Wird in Veranlassung kriegerischer Ereignisse die rechtzeitige Vornahme der Handlung durch höhere Gewalt verhindert, so soll sich die für ihre Vornahme vorgeschriebene Frist um so viel verlängern, als zur Vornahme der Handlung erforderlich ist, mindestens aber um sechs Werktage nach Wegfall des Hindernisses (§ 1). Da der Nachweis des Vorliegens einer höheren Gewalt trotz der im Abs. 2 des § 1 nach dieser Richtung geschaffenen Erleichterungen im Einzelfalle Schwierigkeiten verursachen kann, wird ferner die Möglichkeit eröffnet, im Wege Kaiserlicher Verordnung eine Verlängerung der fraglichen Fristen um bestimmte Zeiträume für den ganzen Geltungsbereich des Gesetzes oder Teile desselben eintreten zu lassen (§ 2).

Der Gedanke, daß dem Wechselinhaber bei Versäumung der Fristen die Berufung auf höhere Gewalt offen steht, ist in verschiedenen fremden Rechten, so insbesondere im französischen, im englisch-amerikanischen und im skandinavischen Rechte, bereits gegenwärtig teils durch die Rechtsprechung, teils durch Gesetz anerkannt und hat auch auf der Haager Wechselrechtskonferenz allgemeine Zustimmung gefunden. Um so weniger wird es einem Bedenken unterliegen, für einen besonders gearteten Fall der höheren Gewalt eine entsprechende Regelung vorzusehen.

§ 1. Wird in Veranlassung kriegerischer Ereignisse die rechtzeitige Vornahme einer Handlung, deren es zur Ausübung oder Erhaltung des Wechselrechts oder des Regreßrechts aus dem Scheck bedarf, durch höhere Gewalt verhindert, so verlängern sich die für die Vornahme der Handlung vorgeschriebenen Fristen um soviel als erforderlich ist, um nach Wegfall des Hindernisses die Handlung vorzunehmen, mindestens aber bis zum Ablauf von sechs Werktagen nach dem Wegfall des Hindernisses.*)

Als Verhinderung durch höhere Gewalt gilt es insbesondere,

1. wenn der Ort, wo die Handlung vorgenommen werden muß, von dem Feinde besetzt ist; es sei denn, daß sie bei Anwendung der im Verkehr erforderlichen Sorgfalt trotzdem bewirkt werden kann;
2. wenn die zwecks Herbeiführung der Handlung zu benutzende Postverbindung derart unterbrochen ist, daß ein geregelter Postverkehr nicht mehr besteht.

*) vgl. besonders die unten S. 118 fg. abgedruckten Bekanntmachungen.

1. Die Vorschrift des § 1 setzt voraus, daß ein als höhere Gewalt anzusehendes Hindernis zur Zeit des Ablaufs der Frist noch besteht oder erst so kurz vorher behoben wird, daß die fristgemäße Vornahme der Handlung nicht mehr möglich ist. Nur in diesem Falle, nicht schon bei dem Bestehen von Hindernissen zu irgendeiner Zeit während des Laufes der Frist, kann man davon sprechen, daß die rechtzeitige Vornahme der Handlung durch höhere Gewalt verhindert wird.

Ist das Hindernis beseitigt, so muß dem zu der Handlung Verpflichteten noch ein für ihre Nachholung ausreichender Zeitraum zur Verfügung bleiben. Da er möglicherweise nicht sofort über die Beseitigung des Hindernisses unterrichtet sein wird, so gewährt ihm der Entwurf eine Mindestfrist von sechs Werktagen nach dessen Behebung. (Begr.)

2. Zu den Handlungen, deren es zur Ausübung oder Erhaltung des Wechselrechts oder des Regreßrechts aus dem Scheck bedarf, gehört neben der Präsentation und dem Protest auch die Benachrichtigung der Regreßpflichtigen von der Nichtzahlung des Wechsels oder des Schecks (Artikel 45 der Wechselordnung, § 17 des Scheckgesetzes), da die Versäumung der Benachrichtigung den Verlust des Anspruchs auf Zinsen und Kosten nach sich zieht. Nicht unter die Vorschrift fällt dagegen die binnen einer Frist von zwei Tagen vorzunehmende Benachrichtigung des Honoraten durch den Ehrenakzeptanten, da hier die Unterlassung nicht den Verlust eines Wechselrechts, sondern nur einen Schadensersatzanspruch begründet (Artikel 58 der Wechselordnung). In diesem Falle liegt auch kein Bedürfnis für die Anwendung des Entwurfs vor, da bereits nach dem geltenden Rechte der Schadensersatzanspruch wegfällt, wenn der Ehrenakzeptant ohne sein Verschulden, also namentlich durch höhere Gewalt, an der Benachrichtigung verhindert war. Auch bei den Verjährungsfristen (Artikel 77 ff., 100 der Wechselordnung, Artikel 20, 22 des Scheckgesetzes) handelt es sich nicht um Fristen im Sinne des § 1. Ihre Einbeziehung erübrigt sich, da hier schon der § 203 des Bürgerlichen Gesetzbuchs ausreichenden Schutz bietet. (Begr.)

3. Der Begriff der höheren Gewalt bedarf keiner Erläuterung; er ist im gleichen Sinne gebraucht wie in sonstigen Reichsgesetzen. (Begr.)

4. Der Abs. 2 bezweckt eine Erleichterung des Beweises, daß höhere Gewalt vorlag; er bezeichnet zwei besonders wichtige Fälle als solche, bei denen eine Verhinderung durch höhere Gewalt ohne weiteres anzunehmen ist. In dem ersten dieser Fälle — Besetzung eines Ortes durch den Feind — wird jedoch die Vornahme von Wechselhandlungen nicht schlechthin ausgeschlossen sein; es ist daher dem in Anspruch genommenen Wechselverpflichteten die Berufung darauf gestattet, daß trotz der Besetzung des Ortes die Vornahme der Handlung bei Anwendung der im Verkehr erforderlichen Sorgfalt möglich gewesen sei (Abs. 2 Nr. 1). Der zweite Fall betrifft die Störung der Postverbindungen. War für die Herbeiführung der Handlung die Post zu benutzen, so soll der Nachweis genügen, daß infolge der Unterbrechung der in Betracht kommenden Verbindungen ein geregelter Postverkehr nicht mehr bestand (Abs. 2 Nr. 2). Das Gesetz geht davon aus, daß in diesem Falle dem Inhaber der Versuch einer Vorlegung des Wechsels durch andere Mittel nicht zugemutet werden kann. (Begr.)

§ 2. Unbeschadet der Vorschrift des § 1 können die dort bezeichneten Fristen im Falle kriegerischer Ereignisse durch Kaiserliche Verordnung mit Zustimmung des Bundesrats für das gesamte Reichsgebiet oder für Teile des Reichsgebiets um einen bestimmten Zeitraum verlängert werden.

Diese Vorschrift findet auf die Schutzgebiete mit der Maßgabe Anwendung, daß es der Zustimmung des Bundesrats nicht bedarf.

1. Eine Verlängerung der im § 1 bezeichneten Fristen um bestimmte Zeiträume wird sich insbesondere empfehlen, soweit Teile des Reichs oder seiner Kolonien in derartiger Weise durch

Kriegsereignisse betroffen sind, daß dort in besonders starkem Maße allgemeine Verkehrsstockungen eintreten. Eine solche Verordnung wird Zweifel und Streitigkeiten darüber, ob höhere Gewalt die Vornahme von Wechselhandlungen verhindert hat, von vornherein abschneiden. Der Erlaß von Bestimmungen dieser Art wird von dem wechselnden Gange der kriegerischen Ereignisse und dem jeweiligen Bedürfnis abhängen. Da es sich um Entschließungen handelt, die mit Beschleunigung und möglicherweise auch in Zeiten, wo der Reichstag nicht versammelt ist, zu treffen sind, so ist es zweckmäßig, sie einer Kaiserlichen Verordnung vorzubehalten; für das Reichsgebiet verlangt das Gesetz außerdem die Zustimmung des Bundesrats. Die Verordnungen werden geeignetenfalls mit rückwirkender Kraft auszustatten sein. (Begr.)

2. Wie die Eingangsworte des § 2 ergeben, wird die Geltung der Vorschriften des § 1 durch eine gemäß § 2 erlassene Verordnung nicht berührt. Sollte es sich ereignen, daß die Fristverlängerung gemäß § 2 abgelaufen ist und dennoch die Voraussetzungen des § 1 in einem einzelnen Falle noch gegeben sind, so würde es dem zur Vornahme der Handlung Verpflichteten unbenommen sein, den Schutz des § 1 für sich in Anspruch zu nehmen. (Begr.)

§ 3. Der Bundesrat wird ermächtigt, während der Zeit des Krieges diejenigen gesetzlichen Maßnahmen anzuordnen, welche sich zur Abhilfe wirtschaftlicher Schädigungen als notwendig erweisen.

Diese Maßnahmen sind dem Reichstag bei seinem nächsten Zusammentritt zur Kenntnis zu bringen und auf sein Verlangen aufzuheben.

1. In den gegenwärtigen ernsten Zeiten ist es ferner erforderlich, über den Rahmen der Vorschriften in den §§ 1 und 2 hinaus die Möglichkeit zu schaffen, etwaigen wirtschaftlichen Schädigungen gegenüber unverzüglich entsprechende gesetzliche Maßnahmen ergreifen zu können. Hierzu bedarf es einer besonderen Ermächtigung des Bundesrats. Änderungen der sozialpolitischen und der Arbeiterschutzgesetze kommen dabei nicht in Betracht. (Begr.)

§ 4. Dieses Gesetz tritt mit seiner Verkündung in Kraft. Der Zeitpunkt, in dem das Gesetz außer Kraft tritt, wird durch Kaiserliche Verordnung mit Zustimmung des Bundesrats bestimmt.

1. Der vorliegende Entwurf will einem vorübergehenden dringenden Bedürfnis Rechnung tragen. Es rechtfertigt sich daher, das sofortige Inkrafttreten anzuordnen, anderseits aber für die Außerkraftsetzung im Falle des Wegfalls des Bedürfnisses Vorsorge zu treffen. (Begr.)

Zu diesem Gesetz ergingen sehr zahlreiche Bekanntmachungen, namentlich in Ausführung des § 3, der den Bundesrat zu wirtschaftlichen Maßnahmen weitgehender Art ermächtigt und allmählich von immer größerer Bedeutung geworden ist. Wir führen die Verordnungen im folgenden — nach zusammengehörigen Materien geordnet — auf*):

A. Verlängerung der Fristen des Wechsel- und Scheckrechts.

1. Bekanntmachung, betreffend Verlängerung der Fristen des Wechsel- und Scheckrechts.

Vom 6. August 1914 (RGBl. S. 357).

§ 1. Die Fristen für die Vornahme einer Handlung, deren es zur Ausübung oder Erhaltung des Wechselrechts oder des Regreßrechts aus dem Scheck bedarf, werden bis auf weiteres, soweit sie nicht am 31. Juli 1914 abgelaufen waren, um 30 Tage verlängert.

§ 2. Diese Vorschrift tritt mit dem Tage der Verkündung in Kraft.

---

*) Dabei lassen wir die jedesmal sich findende Einleitung, daß die Bestimmung auf Grund des genannten § 3 des Ges. v. 4. Aug. geschehe, und wie auch sonst die Unterschrift (meist: „Der Stellvertreter des Reichskanzlers. Delbrück.") fort.

2. Bekanntmachung, betreffend die Verlängerung der Fristen für wechsel- und scheckrechtliche Handlungen.

Vom 7. August 1914 (RGBl. S. 361).

Der Bundesrat hat beschlossen, daß die im § 1 Abs. 1 des genannten Gesetzes getroffene Vorschrift auch dann für anwendbar zu erachten ist, wenn die rechtzeitige Vornahme einer Handlung, deren es zur Ausübung oder Erhaltung der Rechte aus einem Wechsel oder einem Scheck bedarf, durch eine im Ausland erlassene gesetzliche Vorschrift verhindert wird.

3. Bekanntmachung, betreffend weitere Verlängerung der Fristen des Wechsel- und Scheckrechts.

Vom 29. August 1914 (RGBl. S. 387).

§ 1. An Stelle der im § 1 Abs. 1 des Gesetzes über die Ermächtigung des Bundesrats zu wirtschaftlichen Maßnahmen usw. vom 4. August 1914 (Reichs-Gesetzbl. S. 327) festgesetzten Frist von sechs Werktagen tritt eine Frist von zwei Wochen.

§ 2. Die Fristen für die Vornahme einer Handlung, deren es zur Ausübung oder Erhaltung des Wechselrechts oder des Regreßrechts aus dem Scheck bedarf, werden, soweit sie nicht am 31. Juli 1914 abgelaufen waren, für solche Wechsel oder Schecks, die in Elsaß-Lothringen, in der Preußischen Provinz Ostpreußen oder in Westpreußen in den Kreisen Marienburg, Elbing Stadt und Land, Stuhm, Marienwerder, Rosenberg, Graudenz Stadt und Land, Löbau, Kulm, Briesen, Strasburg, Thorn Stadt und Land zahlbar sind, im Anschluß an die in der Bekanntmachung vom 6. August 1914 (Reichs-Gesetzbl. S. 357) vorgesehene Verlängerung um weitere dreißig Tage verlängert.*)

§ 3. Die in der Bekanntmachung vom 6. August 1914 und im § 2 vorgesehene Fristverlängerung findet keine Anwendung

*) Dieser § 2 ist durch die Bek. v. 17. Dezbr. — s. unten — aufgehoben worden.

auf die Frist, innerhalb deren nach den gesetzlichen Vorschriften der Regreßpflichtige von der Nichtzahlung des Wechsels oder Schecks zu benachrichtigen ist.

§ 4. Diese Verordnung tritt mit dem Tage der Verkündung in Kraft.

4. Bekanntmachung, betreffend die Fristen des Wechsel- und Scheckrechts für Elsaß-Lothringen, Ostpreußen usw.

Vom 17. Dezember 1914 (RGBl. S. 519).

§ 1. Für solche Wechsel oder Schecks, die in Elsaß-Lothringen, in der Preußischen Provinz Ostpreußen oder in Westpreußen, in den Kreisen Marienburg, Elbing Stadt und Land, Stuhm, Marienwerder, Rosenberg, Graudenz Stadt und Land, Löbau, Culm, Briesen, Strasburg, Thorn Stadt und Land zahlbar sind, sowie für solche im Stadtkreis Danzig zahlbare gezogene Wechsel, die als Wohnort des Bezogenen einen Ort angeben, der in Ostpreußen oder in einem der bezeichneten westpreußischen Kreise gelegen ist, werden in Ansehung der Fristen für die Vornahme einer Handlung, deren es zur Ausübung oder Erhaltung des Wechselrechts oder des Regreßrechts aus dem Scheck bedarf, soweit die Fristen nicht am 31. Juli 1914 schon abgelaufen waren, die nachstehenden Bestimmungen getroffen:

I. Der § 2 der Bekanntmachung vom 29. August sowie die Bekanntmachungen *) vom 8. und 24. September, vom 22. Oktober und vom 23. November 1914 (Reichs-Gesetzbl. S. 387, 399, 413, 449, 482) werden aufgehoben.

II. Die Fristen laufen, soweit sich nicht aus anderen Vorschriften ein späterer Ablauf ergibt, zu dem im folgenden bezeichneten Zeitpunkt ab:

1. wenn der Zahlungstag des Wechsels oder der sonstige für den Beginn der Frist maßgebende Zeitpunkt vor dem 1. Januar 1915 eingetreten ist,

---

*) Diese Bekanntmachungen, auf deren Abdruck nunmehr hier verzichtet wird, verlängerten die Fristen jeweils, was vielfach zu einer Gesamtprotestfrist von über 180 Tagen gekommen wäre.

fünf Monate nach dem Beginne der Frist, jedoch frühestens mit dem 1. Februar 1915;

2. wenn der Zahlungstag des Wechsels oder der sonstige für den Beginn der Frist maßgebende Zeitpunkt am 1. Januar 1915 oder später eintritt,

mit dem 31. Mai 1915.

§ 2. Die Vorschriften dieser Verordnung finden keine Anwendung auf die Frist, innerhalb deren nach den gesetzlichen Vorschriften der Regreßpflichtige von der Nichtzahlung des Wechsels oder Schecks zu benachrichtigen ist.

§ 3. Diese Verordnung tritt mit dem Tage der Verkündung in Kraft.

B. Auslandswechsel-Moratorium und Ansprüche von Personen, die im Ausland ihren Wohnsitz haben.

1. Bekanntmachung über die Fälligkeit im Ausland ausgestellter Wechsel.

Vom 10. August 1914 (RGBl. S. 368).

§ 1. Die Fälligkeit aller Wechsel, die im Ausland vor dem 31. Juli 1914 ausgestellt worden und im Inland zahlbar sind, wird, falls sie nicht schon am 31. Juli 1914 verfallen waren, um 3 Monate hinausgeschoben.

Eine Verpflichtung zur Entrichtung des weiteren Wechselstempels nach § 3 Abs. 2 des Wechselstempelgesetzes wird durch diese Hinausschiebung der Fälligkeit nicht begründet.

§ 2. Diese Verordnung tritt mit dem Tage der Verkündung in Kraft.

2. Bekanntmachung, betreffend Auslandswechsel.

Vom 12. August 1914 (RGBl. S. 369).

§ 1. Bei Wechseln, deren Fälligkeit durch die Verordnung über die Fälligkeit im Ausland ausgestellter Wechsel vom 10. August

1914 (Reichs-Gesetzbl. S. 368) um drei Monate hinausgeschoben ist, erhöht sich die Wechselsumme um sechs Prozent jährlicher Zinsen für drei Monate.

§ 2. Für die im § 1 bezeichneten Wechsel bleibt bei Anwendung der Vorschriften des § 13 Nr. 2 und des § 17 des Bankgesetzes die durch die Verordnung vom 10. August 1914 angeordnete Hinausschiebung der Fälligkeit außer Betracht.*)

§ 3. Diese Verordnung tritt mit dem Tage der Verkündung in Kraft.

3. Bekanntmachung über die Fälligkeit im Ausland ausgestellter Wechsel.

Vom 22. Oktober 1914 (RGBl. S. 448).

§ 1. Die Fälligkeit von Wechseln, deren Fälligkeit durch die Bekanntmachung vom 10. August 1914 (Reichs-Gesetzbl. S. 368) um drei Monate hinausgeschoben ist, wird um weitere drei Monate hinausgeschoben. An die Stelle der in der Bekanntmachung vom 12. August 1914 (Reichs-Gesetzbl. S. 369) vorgesehenen Erhöhung der Wechselsumme um sechs Prozent jährlicher Zinsen für drei Monate tritt eine solche für sechs Monate.

Eine Verpflichtung zur Entrichtung des weiteren Wechselstempels nach § 3 Abs. 2 des Wechselstempelgesetzes wird durch die Hinausschiebung der Fälligkeit nicht begründet. Bei Anwendung der Vorschriften des § 13 Nr. 2 und des § 17 des Bankgesetzes bleibt die Hinausschiebung außer Betracht.

§ 2. Die Vorschriften dieser Verordnung finden keine Anwendung auf Wechsel, bei denen die Zeit der Vorlage zur Zahlung und der Protesterhebung durch die Bekanntmachung, betreffend Zahlungsverbot gegen England, vom 30. September 1914 (Reichs-Gesetzbl. S. 421) oder durch die Bekanntmachung, betreffend Zah-

*) D. h. die Abänderung der Verfallzeit soll der Bankfähigkeit der Wechsel, wenn sie sonst gegeben war, nicht weiter schaden; die Wechsel gelten trotz der Hinausschiebung der Fälligkeit als Dreimonatswechsel. (Sieskind, Prozeßrechtl. Schutz.)

ungsverbot gegen Frankreich, vom 20. Oktober 1914 (Reichs-Gesetzbl. S. 443) hinausgeschoben ist.

§ 3. Diese Verordnung tritt mit dem Tage der Verkündung in Kraft.

Über das in diesen Verordnungen festgesetzte Auslandswechsel-Moratorium machte die dem Reichstag vorgelegte Denkschrift (S. 23/24) folgende wichtige Ausführungen:

Maßgebend soll sein, daß der Wechsel im Ausland ausgestellt und im Inland zahlbar ist. Wegen der formalen Natur der Wechselverbindlichkeiten war es notwendig, den Kreis der betroffenen Wechsel nach Merkmalen zu bestimmen, die aus dem Wechsel selbst zu entnehmen sind; anderenfalls würde der Inhaber des Wechsels vielfach im ungewissen darüber sein, wann er den Protest zu erheben hätte, und ebenso würde für die Regreßpflichtigen die Unklarheit daruber, ob der Protest rechtzeitig erhoben ist, zu Schwierigkeiten führen. Es war daher insbesondere nicht möglich, etwa den Umstand, ob dem Wechsel eine Warenlieferung aus dem Auslande zugrunde liegt, für ausschlaggebend zu erklären. Daß bei dem gewählten Merkmal unter Umständen Wechsel, die zur Deckung von Warenlieferungen aus dem Auslande bestimmt waren, von dem Fälligkeitsaufschub nicht getroffen werden, sofern sie nämlich einen inländischen Ausstellungsort aufweisen, ließ sich nicht vermeiden; ebenso mußte es im Interesse der Gesamtheit in Kauf genommen werden, daß umgekehrt auch inländischen Verkäufern der Fälligkeitsaufschub entgegengehalten werden kann, wenn etwa der zur Deckung der Kaufforderung bestimmte Wechsel im Ausland ausgestellt worden ist. Damit dem Inhaber eines unter den Zahlungsaufschub fallenden Wechsels bei der Diskontierung aus den gesetzlichen Vorschriften keine Schwierigkeiten entstehen, ist ausdrücklich bestimmt, daß die Reichsbank und die Privatnotenbanken, die im allgemeinen nur Wechsel mit einer höchstens dreimonatlichen Laufzeit erwerben und zur Deckung ihrer Noten benutzen dürfen, befugt sind, die Wechsel trotz der verlängerten Verfallzeit zu diskontieren und zur Notendeckung zu verwenden (§ 2 der Bekanntmachung vom 12. August). — Dieses Wechselmoratorium hat sich im allgemeinen als recht segensreich erwiesen. Indessen läßt sich nicht verkennen, daß die gesetzliche Hinausschiebung der Fälligkeit um längere Fristen, in Verbindung damit, daß die Wechselsumme sich um 6 Prozent Zinsen bis zur neuen Verfallzeit erhöht, unter Umständen auch nachteilige Wirkungen erzeugt. Der Wechselschuldner, der zur ursprünglichen Verfallzeit zahlen kann, und zur Vermeidung des Anschwellens der Wechselsumme auch zahlen will, vermag die vorzeitige Einlösung nur zu bewirken, wenn der Gläubiger hiermit einverstanden ist. Zur vorzeitigen Annahme der Zahlung sind aber die Gläubiger vielfach nicht bereit, weil sie auf die weitere Verzinsung der Wechselanlage zu 6 Prozent nicht verzichten wollen. Die Reichsbankverwaltung hat es als ihre Pflicht angesehen, sich auf einen dem Schuldner günstigen Standpunkt zu stellen. Sie hat daher bereits kurz nach dem Inkrafttreten der Bekanntmachungen vom 10. und 12. August 1914 die Reichsbankanstalten angewiesen, die Einlösung von Auslandswechseln jederzeit vor dem hinausgeschobenen Fälligkeitstermin unter Abzug einer 6 prozentigen Zinsvergütung für die Zeit vom Einlösungstage bis zum neuen Verfalltag entgegenzunehmen. Da die Schuldner vielfach nicht wissen, wer den Wechsel besitzt, haben die Reichsbankanstalten neuerdings Anweisung erhalten, die Schuldner der im Ausland ausgestellten, im Inland zahlbaren Wechsel zu benachrichtigen, daß die Reichsbank die betreffenden Wechsel in der Hand hat und bereit ist, die Einlösung jederzeit vor dem durch die Verordnung vom 22. Oktober 1914 hinausgeschobenen Fälligkeitstermin unter der vorerwähnten Bedingung anzunehmen. Es darf gehofft werden, daß diese Maßnahme den von allen Seiten für notwendig erachteten allmählichen Abbau des Moratoriums wesentlich fördern wird.

4. Bekanntmachung über die Geltendmachung von Ansprüchen von Personen, die im Ausland ihren Wohnsitz haben.

Vom 7. August 1914 (RGBl. S. 360).

§ 1. Personen, die im Ausland ihren Wohnsitz haben, sowie juristische Personen, die im Ausland ihren Sitz haben, können vermögensrechtliche Ansprüche, die vor dem 31. Juli 1914 entstanden sind, bis zum 31. Oktober 1914 vor inländischen Gerichten nicht geltend machen. Ist ein Anspruch vor dem Inkrafttreten dieser Vorschrift bereits rechtshängig geworden, so wird das Verfahren bis zum 31. Oktober 1914 unterbrochen.

Der Reichskanzler ist ermächtigt, Ausnahmen von diesen Vorschriften zuzulassen. Er kann aus Gründen der Vergeltung die Vorschriften auf Angehörige und juristische Personen eines ausländischen Staates ohne Rücksicht auf den Wohnsitz oder Sitz für anwendbar erklären.

§ 2. Die Vorschriften des § 1 Abs. 1 finden keine Anwendung auf Ansprüche, die im Betriebe der von den dort bezeichneten physischen oder juristischen Personen im Inland unterhaltenen gewerblichen Niederlassungen entstanden sind.

Der Reichskanzler ist ermächtigt, aus Gründen der Vergeltung die Vorschriften auf Ansprüche der im Abs. 1 bezeichneten Art auszudehnen.

§ 3. Die in den §§ 1, 2 vorgesehene Beschränkung in der Geltendmachung von Ansprüchen, mit Einschluß der Unterbrechung des Verfahrens, gilt auch für die Rechtsnachfolger der von der Beschränkung betroffenen Personen, sofern nicht die Ansprüche vor dem 31. Juli 1914 auf sie übergegangen sind.

§ 4. Diese Verordnung tritt mit dem Tage der Verkündung in Kraft.

5. Bekanntmachung

vom 22. Oktober 1914 (RGBl. S. 449)

dehnt die vorige (Nr. 4 v. 7. Aug.) in der Weise aus, daß an die Stelle des 31. Oktober 1914 der 31. Januar 1915 tritt.

C. Bewilligung von Zahlungsfristen (Individuelles Moratorium).

1. Bekanntmachung über die gerichtliche Bewilligung von Zahlungsfristen.

Vom 7. August 1914 (RGBl. S. 359).

§ 1. In bürgerlichen Rechtsstreitigkeiten, die bei den ordentlichen Gerichten anhängig sind oder anhängig werden, kann das Prozeßgericht auf Antrag des Beklagten eine mit der Verkündung des Urteils beginnende Zahlungsfrist von längstens drei Monaten in dem Urteil bestimmen. Die Bestimmung ist zulässig, wenn die Lage des Beklagten sie rechtfertigt und die Zahlungsfrist dem Kläger nicht einen unverhältnismäßigen Nachteil bringt. Sie kann für den Gesamtbetrag oder einen Teilbetrag der Forderung erfolgen und von der Leistung einer nach freiem Ermessen des Gerichts zu bestimmenden Sicherheit abhängig gemacht werden.

Der Antrag ist nur zulässig, wenn Gegenstand des Rechtsstreits eine vor dem 31. Juli 1914 entstandene Geldforderung ist. Die tatsächlichen Behauptungen, die den Antrag begründen, sind glaubhaft zu machen.

Der Zinsenlauf wird durch die Bestimmung der Zahlungsfrist nicht berührt.*)

§ 2. Der Schuldner ist befugt, unter Anerkennung der Forderung des Gläubigers diesen vor das Amtsgericht, vor dem der Gläubiger seinen allgemeinen Gerichtsstand hat, zur Verhandlung über die Bestimmung einer Zahlungsfrist zu laden. In dem auf Antrag des Gläubigers zu erlassenden Anerkenntnisurteil ist zugleich über die Bestimmung einer Zahlungsfrist zu erkennen. Die Vorschriften des § 1 sind entsprechend anzuwenden.

§ 3. Das Vollstreckungsgericht kann die Vollstreckung in das Vermögen des Schuldners auf dessen Antrag für die Dauer von

*) Über die Folgen der nicht rechtzeitigen Zahlung einer Geldforderung ist eine Verordnung v. 18. Aug. ergangen — siehe die folgende Bekanntmachung.

längstens drei Monaten einstellen. Die Frist beginnt mit der Bekanntmachung des Beschlusses an den Schuldner. Die Vorschriften des § 1 Abs. 1 Satz 2, 3, Abs. 2 sind entsprechend anzuwenden.

Ist eine Zahlungsfrist bereits nach den §§ 1, 2 bestimmt worden, so findet § 3 Abs. 1 keine Anwendung.

§ 4. Wird ein Rechtsstreit durch einen vor Gericht abgeschlossenen oder dem Gerichte mitgeteilten Vergleich erledigt, so werden die Gerichtsgebühren nur zur Hälfte erhoben; übersteigt der Streitgegenstand nicht einhundert Mark, so werden Gerichtsgebühren nicht erhoben.

Das gleiche gilt, wenn ein Anerkenntnisurteil nach § 2 ergeht.

§ 5. Diese Verordnung tritt mit dem Tage der Verkündung in Kraft.

2. Bekanntmachung über die Folgen der nicht rechtzeitigen Zahlung einer Geldforderung.

Vom 18. August 1914 (RGBl. S. 377).

§ 1. In bürgerlichen Rechtsstreitigkeiten, die bei den ordentlichen Gerichten anhängig sind oder anhängig werden, kann das Prozeßgericht — unbeschadet der Befugnis, gemäß der Bekanntmachung vom 7. August 1914 (Reichs-Gesetzbl. S. 359) Zahlungsfristen zu bewilligen — auf Antrag des Schuldners im Urteil anordnen, daß die besonderen Rechtsfolgen, die wegen der Nichtzahlung oder der nicht rechtzeitigen Zahlung einer vor dem 31. Juli 1914 entstandenen Geldforderung nach Gesetz oder Vertrag eingetreten sind oder eintreten (Verpflichtung zur Räumung wegen Nichtzahlung des Mietzinses, Fälligkeit des Kapitals wegen Nichtzahlung von Zinsen usw.), als nicht eingetreten gelten; das Gericht kann auch anordnen, daß die Folgen nur unter einer Bedingung, insbesondere erst nach dem fruchtlosen Ablauf einer auf höchstens drei Monate zu bemessenden Frist, eintreten.

Die Anordnungen sind unzulässig, wenn die Rechtsfolgen am 31. Juli 1914 bereits eingetreten waren.

Die Vorschriften des § 1 Abs. 1 Satz 2, 3, Abs. 2 Satz 2 sowie die Vorschriften des § 2 der Bekanntmachung vom 7. August 1914 (Reichs-Gesetzbl. S. 359)*) gelten entsprechend.

§ 2. Die Kosten des Prozesses können der obsiegenden Partei ganz oder teilweise auferlegt werden, wenn sie auf Grund einer gemäß § 1 getroffenen Anordnung obsiegt.

§ 3. Hat der Gläubiger für seine Forderung einen vollstreckbaren Titel, so kann der Schuldner den Antrag, die Rechtsfolgen der Nichtzahlung oder der nicht rechtzeitigen Zahlung zu beseitigen (§ 1), durch Einwendung gegen die Zulässigkeit der Vollstreckungsklausel (§ 732 der Zivilprozeßordnung) geltend machen. Diese Bestimmung findet keine Anwendung, wenn bereits eine Anordnung nach § 1 getroffen worden ist.

§ 4. Diese Verordnung tritt mit dem Tage der Verkündung in Kraft.

3. Bekanntmachung, betreffend die Bewilligung von Zahlungsfristen bei Hypotheken und Grundschulden.

Vom 22. Dezember 1914 (RGBl. S. 543).

§ 1. Die Zahlungsfrist gemäß §§ 1, 2 der Verordnung vom 7. August 1914 (Reichs-Gesetzbl. S. 359)*) kann bis zu sechs Monaten bestimmt werden, wenn der Rechtsstreit die Zahlung des Kapitals einer Hypothek oder einer Grundschuld oder der Ablösungssumme einer Rentenschuld betrifft.

§ 2. Die Einstellung der Zwangsvollstreckung (§ 3 der Verordnung vom 7. August 1914) wegen der im § 1 bezeichneten Ansprüche kann für die Dauer von längstens sechs Monaten erfolgen.

War vor dem Inkrafttreten dieser Verordnung vom Prozeßgericht oder vom Amtsgericht eine Zahlungsfrist bestimmt, so kann die Vollstreckung auf die Dauer von längstens sechs Monaten

*) Siehe oben S. 126.

eingestellt werden; war die Vollstreckung vor dem Inkrafttreten dieser Verordnung eingestellt, so kann sie nochmals auf die Dauer von längstens sechs Monaten eingestellt werden.

§ 3. Diese Verordnung tritt mit dem Tage der Verkündigung in Kraft.

D. Konkursverfahren und Zwangsversteigerung.

Die betreffenden Bekanntmachungen sind oben im ersten Teil bei III S. 53 ff. abgedruckt.

E. Patent-, Gebrauchsmuster- und Warenzeichenrecht.

1. Bekanntmachung,
betreffend vorübergehende Erleichterungen auf dem Gebiete des Patent-, Gebrauchsmuster- und Warenzeichenrechts.

Vom 10. September 1914 (RGBl. S. 403).

§ 1. Das Patentamt kann bis auf weiteres einem Patentinhaber, der infolge des Krieges außerstand gesetzt worden ist, die nach § 8 Abs. 2 des Patentgesetzes vom 7. April 1891 (Reichs-Gesetzbl. S. 79) fällige Jahresgebühr zu zahlen, auf Antrag die Gebühr bis zum Ablauf von längstens neun Monaten vom Beginne des laufenden Patentjahrs an stunden und die Zuschlagsgebühr (§ 8 Abs. 3 a. a. O.) erlassen. Die Entscheidung des Patentamts ist unanfechtbar.*)

Für Patente, die am 31. Juli 1914 noch nicht erloschen waren, ist die Stundung auch dann zulässig, wenn sie nach Ablauf der gesetzlichen Zahlungsfristen (§ 8 Abs. 3 a. a. O.) beantragt ist.

---

*) „Unter den gegenwärtigen Verhältnissen, wo die erforderlichen Barmittel vielfach nicht zur Verfügung stehen und der Fabrikationsbetrieb Störungen ausgesetzt ist, erwächst daraus die Gefahr, daß Patente verfallen, die bei regelmäßigem Verlaufe der Dinge nicht aufgegeben worden wären und dem Inhaber wirtschaftlichen Nutzen, der Reichskasse aber weitere Einnahmen hätten zuführen können. Deshalb ist dem Patentamt die Befugnis erteilt, die

§ 2. Wer durch den Kriegszustand verhindert worden ist, dem Patentamt gegenüber eine Frist einzuhalten, deren Versäumung nach gesetzlicher Vorschrift einen Rechtsnachteil zur Folge hat, ist auf Antrag wieder in den vorigen Stand einzusetzen. Die Wiedereinsetzung muß innerhalb einer Frist von zwei Monaten beantragt werden; im übrigen sind die Bestimmungen der §§ 233 ff. der Zivilprozeßordnung *) entsprechend anzuwenden.

§ 3. Die Vorschriften der §§ 1, 2 finden zugunsten von Angehörigen ausländischer Staaten nur dann Anwendung, wenn in diesen Staaten nach einer im Reichs-Gesetzblatt enthaltenen Bekanntmachung den deutschen Reichsangehörigen gleichartige Erleichterungen gewährt werden.**)

§ 4. Diese Verordnung tritt mit dem Tage der Verkündung in Kraft.

In der

2. Bekanntmachung, betreffend Erleichterungen auf dem Gebiete des Patent-, Gebrauchsmuster- und Warenzeichenrechts in ausländischen Staaten,*)**

vom 21. Oktober 1914 (RGBl. S. 450),

wird bekannt gemacht, daß in Dänemark, Italien, Norwegen, in der Schweiz, in Spanien und den Vereinigten Staaten von Amerika deutschen Reichsangehörigen gleichartige Erleichterungen gewährt werden.

Jahresgebühren für Patente, die bei Ausbruch des Krieges noch nicht erloschen waren, bis zum Ablauf von 9 Monaten nach Beginn des Patentjahres zu stunden, auch wenn die gesetzliche Zahlungsfrist bereits abgelaufen ist. Die Entscheidung über den Stundungsantrag ist der Beschwerde entzogen, um das Verfahren zu beschleunigen und eine zu starke Belastung des durch den Krieg in seinem Personalbestand außerordentlich beschränkten Patentamts zu vermeiden." (Denkschr. S. 22.)

*) in denen die „Wiedereinsetzung in den vorigen Stand" geregelt wird.

**) Siehe die folgende Bekanntmachung.

***) Vgl. auch die Bek. betr. Zulassung von Zahlungen nach England behufs Erlangung, Erhaltung oder Verlängerung des Patent-, Muster- oder Warenzeichenschutzes, unten S. 134.

F. Zahlungsverbote gegen das feindliche Ausland und Überwachung ausländischer Unternehmungen.

1. Bekanntmachung, betreffend Zahlungsverbot gegen England.

Vom 30. September 1914 (RGBl. S. 421).

§ 1. Es ist bis auf weiteres verboten, Zahlungen nach Großbritannien und Irland oder den britischen Kolonien und auswärtigen Besitzungen mittelbar oder unmittelbar in bar, in Wechseln oder Schecks, durch Überweisung oder in sonstiger Weise zu leisten, sowie Geld oder Wertpapiere mittelbar oder unmittelbar nach den bezeichneten Gebieten abzuführen oder zu überweisen.*)

Leistungen zur Unterstützung von Deutschen bleiben gestattet.

§ 2. Schon entstandene oder noch entstehende vermögensrechtliche Ansprüche solcher natürlicher oder juristischer Personen, die in den im § 1 bezeichneten Gebieten ihren Wohnsitz oder Sitz haben, gelten vom 31. Juli 1914 an, oder wenn sie erst an einem späteren Tage zu erfüllen sind, von diesem Tage an bis auf weiteres als gestundet. Für die Dauer der Stundung können Zinsen

---

*) Ein bloßes materiellrechtliches Gegenmoratorium, eine bloße Inschutznahme des deutschen Schuldners würde zweifellos eine genügende Vergeltungsmaßnahme gegen England nicht darstellen. Eine solche Maßnahme würde auch allen den Schuldnern, welche tatsächlich in ihrer Existenz abhängig sind von englischem Kapital, von englischen Agenten, keinen genügenden Schutz gegen diese gewähren. Es würde ferner, solange Zahlung nach England geleistet werden darf, eine gewisse Unsicherheit, wie man sich hinsichtlich der Zahlungsverpflichtungen zu verhalten habe, ähnlich wie unter dem jetzigen prozessualen Gegenmoratorium, auch weiterhin bestehen bleiben, und gerade diese Unklarheit der Verhältnisse wird von den Agenten der englischen Gläubiger auf das rücksichtsloseste ausgebeutet.

Nur ein Zahlungs*verbot*, auf das sich der deutsche Kaufmann, der deutsche Schuldner berufen kann, versetzt ihn in die richtige Stellung gegenüber seinem englischen Gläubiger oder dessen Agenten. . . . .

Selbstverständlich läßt dieses Zahlungsverbot das Recht des Gläubigers als solches bestehen, die Schulden sind nicht erlassen, sondern nur bis auf weiteres gestundet. (Nordd. Allg. Ztg. Nr. 238 v. 1. Okt. 1914.)

nicht gefordert werden. Rechtsfolgen, die sich nach den bestehenden Vorschriften in der Zeit vom 31. Juli 1914 bis zum Inkrafttreten dieser Verordnung aus der Nichterfüllung ergeben haben, gelten als nicht eingetreten.

Die Stundung wirkt auch gegen jeden Erwerber des Anspruchs, es sei denn, daß der Erwerb vor dem 31. Juli 1914, oder, wenn der Erwerber im Inland seinen Wohnsitz oder Sitz hat, vor dem Inkrafttreten dieser Verordnung stattgefunden hat.*) Dem Erwerber des Anspruchs steht gleich, wer durch dessen Erfüllung einen Erstattungsanspruch erlangt hat.

§ 3. Der Schuldner kann sich dadurch befreien, daß er die geschuldeten Beträge oder Wertpapiere bei der Reichsbank für Rechnung des Berechtigten hinterlegt.

§ 4. Bei Wechseln, bei denen zur Zeit des Inkrafttretens dieser Verordnung die Frist für die Vorlage zur Zahlung und für die Protesterhebung wegen Nichtzahlung noch nicht abgelaufen und Protest noch nicht erhoben ist, wird durch das Zahlungsverbot und die Stundung die Zeit, zu der die Vorlage zur Zahlung und die Protesterhebung wegen Nichtzahlung zulässig und erforderlich ist, bis nach dem Außerkrafttreten dieser Verordnung hinausgeschoben. Die Frist, innerhalb deren die Vorlage und die Protesterhebung nach dem Außerkrafttreten zu erfolgen hat, bestimmt der Reichskanzler.

Die Vorschriften des Abs. 1 finden entsprechende Anwendung auf Schecks, bei denen die Zeit, innerhalb deren sie zur Zahlung vorzulegen sind, bei dem Inkrafttreten dieser Verordnung noch nicht abgelaufen ist.

Eine Verpflichtung zur Entrichtung des weiteren Wechselstempels nach § 3 Abs. 2 des Wechselstempelgesetzes wird durch das Zahlungsverbot und die Stundung nicht begründet.

§ 5. Die Vorschriften der §§ 1 bis 4 finden keine Anwendung, wenn es sich um eine im Inland erfolgende Erfüllung von Ansprüchen handelt, die für die im § 2 bezeichneten natürlichen oder

---

*) Die Beweislast für den Zeitpunkt des Erwerbs trifft den Erwerber.

juristischen Personen im Betrieb ihrer im Inland unterhaltenen Niederlassungen entstanden sind.*) Die Vorschriften der §§ 2, 3 finden jedoch Anwendung, wenn es sich um Rückgriffsansprüche der bezeichneten Personen wegen der Nichtannahme oder Nichtzahlung eines im Ausland zahlbaren Wechsels handelt.**)

§ 6. Mit Gefängnis bis zu 3 Jahren und mit Geldstrafe bis zu 50000 Mark oder mit einer dieser Strafen wird, sofern nicht nach anderen Strafgesetzen eine höhere Strafe verwirkt ist,***) bestraft

1. wer wissentlich der Vorschrift des § 1 zuwiderhandelt;
2. wer wissentlich einem deutschen Ausfuhrverbote zuwider Waren nach den im § 1 bezeichneten Gebieten mittelbar oder unmittelbar ausführt;
3. wer wissentlich Waren, für die in Deutschland ein Ausfuhrverbot besteht, aus einem anderen Lande nach dem im § 1

*) Die Niederlassungen dürfen ihrerseits selbstverständlich das gezahlte Geld nicht nach England abführen. Vgl. Bek. v. 4. Sept. S. 139 unten Nr. 7. Scharf zu trennen von den erwähnten Fällen sind diejenigen, bei denen es sich um eine Agententätigkeit im Auftrage von Gläubigern in England handelt. Die Forderungen, die solche Personen einzuziehen versuchen, sind nicht im Betriebe der hiesigen Niederlassungen entstanden. Sie fallen daher unter das Verbot, d. h. es darf nicht an den Agenten des englischen Gläubigers gezahlt werden, weil dies eine mittelbare Zahlung nach England bedeuten würde, und der Agent selbst darf sein Geld nicht nach England abführen. (Nordd. Allg. Ztg. Nr. 238 v. 1. Okt. 1914.)

**) Eine besondere Vorschrift ist mit Rücksicht auf die überseeischen Geschäfte deutscher Kaufleute getroffen. Infolge der kriegerischen Ereignisse, z. B. infolge der Beschlagnahme von Waren, der Schließung deutscher Geschäftsfilialen im Ausland, ist es leicht möglich, daß Wechsel, die auf ausländische Kunden oder sonst auf das Ausland gezogen sind, gegenwärtig nicht zur Einlösung gelangen. In solchen Fällen sollen auch die in Deutschland befindlichen Niederlassungen englischer Gesellschaften bis auf weiteres nicht berechtigt sein, wegen der Nichteinlösung der Wechsel Rückgriffsansprüche wechselrechtlicher oder zivilrechtlicher Art in Deutschland geltend zu machen. (Nordd. Allg. Ztg. Nr. 238 v. 1. Okt. 1914.)

***) z. B. wegen Landesverrats.

bezeichneten Gebieten mittelbar oder unmittelbar abführt oder überweist.

Der Versuch ist strafbar.

§ 7. Der Reichskanzler kann Ausnahmen von dem Verbote des § 1*) und des § 6 Abs. 1 Nr. 3 zulassen.

Er kann im Wege der Vergeltung die Vorschriften dieser Verordnung auch auf andere feindliche Staaten für anwendbar erklären.

§ 8. Diese Verordnung tritt mit dem Tage der Verkündung, der § 6 jedoch erst mit dem 5. Oktober 1914 in Kraft.

Der Reichskanzler bestimmt, wann und in welchem Umfang diese Verordnung außer Kraft tritt.

2. Bekanntmachung, betreffend Zulassung gewisser Zahlungen an England.

Vom 13. Oktober 1914.

(Deutscher Reichsanzeiger Nr. 242 vom 14. Okt. 1914.)

Auf Grund des § 7 der Verordnung des Bundesrats, betreffend Zahlungsverbot gegen England, vom 30. September 1914 (Reichs-Gesetzbl. 421) werden Zahlungen, die zum Erlangen, Erhalten oder Verlängern des Patent-, Muster- oder Warenzeichenschutzes erforderlich sind, bis auf weiteres zugelassen.

In gleicher Weise durch

3. Bekanntmachung vom 16. Dezember 1914
(Deutscher Reichsanzeiger Nr. 295 vom 16. Dezbr. 1914)
auf solche Zahlungen nach Frankreich und Rußland ausgedehnt.

4. Bekanntmachung, betreffend Zahlungsverbot gegen Frankreich.

Vom 20. Oktober 1914 (RGBl. S. 443).

Auf Grund des § 7 Abs. 2 der Verordnung, betreffend Zahlungsverbot gegen England, vom 30. September 1914 (Reichs-Gesetzbl. S. 421) wird folgendes bestimmt:

---

*) siehe die folgende Bekanntmachung.

Art. 1. Die Vorschriften der Verordnung vom 30. September 1914 werden im Wege der Vergeltung auch auf Frankreich und die französischen Kolonien und auswärtigen Besitzungen für anwendbar erklärt.

Die Anwendung unterliegt folgenden Einschränkungen:

1. Für die Frage, ob die Stundung gegen den Erwerber wirkt oder nicht (§ 2 Abs. 2 der Verordnung), kommt es ohne Rücksicht auf den Wohnsitz oder Sitz des Erwerbers nur darauf an, ob der Erwerb nach dem Inkrafttreten dieser Bekanntmachung oder vorher stattgefunden hat.
2. Soweit in der Verordnung vom 30. September 1914 auf den Zeitpunkt ihres Inkrafttretens verwiesen wird, tritt der Zeitpunkt des Inkrafttretens dieser Bekanntmachung an die Stelle.

Art. 2. Diese Bekanntmachung tritt mit dem Tage der Verkündung, hinsichtlich der Strafbestimmungen des § 6 der Verordnung vom 30. September 1914 jedoch erst mit dem 25. Oktober 1914 in Kraft.

Über die Tragweite der Verordnung über das Zahlungsverbot gegen Frankreich, die in ähnlicher Weise auch für das Zahlungsverbot gegen Rußland (s. unten Nr. 5) zutrifft, und über die Abweichungen von den gegen England gerichteten Bestimmungen äußerte sich die Nordd. Allg. Ztg. Nr. 259 vom 22. Oktober 1914 u. a. wie folgt:

Es ist zufolge des § 1 der Verordnung vom 30. September bis auf weiteres bei strenger Strafe namentlich verboten, mittelbar oder unmittelbar Zahlungen nach Frankreich oder nach den Kolonien und auswärtigen Besitzungen Frankreichs zu leisten. Gemäß § 2 der Verordnung gelten ferner die schon entstandenen oder noch entstehenden vermögensrechtlichen Ansprüche solcher natürlichen oder juristischen Personen, die in Frankreich oder dessen überseeischen Gebieten ihren Wohnsitz oder Sitz haben, bis auf weiteres als zinslos gestundet, vorbehaltlich der Ausnahmen, die nach § 5 der Verordnung für die in Deutschland unterhaltenen

Niederlassungen französischer Unternehmungen Platz greifen. Ebenso wie im Verhältnisse zu England werden gegenüber Frankreich von dieser Stundung auch Wechselforderungen ergriffen und zwar nach § 4 der Verordnung mit der Wirkung, daß auch die Protesterhebung bis nach Beendigung des Krieges hinausgeschoben wird. Die Stundung kann auch nicht dadurch beseitigt werden, daß der in Frankreich ansässige Gläubiger seinen Anspruch an eine im neutralen Ausland oder in Deutschland wohnende Person veräußert, insbesondere der Wechselgläubiger den Wechsel an eine solche Person indossiert. In dieser Hinsicht sind indessen die Vorschriften der Verordnung über das Zahlungsverbot gegen England auf Frankreich nicht im vollen Umfang für anwendbar erklärt worden. England gegenüber ist bestimmt, daß die Stundung auch gegen jeden Erwerber des Anspruchs wirkt, es sei denn, daß der Erwerb vor dem 31. Juli 1914, oder wenn der Erwerber in Deutschland seinen Wohnsitz oder Sitz hat, vor dem Inkrafttreten der Verordnung (dem 30. September 1914) stattgefunden hat. Hat also eine Londoner Firma einen ihr gehörigen Wechsel im Laufe des August an eine Kopenhagener Firma indossiert, so greift auch diesem Indossatar gegenüber die Stundung durch. Frankreich gegenüber ist von der Unterscheidung zwischen einem Erwerber im Inland und einem Erwerber im Ausland abgesehen worden. Maßgebend hierfür war die Erwägung, daß es eine erhebliche Zahl von Wechseln gibt, die von Deutschland auf Deutschland gezogen und sodann nach Frankreich giriert sind. Wenn die Forderungen aus solchen Wechseln bis nach Beendigung des Krieges gestundet werden, so hat das für den deutschen Aussteller den Nachteil, daß auch er länger regreßpflichtig bleibt. Dieser Nachteil läßt sich, ohne daß die Zwecke, die das Zahlungsverbot gegen Frankreich verfolgt, gefährdet werden, für einen sehr großen Teil der in Betracht kommenden Wechsel vermeiden, wenn die Stundung nicht Platz greift, falls der Wechsel schon vor dem Inkrafttreten der Bekanntmachung des Reichskanzlers in das neutrale Ausland weiter giriert war. . . . . Hat z. B. eine Pariser Firma einen Wechsel auf Deutschland im August an eine Züricher

Firma giriert, so steht dem deutschen Akzeptanten die Stundung nicht zur Seite. Die Stundung greift auch dann nicht Platz, wenn die Züricher Firma den Wechsel an eine Berliner Bank weiter begeben hat; es ist auch unerheblich, ob die Begebung an die Berliner Bank vor oder nach dem Inkrafttreten der Bekanntmachung stattgefunden hat; vielmehr kann es nach dem Zwecke der Vorschriften nur darauf ankommen, ob der erste Übergang aus französischer Hand in eine sei es neutrale, sei es deutsche Hand vor dem Inkrafttreten der Bekanntmachung erfolgt ist. Dabei trifft aber die Beweislast für den Zeitpunkt des Erwerbs — ebenso wie nach der Verordnung über das Zahlungsverbot gegen England — den Wechselinhaber. Wer einen Wechsel erwirbt, der das Giro einer in Frankreich ansässigen Firma trägt, wird sich daher den Beweis sichern müssen, daß der Wechsel von dieser Firma schon vor dem Inkrafttreten der Bekanntmachung weiterbegeben ist. Beruft sich ein Wechselschuldner für die Verweigerung der Zahlung zu Unrecht auf die Vorschriften der Bekanntmachung, so muß der Wechselinhaber den Wechsel zur Wahrung seiner Regreßrechte alsbald zum Protest bringen.

5. Bekanntmachung, betreffend Zahlungsverbot gegen Rußland.

Vom 19. November 1914 (RGBl. S. 479).

Wörtlich übereinstimmend mit Nr. 4 (gegen Frankreich). Nur statt der Worte Frankreich bis Besitzungen: Rußland und Finnland, und in Art. 2 statt 25. Okt. 25. November.

6. Bekanntmachung, betreffend die Zahlungsverbote gegen England, Frankreich und Rußland.

Vom 20. Dezember 1914 (RGBl. S. 550).

Auf Grund des § 7 Abs. 1 der Verordnung, betreffend Zahlungsverbot gegen England, vom 30. September 1914 und des Artikel 1 der Bekanntmachungen, betreffend Zahlungsverbot gegen Frankreich und gegen Rußland, vom 20. Oktober und vom 19. November 1914 wird folgendes bestimmt:

Die gegen England, Frankreich und Rußland erlassenen Zahlungsverbote (§ 1 der Verordnung vom 30. September 1914, Reichs-Gesetzbl. S. 421; Artikel 1 der Bekanntmachungen vom 20. Oktober und vom 19. November 1914, Reichs-Gesetzbl. S. 443 und 479, in Verbindung mit § 1 der genannten Verordnung) gelten nicht für Zahlungen aus einem Schuldverhältnisse gegenüber einem im feindlichen Ausland ansässigen Unternehmen, sofern die Zahlung an einen Deutschen erfolgt, der Inhaber oder Teilhaber des Unternehmens ist und anläßlich des Krieges das feindliche Ausland verlassen hat.

7. Bekanntmachung, betreffend die Ueberwachung ausländischer Unternehmungen.

Vom 4. September 1914 (RGBl. S. 397).

§ 1. Die Landeszentralbehörden können unter Zustimmung des Reichskanzlers im Wege der Vergeltung für solche innerhalb ihres Gebietes ansässigen Unternehmungen oder Zweigniederlassungen von Unternehmungen, welche vom feindlichen Ausland aus geleitet oder beaufsichtigt werden, oder deren Erträgnisse ganz oder zum Teil in das feindliche Ausland abzuführen sind, auf Kosten der Unternehmungen Aufsichtspersonen bestellen, die unter Wahrung der Eigentums- und sonstigen Privatrechte des Unternehmens darüber zu wachen haben, daß während des Krieges der Geschäftsbetrieb nicht in einer den deutschen Interessen widerstreitenden Weise geführt wird.

Auf Versicherungsunternehmungen finden die Vorschriften dieser Verordnung mit der Maßgabe Anwendung, daß die Überwachung auf Anordnung des Reichskanzlers durch das Aufsichtsamt für Privatversicherung veranlaßt wird.

§ 2. Die Aufsichtspersonen sind insbesondere befugt:

1. geschäftliche Maßnahmen jeder Art, insbesondere Verfügungen über Vermögenswerte und Mitteilungen über geschäftliche Angelegenheiten, zu untersagen,

2. die Bücher und Schriften des Unternehmens einzusehen sowie den Bestand der Kasse und die Bestände an Wertpapieren und Waren zu untersuchen,

3. Auskunft über alle Geschäftsangelegenheiten zu verlangen.

§ 3. Die Leiter und Angestellten der Unternehmungen haben den zum Zwecke der Überwachung des Unternehmens von den Aufsichtspersonen getroffenen Anordnungen und Weisungen Folge zu leisten.

§ 4. Gelder oder sonstige Vermögenswerte eines unter Aufsicht gestellten Unternehmens dürfen weder mittelbar noch unmittelbar in das feindliche Ausland abgeführt oder überwiesen werden.

Die Aufsichtspersonen können Ausnahmen zulassen. Sie können in geeigneten Fällen anordnen, daß Geld oder Wertpapiere, deren Abführung oder Überweisung nach Abs. 1 nicht erfolgen darf, zugunsten der Berechtigten bei der Reichsbank hinterlegt werden.

§ 5. Wer als Leiter oder Angestellter eines Unternehmens den Vorschriften der §§ 3 oder 4 vorsätzlich zuwiderhandelt, wird, sofern nicht nach anderen Strafgesetzen eine höhere Strafe verwirkt ist, mit Geldstrafe bis zu 50 000 Mark und mit Gefängnis bis zu 3 Jahren oder mit einer dieser Strafen bestraft. Der Versuch ist strafbar.

§ 6. Diese Verordnung tritt mit dem Tage der Verkündung in Kraft.

8. Bekanntmachung, betreffend die Ueberwachung ausländischer Unternehmungen.

Vom 22. Oktober 1914 (RGBl. S. 447).

Art. 1. In die Verordnung, betreffend die Überwachung ausländischer Unternehmungen, vom 4. September 1914 (Reichs-Gesetzbl. S. 397) wird hinter den § 5 folgender § 5a eingestellt:

Ist für eine unter Aufsicht gestellte Unternehmung oder Zweigniederlassung kein Leiter oder Angestellter im Inland vorhanden, der zu Rechtshandlungen für die Unternehmung oder Zweigniederlassung befugt ist, oder nimmt der Leiter oder Angestellte die Geschäfte nicht wahr, so ist auf Antrag der Aufsichtsperson ein Vertreter zu bestellen.

Die Bestellung erfolgt durch das Amtsgericht, in dessen Bezirk die Unternehmung oder Zweigniederlassung ansässig ist. Über die Auswahl des Vertreters ist die Aufsichtsperson zu hören.

Der Vertreter hat die laufenden Geschäfte der Unternehmung oder Zweigniederlassung ganz oder teilweise zu beendigen; zur Beendigung schwebender Geschäfte kann er auch neue Geschäfte eingehen. Er hat den Anordnungen und Weisungen der Aufsichtsperson Folge zu leisten.

Der Vertreter hat Anspruch auf Erstattung barer Auslagen und auf eine angemessene Vergütung für seine Tätigkeit. Der Betrag ist durch das Amtsgericht nach Anhörung der Aufsichtsperson festzusetzen und von dem Vertreter bei der Unternehmung oder Zweigniederlassung einzuziehen.

Während der Dauer der Vertretung ruht die Befugnis der Leiter und Angestellten zu Rechtshandlungen für die Unternehmung oder die Zweigniederlassung.

Das Amtsgericht hat die Vertretung auf Antrag der Aufsichtsperson aufzuheben.

Ist die Unternehmung oder Zweigniederlassung in das Handelsregister oder das Genossenschaftsregister eingetragen, so ist die Bestellung des Vertreters sowie die Aufhebung der Vertretung von Amts wegen in das Register einzutragen.

Gerichtsgebühren werden nicht erhoben.

Art. 3. Diese Verordnung tritt mit dem Tage der Verkündung in Kraft.

9. Bekanntmachung, betreffend die zwangsweise Verwaltung französischer Unternehmungen.

Vom 26. November 1914 (RGBl. S. 487).

§ 1. Die Landeszentralbehörden können unter Zustimmung des Reichskanzlers im Wege der Vergeltung solche Unternehmungen, deren Kapital ganz oder überwiegend französischen Staatsangehörigen zusteht, zwangsweise unter Verwaltung stellen. Die Anwendung dieser Vorschrift wird nicht dadurch ausgeschlossen, daß zur Verdeckung der Beteiligung französischer Staatsangehöriger Angehörige anderer Staaten vorgeschoben werden.

§ 2. Der Verwalter hat sich in den Besitz des Unternehmens zu setzen. Er ist zu allen Rechtshandlungen für das Unternehmen befugt. Er kann das Unternehmen ganz oder teilweise fortführen oder sich auf die Beendigung der laufenden Geschäfte beschränken.

Nach Abwickelung der Geschäfte kann der Verwalter, wenn es sich um eine Gesellschaft handelt, die im Inland ihren Sitz hat, auf Antrag eines deutschen Gesellschafters die Gesellschaft unter Zustimmung der Landeszentralbehörde auflösen.

Während der Dauer der Verwaltung ruhen die Befugnisse des Inhabers des Unternehmens sowie die Befugnisse anderer Personen zu Rechtshandlungen für das Unternehmen. Das Gleiche gilt von den Befugnissen aller Organe.

Ist das Unternehmen in das Handelsregister eingetragen, so ist die Bestellung des Verwalters sowie die Aufhebung der Verwaltung von Amts wegen gebührenfrei einzutragen.

§ 3. Der Reichskanzler kann im Wege der Vergeltung die Auflösung der im § 1 bezeichneten Unternehmungen sowie bei Gesellschaften, die im Inland ihren Sitz haben, die Auflösung der Gesellschaft für zulässig erklären.

§ 4. Die Landeszentralbehörde kann bestimmen, in welcher Weise die in den §§ 1 bis 3 bezeichneten Maßnahmen durchzuführen sind.

§ 5. Die Kosten der in den §§ 1 bis 4 bezeichneten Maßnahmen hat das Unternehmen zu tragen.

Überschüsse, die sich für die am Unternehmen Beteiligten ergeben, sind, soweit es sich um Angehörige des feindlichen Auslandes handelt, für deren Rechnung bei der Reichsbank zu hinterlegen. Die Landeszentralbehörde kann, wenn der Angehörige des feindlichen Auslandes im Inland wohnt, die Auszahlung der für seinen Unterhalt erforderlichen Beträge gestatten.

§ 6. Wer vorsätzlich einer auf Grund der §§ 1 bis 3 angeordneten Verwaltung Gegenstände ganz oder teilweise entzieht, wird mit Gefängnis bis zu einem Jahre bestraft.

§ 7. Einem Unternehmen im Sinne dieser Verordnung stehen die Niederlassung eines Unternehmens sowie ein Grundstück gleich.

§ 8. Auf Versicherungsunternehmungen, die dem Aufsichtsamte für Privatversicherung unterstehen, finden die Vorschriften dieser Verordnung mit der Maßgabe Anwendung, daß die in den §§ 1 bis 4 bezeichneten Maßnahmen auf Anordnung des Reichskanzlers durch das Aufsichtsamt für Privatversicherung getroffen werden.

§ 9. Der Reichskanzler kann im Wege der Vergeltung die Vorschriften dieser Verordnung auf die Angehörigen anderer feindlicher Staaten für anwendbar erklären.

§ 10. Diese Verordnung tritt mit dem Tage der Verkündung in Kraft.

Zur Begründung dieser Zwangsverwaltung führt die dem Reichstag überreichte Denkschrift (Nr. 29 d. Reichst.-Drucks. v. 30. Nov. 1914) S. 17/18 aus:

„Es sind die Erlasse der französischen Regierung bekannt geworden, welche ganz allgemein die Beschlagnahme und Sequestration des gesamten Vermögens deutscher Unternehmen in Frankreich anordnen. Von dieser Anordnung ist in rücksichtslosester Weise Gebrauch gemacht und auf Grund der Anordnung vielfach deutsches Vermögen liquidiert und verschleudert worden. Wenn auch neuerdings die französische Regierung die Sequester vor willkürlichen Verschleuderungen warnt, so bildet doch die Beschlagnahme und Sequestration allein schon einen so schweren völkerrechtswidrigen Eingriff in deutsche Privatrechte, daß eine empfindliche Vergeltungsmaßregel geboten erscheint. Die Mehrzahl der hier ansässigen französischen Unternehmungen ist allerdings inzwischen unter Staatsaufsicht gestellt worden, doch kann in dieser bloßen Überwachung, die den französischen Unternehmer im Besitz und Genuß, ja auch in der Verwaltung des gesamten

Vermögens beläßt, gegenüber der französischen Beschlagnahme die doch in erster Linie eine Wegnahme des ganzen Vermögens ist, eine ausreichende Vergeltungsmaßregel nicht erblickt werden."

Daher die Bestimmungen obiger Verordnung.

10. Bekanntmachung, betreffend Änderungen hinsichtlich der Kapitalbeteiligung an einem Unternehmen.

Vom 5. Januar 1915 (RGBl. S. 13).

§ 1. Nach dem 26. November 1914 eingetretene Änderungen in der Kapitalbeteiligung eines Unternehmens schließen die Zulässigkeit der in der Verordnung vom 26. November 1914, betreffend die zwangsweise Verwaltung französischer Unternehmungen (Reichs-Gesetzbl. S. 487) und in den auf Grund derselben ergangenen Bekanntmachungen des Reichskanzlers vorgesehenen Maßnahmen nicht aus.

§ 2. Wer in der Zeit nach dem 26. November 1914 bis zum Inkrafttreten dieser Verordnung Anteile an dem Unternehmen erworben hat, die am 26. November 1914 einem Angehörigen des feindlichen Auslandes zustanden, kann von dem Vertrage zurücktreten, sofern das Unternehmen unter zwangsweise Verwaltung gestellt wird. Der Rücktritt ist innerhalb eines Monats, nachdem der Berechtigte von der Einsetzung der Verwaltung Kenntnis erlangt hat, gegenüber dem Verwalter zu erklären.

§ 3. Diese Verordnung tritt mit dem Tage der Verkündung in Kraft.

11. Bekanntmachung, betreffend die zwangsweise Verwaltung britischer Unternehmungen.

Vom 22. Dezember 1914 (RGBl. S. 556).

Auf Grund des § 9 der Verordnung vom 26. November 1914, betreffend die zwangsweise Verwaltung französischer Unternehmungen, wird folgendes bestimmt:

Art. 1. Die Vorschriften der Verordnung vom 26. November

1914 werden im Wege der Vergeltung auch auf Unternehmungen, deren Kapital ganz oder überwiegend britischen Staatsangehörigen zusteht, für anwendbar erklärt.

Art. 2. Diese Bekanntmachung tritt mit dem Tage der Verkündung in Kraft.

12. Bekanntmachung, betreffend die für eine auswärtige Bank im Betrieb einer inländischen Niederlassung entstandenen Ansprüche.

Vom 22. Dezember 1914 (RGBl. S. 542).

Der Bundesrat hat auf Grund des § 3 des Gesetzes über die Ermächtigung usw. vom 4. August 1914 in Ergänzung des § 5 der Verordnung, betreffend Zahlungsverbot gegen England, vom 30. September 1914 folgende Verordnung erlassen:

Art. 1. Für die Frage der Anwendbarkeit der §§ 2 bis 4 der Verordnung vom 30. September 1914 gelten Ansprüche einer Bank auf Annahme oder Zahlung von Wechseln, die im Ausland ausgestellt sind, oder auf Deckung für Wechselzahlungen, die im Ausland bewirkt oder zu bewirken sind, nicht schon deshalb als im Betrieb einer inländischen Niederlassung der Bank entstanden, weil die Niederlassung den Kredit, der den Ansprüchen zugrunde liegt, gewährt oder vermittelt hat, oder weil die auf dem Wechsel befindliche Order auf die inländische Niederlassung der Bank lautet, oder weil die Niederlassung den Wechsel — wenn auch unter Aushändigung der Verschiffungsdokumente über die den Gegenwert bildenden Waren — zur Annahme vorgelegt hat.

Art. 2. Diese Verordnung tritt mit dem Tage der Verkündung in Kraft.

Soweit in der Verordnung vom 30. September 1914 oder in den die Anwendung auf Frankreich und Rußland betreffenden Bekanntmachungen vom 20. Oktober und 19. November 1914 (Reichs-Gesetzbl. S. 443, 479) auf den Zeitpunkt ihres Inkrafttretens verwiesen ist, tritt bei Anwendung der Vorschriften des Artikel 1 der Zeitpunkt des Inkrafttretens der gegenwärtigen Verordnung an die Stelle.

13. Bekanntmachung über das Verbot des Handels mit in England abgestempelten Wertpapieren.*)

Vom 19. November 1914 (RGBl. S. 477).

§ 1. Kaufverträge über Schuldverschreibungen des Reichs oder eines Bundesstaats, die mit dem englischen Stempel versehen sind, sind verboten.**) Das Gleiche gilt von der Vermittelung solcher Verträge.

Den Schuldverschreibungen des Reichs oder eines Bundesstaats stehen gleich Schuldverschreibungen, deren Rückzahlung oder Verzinsung von dem Reiche oder einem Bundesstaate gewährleistet ist.

§ 2. Wer es unternimmt,***) Wertpapiere, von denen er weiß oder den Umständen nach annehmen muß, daß sie zu den im § 1 bezeichneten gehören, zu verkaufen, zu kaufen oder Kaufverträge über sie zu vermitteln, oder wer zu ihrem An- oder Verkauf auffordert oder sich erbietet, wird mit Gefängnis bis zu einem Jahre und zugleich mit Geldstrafe bis zu 5000 Mark bestraft.†) Sind mildernde Umstände vorhanden, so kann ausschließlich auf Geldstrafe erkannt werden.

Ebenso wird bestraft, wer Wertpapiere, von denen er weiß oder den Umständen nach annehmen muß, daß sie zu den im § 1 bezeichneten gehören, in Erfüllung eines Kaufvertrages oder in Abwickelung eines Kommissionsgeschäfts liefert oder annimmt.

§ 3. Diese Verordnung findet keine Anwendung auf Schuldverschreibungen der im § 1 bezeichneten Art, die seit dem 31. Juli 1914 ununterbrochen im Inland sich befunden haben.

---

*) Veranlassung zu dieser Verordnung gab die Tatsache, daß größere Posten deutscher Reichsanleihen in Stücken, die den englischen Effektenstempel trugen, über ein neutrales Land in Deutschland zu Schleuderpreisen zum Verkauf ausgeboten worden sind (s. Denkschr., Reichst.-Drucks. Nr. 29 S. 3 und 4, auf der auch die folgenden Anmerkungen beruhen).

**) Gleichwohl abgeschlossene Geschäfte sind nach § 134 BGB. nichtig.

***) Also auch der Versuch ist strafbar.

†) Daneben kann nach § 40 StrGB. die Einziehung der Wertpapiere in Frage kommen.

Der Reichskanzler kann die Vorschriften dieser Verordnung auch auf andere Wertpapiere für anwendbar erklären.

§ 4. Diese Verordnung tritt mit dem Tage der Verkündung, der § 2 jedoch erst mit dem 25. November 1914 in Kraft. Den Zeitpunkt des Außerkrafttretens bestimmt der Reichskanzler.

14. Bekanntmachung, betreffend die Behandlung feindlicher Zollgüter.

Vom 15. Oktober 1914 (RGBl. S. 438).

§ 1. Waren, die sich am Tage des Inkrafttretens dieser Verordnung innerhalb der Reichsgrenze für Rechnung einer natürlichen oder juristischen Person befinden, die in Belgien, Frankreich, Großbritannien oder Rußland oder in den Kolonien und auswärtigen Besitzungen eines dieser Länder ihren Wohnsitz oder Sitz hat, sind, solange sie noch nicht in den freien Verkehr getreten sind, durch die Zollbehörde vorläufig festzuhalten.*)

Als noch nicht in den freien Verkehr getreten gelten im Sinne dieser Vorschrift auch Waren, die mit der Aussicht auf Zollbefreiung für den Fall ihres Wiederausganges abgefertigt sind.

§ 2. Über Waren, die noch nicht in den freien Verkehr getreten sind, hat auf Verlangen der Zollbehörde jeder Auskunft zu erteilen, der mit ihrer Beförderung oder Aufbewahrung oder ihrem Absatz befaßt ist; er hat insbesondere seine Geschäftsbücher vorzulegen und die Besichtigung der Waren zu gestatten. Zur Erfüllung dieser Pflichten kann er durch Geldstrafen angehalten werden, deren Gesamtbetrag 3000 Mark nicht übersteigen darf.

§ 3. Der Reichskanzler kann im Wege der Vergeltung anordnen, daß die festgehaltenen Waren zugunsten des Reichs eingezogen werden.

§ 4. Die Einziehung erfolgt durch einen Beschluß des Hauptamts. Vor dem Beschluß ist der zu Anträgen über die Zollbehandlung Berechtigte zu hören. Der Einziehungsbeschluß ist dem Be-

*) Auch dies ist eine Vergeltungsmaßregel gegenüber einer Anordnung des Französischen Finanzministeriums (v. 13. Aug. 1914).

rechtigten zuzustellen. Gegen den Beschluß ist nur die Beschwerde an die Direktivbehörde innerhalb eines Monats zulässig.

§ 5. Aus der eingezogenen Ware sind vorweg die Ansprüche im Inland wohnhafter Personen wegen Aufwendungen auf die Ware zu befriedigen.

§ 6. Für die Zollausschlüsse (Freihäfen) werden die zuständigen Verwaltungsbehörden durch die Landeszentralbehörde bestimmt.

§ 7. Diese Verordnung tritt mit dem Tage ihrer Verkündung in Kraft.

Der Reichskanzler kann die Verordnung auf andere als die im § 1 bezeichneten feindlichen Gebiete ausdehnen; er kann die nach § 3 erlassenen Anordnungen aufheben oder beschränken.

Der Reichskanzler kann Ausnahmen von der vorläufigen Festhaltung (§ 1) zulassen.

Der Reichskanzler bestimmt, wann und inwieweit die Verordnung außer Kraft tritt.

15. Bekanntmachung über die Außerkraftsetzung der Bekanntmachung, betreffend die Behandlung feindlicher Zollgüter, vom 15. Oktober 1914 (Reichs-Gesetzbl. S. 428) hinsichtlich Belgien.

Vom 4. Januar 1915 (RGBl. S. 2).

Auf Grund von § 7 Abs. 4 der Verordnung, betreffend die Behandlung feindlicher Zollgüter, wird diese Verordnung bis auf weiteres hinsichtlich derjenigen Waren außer Kraft gesetzt, die sich innerhalb der Reichsgrenze für Rechnung einer natürlichen oder juristischen Person befinden, die in Belgien ihren Wohnsitz oder Sitz hat.

G. Stempelbefreiung für Kreditkassen.

Siehe die Bekanntmachungen, die oben S. 70 ff. beim Darlehnskassengesetz abgedruckt sind.

H. Handel mit Goldmünzen und Zahlungen in Gold.

Siehe die Bekanntmachungen, die oben S. 78 ff. beim Münzgesetz abgedruckt sind.

J. Verschiedene sozialpolitische Verordnungen.

1. Bekanntmachung, betreffend Festsetzung der Ortslöhne.

Vom 4. September 1914*) (RGBl. S. 396).

Art. 1. Die Frist, für welche die erstmalige Festsetzung der Ortslöhne im ganzen Reiche gilt (§ 151 Abs. 1 der Reichsversicherungsordnung), wird bis zum 31. Dezember 1915 verlängert.

Art. 2. Diese Verordnung tritt mit dem Tage der Verkündung in Kraft.

2. Bekanntmachung, betreffend Wochenhilfe während des Krieges.

Vom 3. Dezember 1914 (RGBl. S. 492).

§ 1. Wöchnerinnen wird während der Dauer des gegenwärtigen Krieges aus Mitteln des Reichs eine Wochenhilfe gewährt, wenn ihre Ehemänner

1. in diesem Kriege dem Reiche Kriegs-, Sanitäts- oder ähnliche Dienste leisten oder an deren Weiterleistung oder an

*) Die Ortslöhne (der ortsübliche Tagesentgelt gewöhnlicher Tagearbeiter) sind erst vor kurzer Zeit mit Wirkung vom 1. Januar 1914 allgemein für das Deutsche Reich festgesetzt worden (zu vgl. Zentralblatt f. d. Deutsche Reich 1914, S. 65 bis 113, 173). Die Geltungsdauer dieser Festsetzung ist durch § 151 der RVO. auf die Zeit bis zum 31. Dezbr. 1914 beschränkt, während für den Regelfall solche Festsetzungen vier Jahre in Geltung bleiben. Die Durchführung einer Neufestsetzung im laufenden Jahre begegnet wegen des Krieges erheblichen Schwierigkeiten und auch sachlichen Bedenken wegen der mit dem Kriege eintretenden starken Änderung der wirtschaftlichen Verhältnisse, die auch auf die Bildung der Ortslöhne von wesentlicher Bedeutung sind. Es war deshalb geboten, die Neufestsetzung der Ortslöhne zu verschieben, bis wieder ruhigere Zeiten eingetreten sind. (Denkschr. S. 49/50).

der Wiederaufnahme einer Erwerbstätigkeit durch Tod, Verwundung, Erkrankung oder Gefangennahme verhindert sind und

2. vor Eintritt in diese Dienste auf Grund der Reichsversicherungsordnung oder bei einer knappschaftlichen Krankenkasse in den vorangegangenen zwölf Monaten mindestens sechsundzwanzig Wochen oder unmittelbar vorher mindestens sechs Wochen gegen Krankheit versichert waren.

§ 2. Die Wochenhilfe wird durch die Orts-, Land-, Betriebs-, Innungskrankenkasse, knappschaftliche Krankenkasse oder Ersatzkasse geleistet, welcher der Ehemann angehört oder zuletzt angehört hat. Ist die Wöchnerin selbst bei einer anderen Kasse der bezeichneten Art versichert, so leistet diese die Wochenhilfe; sie hat davon der Kasse des Ehemanns sofort nach Beginn der Unterstützung Mitteilung zu machen.

§ 3. Als Wochenhilfe wird gewährt:

1. ein einmaliger Beitrag zu den Kosten der Entbindung in Höhe von fünfundzwanzig Mark,
2. ein Wochengeld von einer Mark täglich, einschließlich der Sonn- und Feiertage, für acht Wochen, von denen mindestens sechs in die Zeit nach der Niederkunft fallen müssen,
3. eine Beihilfe bis zum Betrage von zehn Mark für Hebammendienste und ärztliche Behandlung, falls solche bei Schwangerschaftsbeschwerden erforderlich werden,
4. für Wöchnerinnen, solange sie ihre Neugeborenen stillen, ein Stillgeld in Höhe von einer halben Mark täglich, einschließlich der Sonn- und Feiertage, bis zum Ablauf der zwölften Woche nach der Niederkunft.

§ 4. Die Vorstände der Kassen (§ 2) können beschließen, statt der baren Beihilfen nach § 3 Nr. 1 und 3 freie Behandlung durch Hebamme und Arzt sowie die erforderliche Arznei bei der Niederkunft und bei Schwangerschaftsbeschwerden zu gewähren.

Ein solcher Beschluß kann nur allgemein für alle Wöchnerinnen gefaßt werden, denen die Kasse auf Grund dieser Vorschriften Wochenhilfe zu leisten hat.

Bei Wöchnerinnen, denen die Kasse diese Behandlung bei der Niederkunft und bei Schwangerschaftsbeschwerden schon auf Grund ihrer Satzung als Mehrleistung nach der Reichsversicherungsordnung zu gewähren hat, bewendet es dabei in allen Fällen.

§ 5. Das Wochengeld für diejenigen der im § 1 bezeichneten Wöchnerinnen, welche darauf gegen die Kasse einen Anspruch nach § 195 der Reichsversicherungsordnung haben, hat die Kasse selbst zu tragen.

Die übrigen Leistungen werden ihr durch das Reich erstattet. Dabei ist für Aufwendungen, welche die Kasse nach § 4 gemacht hat, in jedem Einzelfall als einmaliger Beitrag zu den Kosten der Entbindung (§ 3 Nr. 1) der Betrag von fünfundzwanzig Mark und als Beihilfe für Hebammendienste und ärztliche Behandlung bei Schwangerschaftsbeschwerden (§ 3 Nr. 3) der Betrag von zehn Mark zu ersetzen.

Die Kasse hat die verauslagten Beträge dem Versicherungsamte nachzuweisen; dieses hat das Recht der Beanstandung; das Oberversicherungsamt oder knappschaftliche Schiedsgericht entscheidet darüber endgültig.

Das Nähere über die Nachweisung, Verrechnung und Zahlung bestimmt der Reichskanzler.

§ 6. Einer Satzungsänderung auf Grund dieser Vorschriften bedarf es für die Kassen nicht.

§ 7. Für das Verfahren bei Streit zwischen den Empfangsberechtigten und den Kassen über diese Leistungen gelten die Vorschriften der Reichsversicherungsordnung über das Verfahren bei Streitigkeiten aus der Krankenversicherung; jedoch entscheidet das Oberversicherungsamt oder knappschaftliche Schiedsgericht endgültig.

Für die Leistungen nach §§ 3, 4 und den Anspruch darauf gelten die §§ 118, 119, 210, 223 der Reichsversicherungsordnung entsprechend.

§ 8. Gegen Krankheit versicherten Wöchnerinnen, die Anspruch auf Wochengeld nach § 195 der Reichsversicherungsordnung, nicht aber auf Wochenhilfe nach § 1 haben, hat ihre Kasse, auch wenn die Satzung solche Mehrleistungen nicht vorsieht, während der Dauer des Krieges die im § 3 Nr. 1, 3 und 4 bezeichneten Leistungen aus eigenen Mitteln zu gewähren.

§ 4 gilt entsprechend.

§ 9. Die Versicherungsanstalten haben den Kassen, die in ihrem Bezirke den Sitz haben und mindestens $4^1/_2$ v. H. des Grundlohns als Beiträge erheben, auf Antrag Darlehen zur Deckung der durch die Vorschrift des § 8 erwachsenden Kosten zu gewähren.

Sofern die Versicherungsanstalt und die Kasse nichts anderes vereinbaren, richtet sich die Höhe der Darlehen nach den bis zum Antrag und demnächst von Vierteljahr zu Vierteljahr der Kasse erwachsenen Kosten dieser Art.

Die Darlehen sind mit 3 v. H. zu verzinsen und nach zehn Jahren zurückzuzahlen. Eine frühere Rückzahlung steht den Kassen frei.

Für Kassen, deren Mitglieder gegen Invalidität überwiegend bei einer Sonderanstalt versichert sind, tritt diese an Stelle der Versicherungsanstalt.

§ 10. Diese Vorschriften treten mit ihrer Verkündung in Kraft. Wöchnerinnen, die vor diesem Tage entbunden sind, erhalten diejenigen Leistungen, welche ihnen von diesem Tage an zustehen würden, wenn diese Vorschriften bereits früher in Kraft getreten wären.

Der Bundesrat behält sich vor, den Zeitpunkt des Außerkrafttretens zu bestimmen.

3. Bekanntmachung, betreffend das vorzeitige Inkrafttreten einer Vorschrift aus dem Gesetze vom 10. Juli 1914 zur Aenderung der §§ 74, 75 usw. des Handelsgesetzbuchs*) (RGBl. 1914 S. 209).

Vom 10. September 1914 (RGBl. S. 404).

Der Bundesrat hat auf Grund des § 3 des Gesetzes über die Ermächtigung usw. beschlossen, den im Artikel 1 § 75 Abs. 2 des

*) Bezüglich des Wettbewerbsverbotes, eine Vorschrift, die sonst erst am 1. Januar 1915 in Kraft getreten sein würde.

Gesetzes vom 10. Juni 1914 (Reichs-Gesetzbl. S. 209) ausgesprochenen Grundsatz alsbald in Kraft zu setzen, und demgemäß folgende Verordnung erlassen:

Art. 1. Der § 75 Abs. 1 Satz 2 des Handelsgesetzbuchs vom 10. Mai 1897 (Reichs-Gesetzbl. S. 219) wird für Dienstverhältnisse, die zur Zeit des Inkrafttretens dieser Verordnung noch nicht beendet sind, durch folgende Vorschrift ersetzt:

> Das gleiche gilt, wenn der Prinzipal das Dienstverhältnis kündigt, es sei denn, daß für die Kündigung ein erheblicher Anlaß in der Person des Gehilfen vorliegt oder daß sich der Prinzipal bei der Kündigung oder, falls die Kündigung zur Zeit des Inkrafttretens der Verordnung schon erfolgt war, unverzüglich nach dem Inkrafttreten bereit erklärt, während der Dauer der Beschränkung dem Gehilfen die vollen zuletzt von ihm bezogenen vertragsmäßigen Leistungen zu gewähren.

Art. 2. Diese Verordnung tritt mit dem Tage der Verkündung in Kraft.

Am 1. Januar 1915 tritt die Verordnung außer Kraft.

4. Bekanntmachung über die Wahlen nach dem Gewerbegerichtsgesetz und dem Gesetze, betreffend Kaufmannsgerichte.

Vom 17. September 1914 (RGBl. S. 409).

Die Amtsdauer der Beisitzer der Gewerbegerichte und der Kaufmannsgerichte wird, soweit sie vor dem 31. Dezember 1915 abläuft und die Neuwahlen nicht bereits stattgefunden haben, bis zum 31. Dezember 1915 verlängert.

Diese Verordnung tritt mit dem Tage der Verkündung in Kraft.

5. Bekanntmachung über die Ladung zur Gesellschafterversammlung einer Gesellschaft mit beschränkter Haftung.

Vom 8. Oktober 1914 (RGBl. S. 428).

§ 1. Kann ein Gesellschafter zu der Versammlung der Gesellschafter einer Gesellschaft mit beschränkter Haftung infolge des

Krieges durch eingeschriebenen Brief nicht geladen werden*) und ist die Bestellung eines zur Entgegennahme der Ladung berechtigten Pflegers nach den Bestimmungen des Bürgerlichen Gesetzbuchs nicht möglich, so kann auf Antrag eines Beteiligten das Amtsgericht, in dessen Bezirke die Gesellschaft ihren Sitz hat, einen Vertreter zur Entgegennahme der Ladung sowie zur Ausübung der Rechte des Gesellschafters bei der Beschlußfassung bestellen. Der Vertreter kann auch zur Ausübung sonstiger dem Gesellschafter in bezug auf die Führung der Geschäfte zustehender Rechte ermächtigt werden. Die Vertretung ist aufzuheben, wenn das Bedürfnis weggefallen ist.

Die Wirksamkeit der von oder gegenüber dem Vertreter vorgenommenen Rechtshandlungen kann nicht deshalb in Frage gestellt werden, weil die Voraussetzungen der Bestellung nicht vorgelegen haben.

Ist ein Vertreter oder ein Pfleger bestellt, so kann das im Abs. 1 bezeichnete Gericht die Frist, mit der die Ladung des Vertreters oder Pflegers zu bewirken ist,**) verlängern.

Gerichtsgebühren werden nicht erhoben.

§ 2. Diese Verordnung tritt mit dem Tage der Verkündung in Kraft.

6. Bekanntmachung, betreffend die Revision der eingetragenen Genossenschaften.

Vom 8. September 1914 (RGBl. S. 400).

§ 1. Die Frist, innerhalb deren nach § 53 des Gesetzes, betreffend die Erwerbs- und Wirtschaftsgenossenschaften (Reichs-Gesetzbl. 1898 S. 810), die Einrichtungen der eingetragenen Genossenschaften und ihre Geschäftsführung einer Prüfung durch einen Revisor zu unterwerfen sind, wird bis auf weiteres um vier Monate verlängert.

§ 2. Diese Verordnung tritt mit dem Tage der Verkündung in Kraft.

---

*) was nach § 51 des G. m. b. H.-Gesetzes v. 20. April 1892 erforderlich ist.

**) nach § 51 des genannten Gesetzes an sich mindestens eine Woche.

7. Bekanntmachung, betreffend Einigungsämter.

Vom 15. Dezember 1914 (RGBl. S. 511).

§ 1. Ist im Bezirk einer Gemeindebehörde eine kommunale oder gemeinnützige Anstalt (Einigungsamt) mit der Aufgabe betraut worden, zwischen Mietern und Vermietern oder zwischen Hypothekenschuldnern und Hypothekengläubigern zum Zwecke eines billigen Ausgleichs der Interessen zu vermitteln, so kann die Landeszentralbehörde anordnen, daß die Vorschriften der §§ 2 und 3 Geltung haben sollen.

§ 2. Mieter, Vermieter, Hypothekenschuldner, Hypothekengläubiger sind verpflichtet, auf Erfordern des Einigungsamts vor diesem zu erscheinen. Die Gemeindebehörde kann sie hierzu durch eine einmalige Ordnungsstrafe bis zu einhundert Mark anhalten.

Mieter und Hypothekenschuldner sind verpflichtet, über die für die Vermittlung erheblichen, von dem Einigungsamte bestimmt zu bezeichnenden Tatsachen Auskunft zu erteilen. Die Vorschrift im Abs. 1 Satz 2 findet entsprechende Anwendung.

Gegen die Festsetzung der Ordnungsstrafe (Abs. 1, 2) findet Beschwerde statt. Sie ist binnen zwei Wochen bei der Gemeindeaufsichtsbehörde zu erheben; diese entscheidet endgültig.

§ 3. Die Gemeindebehörde ist befugt, von den im § 2 Abs. 1 bezeichneten Personen eine Versicherung an Eides statt über die Richtigkeit und Vollständigkeit ihrer Auskunft entgegenzunehmen.

§ 4. Handelt es sich in einem Verfahren, in dem die §§ 1, 2 oder 3 der Bekanntmachung des Bundesrats vom 7. August 1914 (Reichs-Gesetzbl. S. 359) oder die §§ 1 oder 3 der Bekanntmachung des Bundesrats vom 18. August 1914 (Reichs-Gesetzbl. S. 377) Anwendung finden,*) um die Verpflichtung zur Zahlung des Mietzinses oder des Zinses für ein hypothekarisch sichergestelltes Darlehen oder die besonderen Rechtsfolgen, die wegen der Nichtzahlung oder der nicht rechtzeitigen Zahlung nach Gesetz oder

*) Es handelt sich um die Bekanntmachungen über die gerichtliche Bewilligung von Zahlungsfristen, siehe oben S. 126 ff.

Vertrag eingetreten sind oder eintreten, so hat das Gericht, sofern die Landeszentralbehörde von der ihr nach § 1 zustehenden Befugnis Gebrauch gemacht hat, das Einigungsamt vor der Entscheidung gutachtlich zu hören.

Der Gerichtsschreiber hat die Klage, die Ladung oder den Antrag in Abschrift dem Einigungsamt unverzüglich mitzuteilen. Das Einigungsamt ist verpflichtet, sein Gutachten mit tunlichster Beschleunigung dem Gerichte mitzuteilen.

§ 5. Wer die gemäß § 2 Abs. 2 von ihm erforderte Auskunft wissentlich falsch erteilt, wird mit Geldstrafe bis zu 1000 Mark bestraft.

§ 6. Die Landeszentralbehörden erlassen die Bestimmungen zur Ausführung dieser Verordnung.

§ 7. Die aus Anlaß dieser Verordnung vorzunehmenden gerichtlichen Handlungen und das Verfahren vor dem Einigungsamt einschließlich aller hierfür erforderlichen Urkunden sind stempel- und gebührenfrei.

§ 8. Diese Verordnung tritt mit dem Tage der Verkündung in Kraft.

Die Nordd. Allg. Ztg. Nr. 314 vom 17. Dezember führt zu dieser Verordnung u. a. folgendes aus:

„Die Verordnung entspricht zweifellos einem fühlbaren Bedürfnis. Sie entspringt dem Wunsche, die Schwierigkeiten, die zwischen Mietern und Hausbesitzern vielfach entstanden sind, auszugleichen und den Hausbesitz nach Möglichkeit während des Krieges vor vermeidbaren Mietverlusten zu schützen. Der Schutzverband für deutschen Grundbesitz hat allerdings weitergehende Forderungen in bezug auf eine wirtschaftliche Unterstützung des Hausbesitzes während des Krieges erhoben. Seine Wünsche gehen im wesentlichen dahin, daß den Einigungsämtern Geldmittel zur Verfügung gestellt werden. Zur Beschaffung dieser Geldmittel sollen bestimmte Umlagen vom Staat, den Gemeinden, den Hypothekariern und dem Haus- und Grundbesitz erhoben werden. Die Gewährung von Staatsmitteln für den angegebenen

Zweck dürfte von vornherein ausgeschlossen sein. Der deutsche Städtetag, der doch in erster Linie an der Gesunderhaltung des städtischen Grundbesitzes interessiert ist, hat sich gegen die ganze vom Schutzverband empfohlene Aktion ausgesprochen. Die vom Städtetag erhobenen Einwendungen sind durchweg überzeugend. Insonderheit wird dem Städtetag darin beizustimmen sein, daß die Wirtschaftslage der Gemeinden durch die in ihrer endgültigen Wirkung unübersehbare Maßregel im erheblichen Umfange bedroht werden würde. Dagegen ist von weiten Kreisen der Bevölkerung und auch von der freien Kommission des Reichstages anerkannt worden, daß die Möglichkeit geschaffen werden muß, diejenigen Mieter, die ihre Miete ganz oder zum Teil zahlen können, nach dem Maße ihrer Leistungsfähigkeit zur Erfüllung ihrer Mietverpflichtungen heranzuziehen. Diese Aufgabe haben die in verschiedenen Städten bereits eingerichteten Mietämter bisher in erfreulicher Weise in vielen Fällen zu erfüllen vermocht. Durch die Verordnung wird nunmehr der Tätigkeit der Mietämter eine feste Rechtsgrundlage gegeben und die Wirksamkeit ihrer vermittelnden Tätigkeit wird durch die ihnen verliehenen Befugnisse wesentlich erhöht werden. Auch auf die aus den Kreisen der Haus- und Grundbesitzer erhobene Befürchtung, daß die Gerichte bei Bewilligung von Zahlungsfristen nicht immer die Verhältnisse des Vermieters genügend würdigen, ist in der Verordnung in zweckmäßiger Weise Rücksicht genommen worden."

K. Volksernährung.
(Getreide, Mehl, Kartoffeln, Brot, Brennereierzeugnisse, Wein, Zucker, Viehschlachtung, Bodenverbesserung, Vorratserhebungen.)

Über die verschiedenen Maßnahmen auf dem Gebiet der Volksernährung sei zum näheren Verständnis aus der dem Reichstag überreichten Denkschrift — zusammengefaßt und gekürzt — das folgende wiedergegeben:

Von durchschlagender Wichtigkeit, aber auch besonders schwierig war die Aufgabe, die Volksernährung überhaupt und zu Preisen, die unter den gespannten Verhältnissen des Kriegszustandes noch annehmbar erscheinen, sicher zu stellen. Für die Ernährung des deutschen Volkes steht in diesem Jahre, in welchem die Einfuhr an Nahrungsmitteln beinahe wegfällt und die Ausfuhr untersagt ist, an Bodenfrüchten im wesentlichen nur die eigene Ernte zur Verfügung. Sie deckt nach den allgemein bekannten Schätzungen den deutschen Bedarf an Roggen, Hafer und Kartoffeln, während an Weizen etwa 2 Millionen Tonnen und an Gerste etwa 3 Millionen Tonnen fehlen. Hierzu treten noch die Vorräte, die beim Händler, Müller, Bäcker jederzeit lagern müssen, weil sonst der Wirtschaftsbetrieb zum Stillstand kommen würde. Unter Einrechnung der am 1. Juli 1914 vorhandenen Vorräte könnte, bis alles aufgezehrt wäre, der deutsche Roggenbedarf bis Anfang September nächsten Jahres und der Weizenbedarf bis Anfang August gedeckt werden. Der Fehlbetrag an Futtergerste spielt in die Frage der menschlichen Ernährung nur mittelbar hinein. Die vorhandenen Vorräte würden unter normalen Verhältnissen nur bis zur nächsten Ernte reichen. Nun führt England aber diesen Krieg je länger desto schärfer als Wirtschaftskrieg mit dem besonderen Ziel, das deutsche Volk auszuhungern. Es muß also beizeiten auf den Fall Bedacht genommen werden, daß der Krieg über dieses Erntejahr hinaus dauert. Daher müssen die Getreidemengen nicht bloß bis zur nächsten Ernte reichen, sondern darüber hinaus bis in das nächste Erntejahr hinein. Am 1. August 1915 müssen ebenso reichlichere Vorräte bereit sein, als sie vor Anfang dieses Erntejahres vorlagen. Um dieses politisch und wirtschaftlich gleich wichtige Ziel zu erreichen und die Ernährung der deutschen Bevölkerung auf alle absehbare Kriegszeit hinaus unbedingt zu sichern, sind eine Reihe ineinandergreifender Maßnahmen getroffen worden.

In normalen Jahren wird nach den Feststellungen des Deutschen Landwirtschaftsrats ein Viertel des deutschen Roggenvorrats verfüttert. Dem mußte für die gegenwärtige Zeit vorgebeugt werden. Es mußte sich ferner darum handeln, das Brotgetreide stärker auszumahlen und auch durch Beimengung von Kartoffelmehl den Brotgetreide-Vorrat zu strecken.

Die Durchführung dieser verschiedenen Maßnahmen hängt von der verständnisvollen Betätigung der betroffenen Berufskreise wie von der eifrigen Mitarbeit des ganzen Volkes ab. Im Zusammenhang damit steht auch die Kartoffeltrocknerei, ein verhältnismäßig noch junges Gewerbe, dessen Sitz in weniger dicht bevölkerten Gebietsteilen des Reiches mit starkem Kartoffelbau ist und der aus verschiedenen wirtschaftlichen Gründen Förderung beansprucht.

Der Kriegszustand ließ es ferner geboten erscheinen, weite Strecken von Moor-, Heide- und ähnlichen Ländereien zur Vermehrung der Erzeugung von Nahrungs- und Genußmitteln heranzuziehen. Es galt daher, die Beteiligten zu Genossenschaften zusammenzufassen und die Gründung solcher Genossenschaften zur Bodenverbesserung zu erleichtern.

Weiter galt es durch geeignete Schlachtverbote auf die Viehhaltung einzuwirken und der Vergeudung von Fleischnahrung, namentlich durch zu starkes Abschlachten der Schweine vorzubeugen. Die Anordnung von Vorratserhebungen war fernerhin die Grundlage für geeignete Maßnahmen, die im folgenden aufgeführt werden und weiterer Erläuterungen nicht bedürfen.

Infolge des Krieges bedurften die wirtschaftlichen Betriebsverhältnisse der Branntweinbrennereien für das Betriebsjahr 1914/15 einer durchgreifenden Neuregelung.

Ein gänzliches Verbot der Verwendung von Kartoffeln und Getreide zur Branntweinbereitung, wie es von verschiedenen Seiten angeregt ist, konnte nicht erlassen werden. Die Anregung wird meist damit begründet, daß die gesamte deutsche Ernte für Nahrungs- und Futterzwecke unangetastet bleiben müsse. Die zur Alkoholerzeugung verwendeten Rohstoffmengen machen indessen nur einen kleinen Bruchteil der deutschen Ernte aus. Bei den Kartoffeln waren es im Durchschnitt der letzten 5 Jahre $5^1/_2$ v. H., beim Getreide im Jahre 1913 sogar nur $2^1/_4$ v. H. der gesamten Ernte. Die durch ein völliges Brennverbot erzielte Vermehrung der Nahrungsmittelvorräte würde also verhältnismäßig nur gering sein. Auf der anderen Seite würden aber dadurch außerordentlich schwere Schädigungen für alle diejenigen eintreten, die mit der Erzeugung und Weiterverarbeitung von Spiritus zu tun haben. Das trifft zunächst auf die Landwirtschaft zu. Die Spiritusbrennerei dient in sehr vielen Fällen dazu, Kartoffelmengen zu verwerten, welche auf andere Weise gar nicht verwertet werden können, z. B. weil das Gut sich in ungünstiger Verkehrslage befindet. Da die Verkehrsschwierigkeiten durch die Kriegszeit noch erheblich gesteigert sind, würden gerade die am ungünstigsten gelegenen Landgüter den größten Schaden haben. Der Brennprozeß liefert außerdem in der Schlempe ein überaus wichtiges und für viele Wirtschaften unentbehrliches Futtermittel als Nebenprodukt. Außer den Spritfabriken würden durch ein gänzliches Brennverbot alle Spiritus verbrauchenden Betriebe, wie z. B. die Gärungsessigindustrie, die Spirituslackindustrie, auf das schwerste betroffen werden. Dazu kommt, daß der Spiritus in erheblichem Umfange zu Koch- und Leuchtzwecken Verwendung findet und gerade jetzt an Stelle von Benzin zum Betriebe von Motoren und Kraftwagen Verwendung findet. Endlich ist zu berücksichtigen, daß ganz besonders in Kriegszeiten die Verwendung von Alkohol zu medizinischen Zwecken unentbehrlich ist.

Wenn sonach ein gänzliches Verbot der Branntweinerzeugung aus Kartoffeln und Getreide nicht angängig erschien, so war doch eine weitgehende Kürzung des allgemeinen Durchschnittsbrandes gemäß § 69 des Branntweinsteuergesetzes zulässig, weil bedeutende Branntweinbestände vorhanden sind, und weil anderseits sicher damit zu rechnen ist, daß der Verbrauch von Branntwein während des Krieges einen außergewöhnlich großen Rückgang erfahren wird. Sie liegt überdies im zwingenden Bedürfnis, weil die Rücksichtnahme auf die Schonung der zur Volksernährung unentbehrlichen Vorräte an Kartoffeln gegenwärtig anderen Erwägungen vorzugehen hat. Bei einer Kürzung des allgemeinen Durchschnittsbrandes um 40 Hundertteile bleiben ungefähr zehn

Millionen Doppelzentner Kartoffeln, d. h. etwas über 2 v. H. der gesamten diesjährigen Kartoffelernte, als Nahrungs- und Futtermittel verfügbar. Auch bei Getreide wird eine allerdings gegenüber der Gesamternte wenig belangreiche Einsparung — etwa 0,16 Millionen Tonnen Roggen — eintreten. Diese Vorteile werden durch den Nachteil des Ausfalls an Branntweinschlempe zur Viehfütterung nicht aufgewogen. Unbequemlichkeiten und Betriebserschwerungen, die für einzelne Zweige des Brennereigewerbes (Melassebrennereien, Hefefabriken, Kornbrennereien) vielleicht entstehen können, müßten in Kauf genommen werden.

In eine besonders schwierige Lage war durch den Krieg die deutsche Zuckerindustrie und der deutsche Zuckerhandel gebracht worden. Die deutsche Zuckerindustrie arbeitet in hohem Maße für die Ausfuhr; unter gewöhnlichen Verhältnissen geht von ihrer Jahreserzeugung an Zucker annähernd die Hälfte ins Ausland, und zwar in erster Reihe nach Großbritannien (etwa $^3/_4$ der Gesamtausfuhr). Diese internationalen Beziehungen bedingen auch, daß über den Absatz frühzeitig Verfügung getroffen und Verträge und Vorverkäufe abgeschlossen werden. Mit dem Ausbruch des Krieges kam es vor allem darauf an, die heimischen Zuckerbestände der Volksernährung, sowie auch zu Zwecken der Viehfütterung in möglichst weitem Umfange zur Verfügung zu halten. Es wurde daher ein Ausfuhrverbot für Zucker erlassen. Hieraus ergaben sich aber große Schwierigkeiten insofern, als im Inland die ausreichenden Absatzmöglichkeiten fehlten und der Industrie infolgedessen die erforderlichen Mittel zur Aufrechthaltung ihres Betriebes nicht zuflossen. Unter dieser Sachlage litten in gleicher Weise Industrie und rübenbauende Landwirtschaft, wie der Zuckerhandel. Auf die möglichste Milderung dieser Übelstände hinzuwirken, wurde mehr und mehr unabweisbares Erfordernis.

Von besonderer Wichtigkeit erschien dann weiter die Festsetzung von Höchstpreisen und die Gestattung von Einfuhrerleichterungen, die ein besonderes Kapitel für sich darstellen (s. unten S. 185 ff.).

1. Bekanntmachung über das Ausmahlen von Brotgetreide.

Vom 5. Januar 1915 (RGBl. S. 3).

§ 1. Zur Herstellung von Roggenmehl ist der Roggen mindestens bis zu zweiundachtzig vom Hundert durchzumahlen.

Die Landeszentralbehörden oder die von ihnen bestimmten Behörden können diese Ausmahlung in der Weise zulassen, daß hierbei ein Auszugsmehl bis zu zehn vom Hundert hergestellt wird.

§ 2. Zur Herstellung von Weizenmehl ist der Weizen mindestens bis zu achtzig vom Hundert durchzumahlen.

Die Landeszentralbehörden oder die von ihnen bestimmten Behörden können diese Ausmahlung in der Weise zulassen, daß hierbei ein Auszugsmehl bis zu zehn vom Hundert hergestellt wird.

§ 3. Die Landeszentralbehörde kann für eine Mühle, die zum Durchmahlen des Getreides bis zu den Mindestsätzen dieser Verordnung außerstande ist, aus besonderen Gründen eine geringere Ausmahlung zulassen.

§ 4. Soweit ein Verkäufer von Roggen- oder Weizenmehl infolge dieser Verordnung nicht vertragsmäßig liefern kann, ist er verpflichtet, eine nach dieser Verordnung zugelassene Mehlsorte gleicher Art zu liefern, die der verkauften im Ausmahlverhältnis am nächsten steht: zur Lieferung einer nach § 3 zugelassenen Mehlsorte ist er nur dann verpflichtet, wenn er sie auf Grund einer nach § 3 erteilten Erlaubnis selbst herstellen kann.

Der Kaufpreis ist bei Lieferung eines geringerwertigen Mehles nach den §§ 472, 473 des Bürgerlichen Gesetzbuchs zu mindern, bei Lieferung eines höherwertigen entsprechend zu erhöhen.

Der Käufer ist berechtigt, von dem Vertrage zurückzutreten, soweit der Verkäufer infolge dieser Verordnung nicht vertragsmäßig liefern kann. Das Rücktrittsrecht erlischt, wenn der Käufer nicht unverzüglich davon Gebrauch macht, nachdem der Verkäufer ihm angezeigt hat, daß er ganz oder teilweise nicht liefern kann.

§ 5. Weizenmehl (§ 2 Abs. 1) darf, insbesondere auch von den Mühlen, nur in einer Mischung abgegeben werden, die dreißig

Gewichtsteile Roggenmehl (§ 1 Abs. 1) unter hundert Teilen des Gesamtgewichts enthält. Weizenauszugsmehl (§ 2 Abs. 2) darf ungemischt abgegeben werden. Roggenauszugsmehl (§ 1 Abs. 2) darf zum Mischen nicht verwendet werden.

Diese Bestimmungen gelten auch für Fälle, in denen Weizen für Rechnung eines anderen ausgemahlen wird (Kunden- und Lohnmüllerei); sie gelten nicht für Weizenmehl, das bei Inkrafttreten dieser Verordnung bereits im freien Verkehre des Inlandes war oder das aus dem Ausland eingeführt wird.

Die Landeszentralbehörden können Ausnahmen von der Vorschrift des Abs. 1 Satz 1 für den Fall zulassen, daß die Abgabe von Weizenmehl (§ 2 Abs. 1) von einer Mühle an eine andere zur Vornahme des Mischens erfolgt; dies gilt auch für die Kunden- und Lohnmüllerei.

§ 6. Die Beamten der Polizei und die von der Polizeibehörde beauftragten Sachverständigen sind befugt, in die Räume, in denen Mehl hergestellt wird, jederzeit, in die Räume, in denen Mehl aufbewahrt, feilgehalten oder verpackt wird, während der Geschäftszeit einzutreten, daselbst Besichtigungen vorzunehmen, Geschäftsaufzeichnungen einzusehen, auch nach ihrer Auswahl Proben zum Zwecke der Untersuchung gegen Empfangsbestätigung zu entnehmen. Auf Verlangen ist ein Teil der Probe amtlich verschlossen oder versiegelt zurückzulassen und für die entnommene Probe eine angemessene Entschädigung zu leisten.

§ 7. Die Unternehmer von Betrieben, in denen Mehl hergestellt wird, sowie die von ihnen bestellten Betriebsleiter und Aufsichtspersonen sind verpflichtet, den Beamten der Polizei und den Sachverständigen auf Erfordern Auskunft über das Verfahren bei Herstellung der Erzeugnisse, über den Umfang des Betriebs und über die zur Verarbeitung gelangenden Stoffe, insbesondere auch über deren Menge und Herkunft, zu erteilen.

§ 8. Die Sachverständigen sind, vorbehaltlich der dienstlichen Berichterstattung und der Anzeige von Gesetzwidrigkeiten, verpflichtet, über die Einrichtungen und Geschäftsverhältnisse welche durch die Aufsicht zu ihrer Kenntnis kommen, Verschwiegenheit zu beobachten und sich der Mitteilung und Verwertung der Geschäfts- oder Betriebsgeheimnisse zu enthalten. Sie sind hierauf zu vereidigen.

§ 9. Die Landeszentralbehörden erlassen die Bestimmungen zur Ausführung dieser Verordnung.

§ 10. Mit Geldstrafe bis zu eintausendfünfhundert Mark oder mit Gefängnis bis zu drei Monaten wird bestraft:

1. wer den Vorschriften über das Durchmahlen des Getreides (§§ 1, 2, 3) sowie über das Mischen des Weizenmehls (§ 5) zuwiderhandelt;
2. wer den Vorschriften des § 8 zuwider Verschwiegenheit nicht beobachtet oder der Mitteilung oder Verwertung von Geschäfts- oder Betriebsgeheimnissen sich nicht enthält;
3. wer den nach § 9 erlassenen Ausführungsbestimmungen zuwiderhandelt.

In dem Falle der Nr. 2 tritt die Verfolgung nur auf Antrag des Unternehmers ein.

§ 11. Mit Geldstrafe bis zu einhundertfünfzig Mark oder mit Haft wird bestraft:

1. wer den Vorschriften des § 6 zuwider den Eintritt in die Räume, die Besichtigung, die Einsicht in die Geschäftsaufzeichnungen oder die Entnahme einer Probe verweigert;
2. wer die in Gemäßheit des § 7 von ihm erforderte Auskunft nicht erteilt oder bei der Auskunftserteilung wissentlich unwahre Angaben macht.

§ 12. Diese Verordnung tritt mit dem 11. Januar 1915 in Kraft. Der Reichskanzler bestimmt den Zeitpunkt des Außerkrafttretens.

Die Bekanntmachungen über das Ausmahlen von Brotgetreide vom 28. Oktober 1914 (Reichs-Gesetzbl. S. 461) und vom 19. Dezember 1914 (Reichs-Gesetzbl. S. 535) werden aufgehoben.

2. Bekanntmachung über das Verfüttern von Brotgetreide, Mehl und Brot.

Vom 5. Januar 1915 (RGBl. S. 6).

§ 1. Es darf nicht verfüttert werden:

1. mahlfähiger Roggen und Weizen, auch gequetscht, geschroten oder sonst zerkleinert;
2. mahlfähiger Roggen und Weizen, mit anderer Frucht gemischt;
3. Roggen- und Weizenmehl, das allein oder mit anderem Mehle gemischt zur Brotbereitung geeignet ist;
4. Mischungen, denen solches Mehl beigemischt ist;
5. Brot mit Ausnahme von verdorbenem Brot und Brotabfällen.

§ 2. Die im § 1 genannten Erzeugnisse dürfen auch zum Bereiten von Futtermitteln, wozu auch das Schroten gehört, nicht verwendet werden.

§ 3. Die Landeszentralbehörden können die Verwendung von mahlfähigem Roggen und Weizen, insbesondere das Schroten, sowie die Verwendung von Roggen- und Weizenmehl (§ 1 Nr. 3) zu anderen Zwecken als zur menschlichen Nahrung noch weiter beschränken oder verbieten.

§ 4. Soweit dringende wirtschaftliche Bedürfnisse vorliegen, können die Landeszentralbehörden oder die von ihnen bestimmten Behörden das Verfüttern von Roggen, der im landwirtschaftlichen Betriebe des Viehhalters erzeugt ist, für das in diesem Betriebe gehaltene Vieh allgemein für bestimmte Gegenden und bestimmte Arten von Wirtschaften oder im Einzelfalle zulassen.

§ 5. Die Beamten der Polizei und die von der Polizeibehörde beauftragten Sachverständigen sind befugt, in die Räume, in denen Futtermittel hergestellt werden oder in denen Vieh gehalten oder gefüttert wird, jederzeit, in die Räume, in denen Futtermittel aufbewahrt, feilgehalten oder verpackt werden, während der Geschäftszeit einzutreten, daselbst Besichtigungen vorzunehmen, Geschäftsaufzeichnungen einzusehen, auch nach ihrer

*) Auch ein Verbot der Verfütterung von Hafer an andere Tiere als an Pferde ist (Mitte Januar 1915) in Erwägung gezogen worden.

Auswahl Proben zum Zwecke der Untersuchung gegen Empfangsbestätigung zu entnehmen. Auf Verlangen ist ein Teil der Probe amtlich verschlossen oder versiegelt zurückzulassen und für die entnommene Probe eine angemessene Entschädigung zu leisten.

§ 6. Die Unternehmer von Betrieben, in denen Futtermittel hergestellt werden oder Vieh gehalten wird, sowie die von ihnen bestellten Betriebsleiter und Aufsichtspersonen sind verpflichtet, den Beamten der Polizei und den Sachverständigen auf Erfordern Auskunft über das Verfahren bei Herstellung der Erzeugnisse, über den Umfang des Betriebs und über die zur Verarbeitung oder zur Verfütterung gelangenden Stoffe, insbesondere auch über deren Menge und Herkunft, zu erteilen.

§ 7. Die Sachverständigen sind, vorbehaltlich der dienstlichen Berichterstattung und der Anzeige von Gesetzwidrigkeiten, verpflichtet, über die Einrichtungen und Geschäftsverhältnisse, welche durch die Aufsicht zu ihrer Kenntnis kommen, Verschwiegenheit zu beobachten und sich der Mitteilung und Verwertung der Geschäfts- und Betriebsgeheimnisse zu enthalten. Sie sind hierauf zu vereidigen.

§ 8. Die Landeszentralbehörden erlassen die Bestimmungen zur Ausführung dieser Verordnung.

§ 9. Mit Geldstrafe bis zu eintausendfünfhundert Mark oder mit Gefängnis bis zu drei Monaten wird bestraft:

1. wer dem Verbote der §§ 1, 2 oder den auf Grund des § 3 erlassenen Bestimmungen der Landeszentralbehörde zuwiderhandelt;
2. wer wissentlich Erzeugnisse, die dem Verbote der §§ 1, 2 oder den auf Grund des § 3 erlassenen Bestimmungen der Landeszentralbehörde zuwider hergestellt sind, verkauft, feilhält oder sonst in den Verkehr bringt;
3. wer den Vorschriften des § 7 zuwider Verschwiegenheit nicht beobachtet oder der Mitteilung oder Verwertung von Betriebsgeheimnissen sich nicht enthält;
4. wer den nach § 8 erlassenen Ausführungsbestimmungen zuwiderhandelt.

In dem Falle der Nr. 3 tritt die Verfolgung nur auf Antrag des Unternehmers ein.

§ 10. Mit Geldstrafe bis zu einhundertfünfzig Mark oder mit Haft wird bestraft:

1. wer den Vorschriften des § 5 zuwider den Eintritt in die Räume, die Besichtigung, die Einsicht in die Geschäftsaufzeichnungen oder die Entnahme einer Probe verweigert;
2. wer die in Gemäßheit des § 6 von ihm erforderte Auskunft nicht erteilt oder bei der Auskunftserteilung wissentlich unwahre Angaben macht.

§ 11. Diese Verordnung tritt mit dem 11. Januar 1915 in Kraft. Der Reichskanzler bestimmt den Zeitpunkt des Außerkrafttretens.

Die Bekanntmachung über das Verfüttern von Brotgetreide und Mehl vom 28. Oktober 1914 (Reichs-Gesetzbl. S. 460) wird aufgehoben. Sofern von den Landeszentralbehörden nichts anderes bestimmt ist oder bestimmt wird, bleiben die Bestimmungen, welche sie auf Grund der §§ 2, 4 dieser Bekanntmachung erlassen haben, in Kraft; Zuwiderhandlungen werden nach § 9 der vorstehenden Verordnung bestraft.

3. Bekanntmachung über die Bereitung von Backware.

Vom 5. Januar 1915 (RGBl. S. 8).

§ 1. Als Roggenbrot im Sinne dieser Verordnung gilt jede Backware, mit Ausnahme des Kuchens, zu deren Bereitung mehr als dreißig Gewichtsteile Roggenmehl auf siebzig Gewichtsteile an anderen Mehlen oder mehlartigen Stoffen verwendet werden.

Als Weizenbrot im Sinne dieser Verordnung gilt, abgesehen von dem Falle des § 5 Abs. 4 Satz 2, jede Backware, mit Ausnahme des Kuchens, zu deren Bereitung Weizenmehl verwendet wird.

Als Kuchen im Sinne dieser Verordnung gilt jede Backware, zu deren Bereitung mehr als zehn Gewichtsteile Zucker auf neunzig Gewichtsteile Mehl oder mehlartiger Stoffe verwendet werden.

§ 2. Bei der Bereitung von Brot dürfen ungemischtes Weizenmehl, Weizen- und Roggenauszugsmehl nicht verwendet werden.

§ 3. Bei der Bereitung von Weizenbrot muß Weizenmehl in einer Mischung verwendet werden, die dreißig Gewichtsteile Roggenmehl unter hundert Teilen des Gesamtgewichts enthält; der Weizengehalt kann bis zu zwanzig Gewichtsteilen durch Kartoffelstärkemehl oder andere mehlartige Stoffe ersetzt werden.

§ 4. Weizenbrot darf nur in Stücken von höchstens hundert Gramm Gewicht bereitet werden, soweit nicht die Landeszentralbehörde aus besonderen Gründen zur weiteren Einschränkung des Verbrauchs von Weizenbrot etwas anderes bestimmt. Die Landeszentralbehörden können bestimmte Formen und Gewichte vorschreiben.

§ 5. Bei der Bereitung von Roggenbrot muß auch Kartoffel verwendet werden.

Der Kartoffelgehalt muß bei Verwendung von Kartoffelflocken, Kartoffelwalzmehl oder Kartoffelstärkemehl mindestens zehn Gewichtsteile auf neunzig Gewichtsteile Roggenmehl betragen. Werden gequetschte oder geriebene Kartoffeln verwendet, so muß der Kartoffelgehalt mindestens dreißig Gewichtsteile auf neunzig Gewichtsteile Roggenmehl betragen.

Roggenbrot, zu dessen Bereitung mehr Gewichtsteile Kartoffel verwendet sind, muß mit dem Buchstaben „K" bezeichnet werden. Werden mehr als zwanzig Gewichtsteile Kartoffelflocken, Kartoffelwalzmehl oder Kartoffelstärkemehl, oder werden mehr als vierzig Gewichtsteile gequetschte oder geriebene Kartoffeln verwendet, so muß das Brot mit den Buchstaben „KK" bezeichnet werden.

Zur Bereitung von Roggenbrot darf Weizenmehl nicht verwendet werden. Die Landeszentralbehörden können aus besonderen Gründen zulassen, daß das Roggenmehl bis zu dreißig Gewichtsteilen durch Weizenmehl ersetzt wird.

Statt Kartoffel kann Gerstenmehl, Hafermehl, Reismehl oder Gerstenschrot in derselben Menge wie Kartoffelflocken verwendet werden.

§ 6. Die Bestimmungen des § 5 gelten nicht für reines Roggenbrot, das aus Roggenmehl bereitet ist, zu dessen Herstellung der Roggen bis zu mehr als dreiundneunzig vom Hundert durchgemahlen ist.

§ 7. Die Landeszentralbehörden können bestimmen, daß Roggenbrot nur in Stücken von bestimmten Formen und Gewichten bereitet wird.

§ 8. Bei der Bereitung von Kuchen darf nicht mehr als die Hälfte des Gewichts der verwendeten Mehle oder mehlartigen Stoffe aus Weizen bestehen.

§ 9. Alle Arbeiten, die zur Bereitung von Backware dienen, sind in Bäckereien und Konditoreien, auch wenn diese nur einen Nebenbetrieb darstellen, in der Zeit von sieben Uhr abends bis sieben Uhr morgens verboten.

Die höheren Verwaltungsbehörden können Beginn und Ende der zwölf Stunden, auf die sich dieses Verbot erstreckt, für ihren Bezirk oder für einzelne Orte mit der Maßgabe anders festsetzen, daß die Arbeit nicht vor sechs Uhr morgens beginnen darf.

Die Landeszentralbehörden können das Bereiten von Kuchen auf bestimmte Wochentage beschränken.

§ 10. Roggenbrot von mehr als fünfzig Gramm Gewicht darf erst vierundzwanzig Stunden nach Beendigung des Backens aus den Bäckereien und Konditoreien, auch wenn diese nur einen Nebenbetrieb darstellen, abgegeben werden.

§ 11. Die Verwendung von backfähigem Mehl als Streumehl zur Isolierung des Teiges ist in Bäckereien und Konditoreien, auch wenn diese nur einen Nebenbetrieb darstellen, verboten.

§ 12. Diese Vorschriften gelten auch, wenn der Teig von einem anderen als dem Hersteller ausgebacken wird, sowie wenn Backware von Konsumentenvereinigungen für ihre Mitglieder bereitet wird.

§ 13. Die Beamten der Polizei und die von der Polizei beauftragten Sachverständigen sind befugt, in die Räume, in denen Backware bereitet, aufbewahrt, feilgehalten oder verpackt wird, jederzeit einzutreten, daselbst Besichtigungen vorzunehmen, Geschäftsaufzeichnungen einzusehen, auch nach ihrer Auswahl Proben zum Zwecke der Untersuchung gegen Empfangsbestätigung zu entnehmen.

§ 14. Die Unternehmer von Betrieben, in denen Backware hergestellt oder gelagert wird, sowie die von ihnen bestellten Betriebsleiter und Aufsichtspersonen sind verpflichtet, den Beamten der Polizei und den Sachverständigen Auskunft über das Verfahren bei Herstellung der Erzeugnisse, über den Umfang des Betriebs und über die zur Verarbeitung gelangenden Stoffe, insbesondere auch über deren Menge und Herkunft, zu erteilen.

§ 15. Die Sachverständigen sind, vorbehaltlich der dienstlichen Berichterstattung und der Anzeige von Gesetzwidrigkeiten, verpflichtet, über die Einrichtungen und Geschäftsverhältnisse, welche durch die Aufsicht zu ihrer Kenntnis kommen, Verschwiegenheit zu beobachten und sich der Mitteilung und Verwertung der Geschäfts- und Betriebsgeheimnisse zu enthalten. Sie sind hierauf zu vereidigen.

§ 16. Bäcker, Konditoren und Verkäufer von Backware haben einen Abdruck dieser Verordnung in ihren Verkaufs- und Betriebsräumen auszuhängen.

§ 17. Die Landeszentralbehörden erlassen die Bestimmungen zur Ausführung dieser Verordnung.

§ 18. Mit Geldstrafe bis zu eintausendfünfhundert Mark oder mit Gefängnis bis zu drei Monaten wird bestraft:

1. wer den Vorschriften der §§ 2, 3, 4, 5, 8, 9, 10, 11, 16 oder den auf Grund der §§ 4, 7 erlassenen Bestimmungen der Landeszentralbehörde zuwiderhandelt;
2. wer wissentlich Backware, die den Vorschriften der §§ 2, 3, 4, 5, 8 oder den auf Grund der §§ 4, 7 erlassenen Bestimmungen der Landeszentralbehörde zuwider bereitet ist, verkauft, feilhält oder sonst in den Verkehr bringt;
3. wer den Vorschriften des § 15 zuwider Verschwiegenheit nicht beobachtet oder der Mitteilung oder Verwertung von Geschäfts- oder Betriebsgeheimnissen sich nicht enthält;

4. wer den nach § 17 erlassenen Ausführungsbestimmungen zuwiderhandelt.

In dem Falle der Nr. 3 tritt die Verfolgung nur auf Antrag des Unternehmers ein.

§ 19. Mit Geldstrafe bis zu einhundertfünfzig Mark oder mit Haft wird bestraft:

1. wer den Vorschriften des § 13 zuwider den Eintritt in die Räume, die Besichtigung, die Einsicht in die Geschäftsaufzeichnungen oder die Entnahme einer Probe verweigert;
2. wer die in Gemäßheit des § 14 von ihm erforderte Auskunft nicht erteilt oder bei der Auskunftserteilung wissentlich unwahre Angaben macht.

§ 20. Diese Verordnung gilt nicht für Backware, die aus dem Ausland eingeführt wird, und nicht für Zwieback, der für Rechnung der Heeres- und Marineverwaltung hergestellt wird.

Sie gilt ferner nicht für Erzeugnisse, die bei religiösen Handlungen verwendet werden.

§ 21. Diese Verordnung tritt mit dem 15. Januar 1915 in Kraft. Der Reichskanzler bestimmt den Zeitpunkt des Außerkrafttretens.

Die Bekanntmachung über den Verkehr mit Brot vom 28. Oktober 1914 (Reichs-Gesetzbl. S. 459) wird aufgehoben.

4. Bekanntmachung, betreffend das Verbot der Verwendung von Kartoffelmehl zur Herstellung von Seife.

Vom 22. Dezember 1914 (RGBl. S. 547).

§ 1. Die Verwendung von Kartoffelmehl und anderen Erzeugnissen aus der Kartoffel zur gewerbsmäßigen Herstellung von Seife ist verboten.

§ 2. Die Beamten der Polizei und die von der Polizeibehörde beauftragten Sachverständigen sind befugt, in die Räume, in denen Seife gewerbsmäßig hergestellt wird, jederzeit, in die Räume, in denen Seife aufbewahrt, feilgehalten oder verpackt wird, während der Geschäftszeit einzutreten und daselbst Besichtigungen vorzunehmen, auch nach ihrer Auswahl Proben zum Zwecke der Untersuchung gegen Empfangsbestätigung zu entnehmen. Auf Verlangen ist ein Teil der Probe amtlich verschlossen oder versiegelt zurückzulassen und für die entnommene Probe eine angemessene Entschädigung zu leisten.

§ 3. Die Unternehmer von Betrieben, in denen Seife gewerbsmäßig hergestellt wird, sowie die von ihnen bestellten Betriebsleiter und Aufsichtspersonen sind verpflichtet, den Beamten der Polizei und den Sachverständigen auf Erfordern Auskunft über das Verfahren bei Herstellung der Erzeugnisse, über den Umfang des Betriebs und über die zur Verarbeitung gelangenden Stoffe, insbesondere auch über deren Menge und Herkunft, zu erteilen.

§ 4. Die Sachverständigen sind, vorbehaltlich der dienstlichen Berichterstattung und der Anzeige von Gesetzwidrigkeiten, verpflichtet, über die Einrichtungen und Geschäftsverhältnisse, welche durch die Aufsicht zu ihrer Kenntnis kommen, Verschwiegenheit zu beobachten und sich der Mitteilung und Verwertung der Geschäfts- oder Betriebsgeheimnisse zu enthalten. Sie sind hierauf zu vereidigen.

§ 5. Wer vorsätzlich oder fahrlässig dem § 1 dieser Verordnung zuwiderhandelt, wird mit Geldstrafe bis zu eintausendfünfhundert Mark bestraft.

§ 6. Wer wissentlich Seife, die dem Verbote des § 1 zuwider hergestellt ist, in seinem Gewerbebetriebe verkauft, feilhält oder sonst in den Verkehr bringt, wird mit Geldstrafe bis zu eintausendfünfhundert Mark bestraft.

§ 7. Mit Geldstrafe bis zu eintausendfünfhundert Mark oder mit Gefängnis bis zu drei Monaten wird bestraft, wer den Vorschriften des § 4 zuwider Verschwiegenheit nicht beobachtet oder der Mitteilung oder Verwertung von Geschäfts- oder Betriebsgeheimnissen sich nicht enthält.

Die Verfolgung tritt nur auf Antrag des Unternehmers ein.

§ 8. Mit Geldstrafe bis zu einhundertfünfzig Mark oder mit Haft wird bestraft:

1. wer den Vorschriften des § 2 zuwider den Eintritt in die Räume, die Entnahme einer Probe oder die Besichtigung verweigert,
2. wer die in Gemäßheit des § 3 von ihm erforderte Auskunft nicht erteilt oder bei der Auskunftserteilung wissentlich unwahre Angaben macht.

§ 9. Die Verordnung tritt mit dem Tage der Verkündung, die §§ 5 bis 8 treten am 28. Dezember 1914 in Kraft. Den Zeitpunkt des Außerkrafttretens bestimmt der Reichskanzler.

5. Bekanntmachung, betreffend Regelung des Absatzes von Erzeugnissen der Kartoffeltrocknerei.

Vom 5. November 1914 (RGBl. S. 471).

§ 1. Wer Erzeugnisse der landwirtschaftlichen oder gewerblichen Kartoffeltrocknerei herstellt oder durch andere herstellen läßt (Trockner), darf die Erzeugnisse bis zum 30. September 1915 nur durch die Trockenkartoffel-Verwertungs-Gesellschaft mit beschränkter Haftung zu Berlin absetzen.

Jeder Trockner ist berechtigt, der Trockenkartoffel-Verwertungs-Gesellschaft m. b. H. unter den Bedingungen des Gesellschaftsvertrags beizutreten.

§ 2. Hinsichtlich der Verwertung der zur Verfügung gestellten Erzeugnisse durch die Gesellschaft unterliegt der Trockner, der von dem Rechte, Gesellschafter zu werden, keinen Gebrauch gemacht hat, denselben Bedingungen wie die Gesellschafter, mit der Maßgabe, daß über Rechtsstreitigkeiten zwischen ihm und der Gesellschaft die ordentlichen Gerichte entscheiden.

§ 3. Erzeugnisse der Kartoffeltrocknerei im Sinne dieser Verordnung sind:

a) Kartoffel-Trockenschnitzel und -Krümel,
b) Kartoffel-Flocken,
c) Kartoffel-Walzmehl.

Streitigkeiten darüber, ob ein Erzeugnis der Kartoffeltrocknerei zu den unter a bis c aufgeführten Gegenständen gehört, entscheidet der Reichskanzler.

§ 4. Die Trockenkartoffel-Verwertungs-Gesellschaft untersteht der Aufsicht des Reichskanzlers. Sie darf den Betrieb nur mit Erlaubnis des Reichskanzlers beginnen; der Reichskanzler kann die Erlaubnis von der Erfüllung bestimmter im Gesellschaftsvertrage festzulegender Voraussetzungen abhängig machen.

§ 5. Wer der Vorschrift des § 1 zuwider Erzeugnisse der Kartoffeltrocknerei in anderer Weise als durch die Trockenkartoffel-Verwertungs-Gesellschaft m. b. H. absetzt, wird mit Geldstrafe bis zu dreitausend Mark bestraft.

§ 6. Fabrikanten von Kartoffelstärke sind auf Verlangen des Reichskanzlers verpflichtet, einen von ihm zu bestimmenden Anteil ihrer Erzeugnisse zum Zwecke der Brotbereitung durch die Trockenkartoffel-Verwertungs-Gesellschaft abzusetzen; die Bedingungen werden vom Reichskanzler festgesetzt.

§ 7. Diese Verordnung tritt mit dem Tage der Verkündung in Kraft.

6. Bekanntmachung, betreffend die Regelung der wirtschaftlichen Betriebsverhältnisse der Branntweinbrennereien und der Betriebsauflagevergütungen für das Betriebsjahr 1914/15.

Vom 15. Oktober 1914 (RGBl. S. 434).

Der Bundesrat hat beschlossen:

1. Für das Betriebsjahr 1914/15 wird der Durchschnittsbrand der Brennereien mit einer Jahreserzeugung von 50 hl Alkohol oder weniger auf 90 Hundertteile, der Durchschnittsbrand der übrigen Brennereien auf 60 Hundertteile des allgemeinen Durchschnittsbrandes festgesetzt.
2. Auf Grund des § 3 des Gesetzes über die Ermächtigung des Bundesrats zu wirtschaftlichen Maßnahmen usw. vom 4. August 1914 (Reichs-Gesetzbl. S. 327) wird
   a) das Kontingent der Brennereien im Königreiche Bayern (einschließlich Jungholz und Mittelberg), im Königreiche

Württemberg und im Großherzogtume Baden für das Betriebsjahr 1914/15 auf sieben Zehntel des auf Grund des Beschlusses vom 2. November 1911 — § 914 der Protokolle — den einzelnen Brennereien für das Betriebsjahr 1911/12 zugewiesenen Kontingents festgesetzt;

b) bestimmt, daß abweichend von der Vorschrift im § 5 Abs. 3 des Gesetzes, betreffend die Beseitigung des Branntweinkontingents, vom 14. Juni 1912 (Reichs-Gesetzbl. S. 378) im Betriebsjahr 1914/15 die Vorschrift im Abs. 1 unter 1 a. a. O., soweit sie die Hohenzollernschen Lande angeht, und die Vorschrift im Abs. 1 unter 2 a. a. O. nur für den Branntwein eintritt, der innerhalb der ersten sieben Zehntel des den einzelnen Brennereien für das Betriebsjahr 1911/12 zugewiesenen Kontingents erzeugt worden ist;

c) die durch § 15 des Gesetzes vom 14. Juni 1912 dem § 69 des Branntweinsteuergesetzes vom 15. Juli 1909 (Reichs-Gesetzbl. S. 661) als Abs. 2 angefügte Vorschrift bei Festsetzung des Durchschnittsbrandes der einzelnen Brennerei für das Betriebsjahr 1914/15 für Brennereien mit einer Jahreserzeugung von mehr als 50 hl Alkohol außer Wirksamkeit gesetzt.

3. Die Vergällungspflicht der Brennereien wird für das Betriebsjahr 1914/15 dahin geregelt, daß 65 Hundertteile der innerhalb des Durchschnittsbrandes hergestellten Erzeugung der Vergällungspflicht unterliegen und die übrigen 35 Hundertteile davon befreit bleiben.

4. Die aus den Einnahmen an Betriebsauflage zu gewährenden Vergütungen werden mit Wirkung vom 16. Oktober 1914 ab wie folgt festgesetzt:

a) für vollständig vergällten Branntwein

α) des vergällungspflichtigen Überbrandes auf 0,07 Mark,

β) anderer Art auf . . . . 0,21 „ ;

b) für unvollständig vergällten Branntwein, der verwendet wird

α) zur Herstellung von Essig auf . . . . . . 0,20 Mark,

β) zur Herstellung von essigsauren Salzen (Bleizucker usw.), Zellhorn (Zelluloid), Kunstseide und Kunstleder (ein mit Zellhorn oder ähnlichen Stoffen überstrichenes Gewebe) sowie von Teerfarbstoffen und ihren organischen Vorerzeugnissen auf . . . . 0,16 Mark,

γ) zu anderen Zwecken auf . . . . 0,105 „ ;

c) bei der Ausfuhr

α) für Branntwein aus Steinobst oder Beeren und Liköre, wenn die Ausfuhr in Flaschen bis zu einem Liter oder in Fässern oder Korbflaschen bis zu 100 Liter Raumgehalt erfolgt (§ 48 unter b und c der Branntweinsteuer-Befreiungsordnung) auf . . . . . . 0,14 Mark,

β) für rohen und gereinigten Branntwein sowie für Branntwein und Branntweinerzeugnisse anderer Art als unter *α* angegeben (§ 48 unter a, d, e und f der Branntweinsteuer-Befreiungsordnung) auf . 0,07 Mark;

d) für Branntwein, der unter amtlicher Überwachung durch Verdunstung oder sonst durch natürliche Einflüsse verloren geht (§ 36 der Branntwein-Begleitscheinordnung, § 32 Abs. 3 der Branntwein-Lagerordnung, § 27 Abs. 3 der Branntwein-Reinigungsordnung), und zwar

α) des vergällungspflichtigen Überbrandes auf 0,07 Mark,

β) anderer Art auf . . . . 0,105 „

für das Liter Alkohol.

Übersteigt die in der Zeit vom 1. bis einschließlich 15. Oktober 1914 von dem einzelnen Antragsteller vollständig vergällte Alkoholmenge 15 Einunddreißigstel der im Oktober der Jahre 1911, 1912 und 1913 durchschnittlich für denselben Antragsteller oder seinen Rechtsvorgänger in gleicher Weise steuerfrei abgelassenen Menge um mehr als 5 Hundertteile, mindestens aber um mehr als 600 Liter Alkohol, so ist für die darüber hinausgehende Menge die Betriebsauflage nur in der oben festgesetzten geringeren Höhe zu vergüten.

5. Auf Grund des § 3 des Gesetzes über die Ermächtigung des Bundesrats zu wirtschaftlichen Maßnahmen usw. vom 4. August

1914 wird den nachstehenden Bestimmungen über die Übertragung des Durchschnittsbrandes der Brennereien im Betriebsjahr 1914/15 die Genehmigung erteilt.

Anlage.

Bestimmungen
über die Übertragung des Durchschnittsbrandes der Brennereien im Betriebsjahr 1914/15.

§ 1. (1) Die Direktivbehörde kann in den im § 2 näher bezeichneten Fällen gestatten, daß im Betriebsjahr 1914/15 der Durchschnittsbrand einer Brennerei, gegebenenfalls mit diesem auch die zu einem ermäßigten Verbrauchsabgabensatze herstellbare Alkoholmenge ganz oder teilweise auf eine andere Brennerei der gleichen Art innerhalb des Direktivbezirkes übertragen wird. Soll Durchschnittsbrand usw. auf eine Brennerei eines anderen Direktivbezirkes übertragen werden, so ist die Genehmigung der obersten Landesfinanzbehörde erforderlich. Die Übertragung von Durchschnittsbrand usw. auf eine Brennerei eines anderen Bundesstaats ist ausgeschlossen.

(2) Im Falle des Bedürfnisses können landwirtschaftliche Brennereien, Obstbrennereien und den Obstbrennereien gleichgestellte Brennereien als Brennereien der gleichen Art behandelt werden.

§ 2. Die Übertragung darf gestattet werden:

a) für Brennereien jeder Art,
wenn infolge der kriegerischen Ereignisse der Brennereibesitzer durch Zerstörung der Brennereianlage, Vernichtung von Rohstoffen der Branntweinerzeugung usw. außerstand gesetzt ist, den Brennereibetrieb überhaupt oder in einem dem Durchschnittsbrand entsprechenden Umfang auszuüben;

b) für landwirtschaftliche Brennereien, die ausschließlich Kartoffeln verarbeiten,
1. wenn der Brennereibesitzer eine eigene Anlage zur Herstellung von Trockenkartoffeln besitzt oder zur alsbaldigen Einrichtung verbindlich in Auftrag gegeben hat,

2. wenn der Brennereibesitzer einer Kartoffeltrocknungs-Genossenschaft als Mitglied angehört,
3. wenn der Brennereibesitzer sich verpflichtet, die geernteten Kartoffeln, soweit er sie nicht in der eigenen Wirtschaft verbraucht, an eine Anstalt zur Herstellung von Trockenkartoffeln zu liefern, und nachweist, daß diese ihm die Kartoffeln zur Trocknung abzunehmen hat;

c) für landwirtschaftliche Brennereien, die Kartoffeln neben Getreide verarbeiten, unter den bei b angegebenen Bedingungen in dem der Kartoffelverarbeitung entsprechenden Verhältnis.

§ 3. Für den Branntwein, der auf den erworbenen Durchschnittsbrand angerechnet wird, ist die Betriebsauflage so zu berechnen und die Vergällungspflicht so zu erfüllen, als ob er in der Brennerei hergestellt worden wäre, die den Durchschnittsbrand abgegeben hat. Soweit die abgebende Brennerei Branntwein zu einem ermäßigten Verbrauchsabgabensatze herstellen durfte, unterliegt der innerhalb der übertragenen Menge hergestellte Branntwein in den bestimmten Grenzen dem für die abgebende Brennerei zutreffenden ermäßigten Verbrauchsabgabensatze. Verwertet eine Brennerei, die nur einen Teil des Durchschnittsbrandes einer anderen Brennerei erworben hat, diesen Anteil überhaupt nicht oder nicht vollständig, so wird hierdurch die Behandlung der übrigen an demselben Durchschnittsbrande beteiligten Brennereien nicht geändert (zu vergleichen § 8).

§ 4. Eine Brennerei, die fremden Durchschnittsbrand erworben hat, darf auf diesen ihre Branntweinerzeugung erst anrechnen lassen, nachdem sie den eigenen Durchschnittsbrand erschöpft hat.

§ 5. Wer von dem ihm für das Betriebsjahr 1914/15 zugewiesenen Durchschnittsbrand usw. an eine andere Brennerei etwas abgeben will, hat die Genehmigung bei dem für seine Brennerei zuständigen Hauptamt zu beantragen. Der Antrag hat die Tatsachen (§ 2) zu enthalten, auf die er gestützt wird, sowie Namen, Ort, Hauptamtsbezirk und Hebebezirk der Brennerei, auf die Durchschnittsbrand übertragen werden soll. Soll der zu übertragende Durchschnittsbrand auf mehrere Brennereien verteilt werden, so haben sich die Angaben auf sämtliche in Betracht kommenden Brennereien zu erstrecken unter näherer Bezeichnung der betreffenden Alkoholmengen. Das Hauptamt prüft im Einvernehmen mit dem für die erwerbende Brennerei zuständigen Hauptamt den Antrag, vermerkt darauf die Brennereiklasse und die Betriebsweise aller beteiligten Brennereien, soweit diese für die Beurteilung in Betracht kommt, und legt ihn der Direktivbehörde vor.

§ 6. Die Direktivbehörde prüft den Antrag und genehmigt ihn, wenn Bedenken nicht bestehen, nötigenfalls nach Weisung der obersten Landesfinanzbehörde (§ 1 Satz 2).

§ 7. In dem Branntwein-Abnahmebuche, dem Branntwein-Abnahme-Hauptbuche, dem Betriebsauflagebuch und dem Betriebsauflage-Hauptbuche sowohl der Brennerei, die Durchschnittsbrand abgegeben hat, als auch der, die solchen erworben hat, sind entsprechende Vermerke zu machen.

§ 8. Die Hebestelle, in deren Bezirke die abgebende Brennerei liegt, hat der anderen Hebestelle alle die Steuerberechnung und die Vergällungspflicht berührenden Angaben mitzuteilen. Ist die Übertragung von Teilmengen des Durchschnittsbrandes genehmigt, so ist insbesondere für jede Brennerei der allgemeine Betriebsauflagesatz mitzuteilen, der für die übertragene Teilmenge zunächst in Betracht kommt und wieviel zu diesem Satze hergestellt werden darf. Gegebenenfalls ist auch der ermäßigte Verbrauchsabgabensatz sowie der Teil des Durchschnittsbrandes, der diesem unterliegt, mitzuteilen.

§ 9. (1) Der Branntwein, der auf den Durchschnittsbrand einer anderen Brennerei angerechnet wird, ist auf besonderen Papieren abzufertigen und in besonderen Abnahmebüchern und Betriebsauflagebüchern nachzuweisen. In diesen Büchern ist die Brennerei ersichtlich zu machen, die den Branntwein herstellt, und die den Durchschnittsbrand abgebende Brennerei.

(2) Kommen Brennereien verschiedener Hebebezirke in Betracht, so ist für jede Hebestelle ein besonderes Abnahme-Hauptbuch und ein besonderes Betriebsauflage-Hauptbuch zu führen.

§ 10. Für die Beurteilung der Brennerei auch in der Folgezeit und für die Statistik ist der Branntwein, der auf den Durchschnittsbrand einer anderen Brennerei angerechnet worden ist, so zu behandeln, als ob er in der abgebenden Brennerei erzeugt worden wäre. In der Statistik sind diese Branntweinmengen außerdem zusammengefaßt nachrichtlich am Fuße der einzelnen Nachweisungen zu vermerken.

7. Bekanntmachung, betreffend Verarbeitung von Topinamburs sowie von Rüben und Rübensäften in Brennereien.

Vom 26. November 1914 (RGBl. S. 486).

Der Bundesrat hat beschlossen:

Auf Grund des § 3 des Gesetzes über die Ermächtigung usw. wird landwirtschaftlichen Brennereien und mehlige Stoffe verarbeitenden gewerblichen Brennereien gestattet, Topinamburs sowie Rüben und Rübensäfte mit Ausnahme von Abläufen von der Zuckergewinnung (Melasse) im Betriebsjahr 1914/15 zu verarbeiten, ohne daß dadurch ihre Brennereiklasse geändert und ihre Abgabenbelastung erhöht wird, und ohne daß ihnen andere Nachteile für das laufende Betriebsjahr und für die Folge entstehen.

8. Bekanntmachung, betreffend vorübergehende Änderung des Weingesetzes.

Vom 26. November 1914 (RGBl. S. 486).

Für die Zeit bis zum 28. Februar 1915 wird § 3 des Weingesetzes vom 7. April 1909 (RGBl. S. 393) geändert wie folgt:

1. Abs. 1 letzter Satz: Der Zusatz an Zuckerwasser darf jedoch in keinem Falle mehr als ein Viertel der gesamten Flüssigkeit betragen.

2. Abs. 2 erster Halbsatz: Die Zuckerung darf nur in der Zeit vom Beginne der Weinlese bis zum 28. Februar 1915 vorgenommen werden.

Diese Verordnung tritt mit dem Tage ihrer Verkündung in Kraft.

9. Bekanntmachung, betreffend Änderung der Bestimmungen zur Ausführung des Weingesetzes.

Vom 26. November 1914 (RGBl. S. 486).

Der Bundesrat hat in Abänderung der durch Bekanntmachung vom 9. Juli 1909 veröffentlichten Bestimmungen zur Ausführung des Weingesetzes (Reichs-Gesetzbl. S. 549) beschlossen, den Ausführungsbestimmungen zu §§ 4, 11, 12 des Gesetzes hinzuzufügen:

12. der Zusatz von Obstmaische und aus Obst bereiteten Getränken.

10. Bekanntmachung, betreffend Regelung des Verkehrs mit Zucker und der Verwertung der Zuckergewinnung im Betriebsjahr 1914/15.

Vom 31. Oktober 1914 (RGBl. S. 467).

§ 1. Von dem im Betriebsjahr 1914/15 in den einzelnen Rohzuckerfabriken und Melasse-Entzuckerungsanstalten hergestellten Zucker werden bis zum 1. Januar 1915 nur 25 Hundertteile des nach Abs. 2 festgesetzten Kontingents zum steuerpflichtigen Inlandsverbrauch abgelassen.*) Die Höhe der bis zum 31. August 1915 weiter abzulassenden Mengen bestimmt der Bundesrat. Der übrige Zucker ist, sofern er nicht ausgeführt oder steuerfrei abgelassen wird, von der Steuerverwaltung unter Sperre zu halten. Am 1. September 1915 tritt die Absatzbeschränkung außer Kraft.

Als Kontingent gilt die im Betriebsjahr 1913/14 von den einzelnen Fabriken hergestellte Rohzuckermenge. Die näheren

*) Durch Bek. v. 14. Jan. 1915 (RGBl. S. 20) hat der Bundesrat beschlossen, die Menge des bis zum 30. April 1915 zum steuerpflichtigen Inlandsverbrauch abzulassenden Zuckers um 15 Hundertteile zu erhöhen.

Bestimmungen über die Festsetzung der Kontingente erläßt der Bundesrat; er bestimmt auch das Kontingent für diejenigen Fabriken, welche im Betriebsjahr 1913/14 keinen oder einen unregelmäßigen Betrieb gehabt haben. Verbrauchszucker wird bei der Festsetzung der Kontingente und der Abschreibungen darauf im Verhältnis von 9 zu 10 auf Rohzucker umgerechnet.

Die Kontingente sind übertragbar.

§ 2. Rohzuckerfabriken, die auch Verbrauchszucker herstellen, und Melasse-Entzuckerungsanstalten dürfen im Betriebsjahr 1914/15 nur die gleichen Mengen Verbrauchszucker in den freien Verkehr bringen wie im Betriebsjahr 1913/14.

Zuckerraffinerien, die keinen Rohzucker herstellen, dürfen nur so viel Verbrauchszucker in den freien Verkehr bringen, als sie nach dem Umrechnungsverhältnisse von 9 zu 10 aus dem in den Fabrikbetrieb aufgenommenen sperrfreien Zucker (§ 1) herstellen können.

Der Reichskanzler kann Ausnahmen zulassen.

§ 3. Der Preis des zum steuerpflichtigen Inlandsverbrauche freigegebenen Rohzuckers beträgt für 50 Kilogramm von 88 vom Hundert Ausbeute ohne Sack frei Magdeburg 9,50 Mark bei Lieferung bis zum 31. Dezember 1914; bei späterer Lieferung erhöht er sich am Ersten jeden Monats um 0,15 Mark bis auf den Höchstsatz von 10,25 Mark.

Der Bundesrat bestimmt auf dieser Grundlage die Preise, die für die einzelnen Fabriken frei Verladestelle gelten.

Zu diesen Preisen muß der Rohzucker den Verbrauchszuckerfabriken zur Verfügung gehalten werden.

§ 4. Die Verbrauchszuckerfabriken dürfen gemahlenen Melis nicht teurer verkaufen als zu einem Preise, der bei Lieferung ab Magdeburg für 50 Kilogramm ohne Sack einschließlich der Verbrauchssteuer 10 Mark mehr beträgt als der im Lieferungsmonate geltende Preis für Rohzucker (§ 3).

Der Bundesrat bestimmt auf dieser Grundlage die Höchstpreise der übrigen Verbrauchszuckerarten sowie die Höchstpreise, die für Lieferung ab Verladestelle der einzelnen Fabriken gelten.

§ 5. Auf die im § 4 vorgesehenen Höchstpreise finden der § 4 des Gesetzes, betreffend die Höchstpreise, vom 4. August 1914 (Reichs-Gesetzbl. S. 339) und der § 2 Abs. 1 desselben Gesetzes in der Fassung der Bekanntmachung vom 28. Oktober 1914 (Reichs-Gesetzbl. S. 458) entsprechende Anwendung.

§ 6. Die Kaufverträge über Rohzucker des Betriebsjahrs 1914/15 werden, soweit sie nach dem 31. Oktober 1914 zu erfüllen sind, mit dem Inkrafttreten dieser Verordnung so angesehen, als ob ein Vertragsteil gemäß eines ihm zustehenden Rechtes zurückgetreten ist.

§ 7. Diese Verordnung tritt mit dem Tage der Verkündung in Kraft.

11. Bekanntmachung, betreffend das Schlachten von Schweinen und Kälbern.

Vom 19. Dezember 1914 (RGBl. S. 536).

§ 1. Die Landeszentralbehörden werden ermächtigt, für das Schlachten von Schweinen und Kälbern Beschränkungen anzuordnen.

§ 2. Zuwiderhandlungen gegen die gemäß § 1 erlassenen Anordnungen werden mit Geldstrafe bis zu einhundertfünfzig Mark oder mit Haft bestraft.

§ 3. Diese Verordnung tritt mit dem 20. Dezember 1914 in Kraft; der Reichskanzler bestimmt den Zeitpunkt des Außerkrafttretens.

Die Verordnung findet auf das aus dem Ausland eingeführte Schlachtvieh keine Anwendung.

Die Bekanntmachung, betreffend Verbot des vorzeitigen Schlachtens von Vieh, vom 11. September 1914 (Reichs-Gesetzbl. S. 405) wird aufgehoben,*) jedoch bleiben die von den Landeszentralbehörden auf Grund des § 4 Abs. 2 dieser Bekanntmachung

---

*) Diese Verordnung v. 11. Sept., die das Abschlachten von Kälbern von weniger als 75 Kilogramm Lebendgewicht und von weiblichen noch nicht 7 Jahre alten Rindern für die Dauer von 3 Monaten verbot, wird daher hier nicht mehr abgedruckt.

angeordneten Beschränkungen für das Schlachten von Schweinen in Kraft, sofern von den Landeszentralbehörden nichts anderes bestimmt ist oder bestimmt wird.

12. Bekanntmachung über die privatrechtlichen Verhältnisse von Genossenschaften zum Zwecke der Bodenverbesserung.

Vom 28. Oktober 1914 (RGBl. S. 466).

§ 1. Werden auf Grund Landesrechts Genossenschaften zum Zwecke der Bodenverbesserung von Moor-, Heide- und ähnlichen Ländereien während des Krieges gebildet, so können die privatrechtlichen Verhältnisse durch Landesgesetz geregelt werden.

§ 2. Diese Verordnung tritt mit dem Tage ihrer Verkündung in Kraft.

13. Bekanntmachung über Vorratserhebungen.

Vom 24. August 1914 (RGBl. S. 382).

Der Bundesrat hat auf Grund des § 3 des Gesetzes über die Ermächtigung usw. vom 4. August 1914 (Reichs-Gesetzbl. S. 327) folgende Verordnung erlassen:

§ 1.*) Während der Dauer des gegenwärtigen Krieges ist den von den Landeszentralbehörden bestimmten Behörden jederzeit Auskunft über die Vorräte an Gegenständen des täglichen Bedarfs, insbesondere an Nahrungs- und Futtermitteln aller Art, sowie an rohen Naturerzeugnissen, Heiz- und Leuchtstoffen zu geben.

Zur Auskunft verpflichtet sind:

1. landwirtschaftliche und gewerbliche Unternehmer, in deren Betrieben die Gegenstände erzeugt oder verarbeitet werden,
2. alle, die solche Gegenstände aus Anlaß ihres Handelsbetriebs oder sonst des Erwerbes wegen in Gewahrsam haben, kaufen oder verkaufen,

---

*) Die Vorschrift dieses § 1 ist durch Bek. v. 15. Okt. 1914 (RGBl. S. 440) dahin ergänzt worden, daß die Auskunftspflicht sich auch auf sämtliche Artikel des Kriegsbedarfs und auf Gegenstände, die zur Herstellung von Kriegsbedarfsartikeln dienen, erstreckt.

3. Kommunen, öffentlich-rechtliche Körperschaften und Verbände.

§ 2. Auf Verlangen sind anzugeben:

1. die Vorräte, die dem Befragten gehören oder die er in Gewahrsam hat,
2. die Mengen, auf deren Lieferung er Anspruch hat,
3. die Mengen, zu deren Lieferung er verpflichtet ist.

§ 3. Die Anfrage kann auf folgende Punkte ausgedehnt werden:

1. wer die Vorräte aufbewahrt, die dem Befragten gehören,
2. wem die fremden Vorräte gehören, die der Befragte aufbewahrt,
3. wann die Vorräte abgegeben werden können,
4. für welchen Zeitpunkt die Lieferungen (§ 2 Nr. 2 und 3) vereinbart sind,
5. wohin früher angemeldete Vorräte abgegeben sind.

Jedes weitere Eindringen in die Vermögensverhältnisse ist unstatthaft.

§ 4. Die anfragende Behörde ist berechtigt, zur Nachprüfung der Angaben die Vorratsräume des Befragten untersuchen und seine Bücher prüfen zu lassen.

§ 5. Wer die auf Grund dieser Verordnung gestellten Fragen nicht in der gesetzten Frist beantwortet, oder wer wissentlich unrichtige Angaben macht, wird mit Geldstrafe bis zu 3000 Mark oder im Unvermögensfalle mit Gefängnis bis zu sechs Monaten bestraft.

§ 6. Die Landeszentralbehörden erlassen die Bestimmungen zur Ausführung dieser Verordnung.

§ 7. Diese Verordnung tritt mit dem Tage der Verkündung in Kraft.

14. Bekanntmachung, betreffend statistische Aufnahmen der Vorräte von Getreide und Erzeugnissen der Getreidemüllerei.

Vom 29. Oktober 1914 (RGBl. S. 466).

Die im § 2 Abs. 1 des Gesetzes, betreffend statistische Aufnahmen der Vorräte von Getreide und Erzeugnissen der Getreidemüllerei, vom 20. Mai 1914 (Reichs-Gesetzbl. S. 129) vorgesehene zweite allgemeine Aufnahme kann im gleichen Jahre wie die erste erfolgen.

§ 2. Auf die zweite Aufnahme finden die Bestimmungen der §§ 4 und 5 der Bekanntmachung über Vorratserhebungen vom 24. August 1914 (Reichs-Gesetzbl. S. 382) Anwendung.*)

L. Höchstpreise. Zoll- und Einfuhrbestimmungen.

Siehe die folgenden Gesetze und Bekanntmachungen.

XVIII.

Gesetz, betreffend Höchstpreise.

Vom 4. August 1914

in der Fassung der Bekanntmachung v. 17. Dezember 1914 (RGBl. S. 516).**)

§ 1. Für die Dauer des gegenwärtigen Krieges können für Gegenstände des täglichen Bedarfs, insbesondere für Nahrungs- und Futtermittel aller Art sowie für rohe Naturerzeugnisse, Heiz- und Leuchtstoffe Höchstpreise festgesetzt werden.

Der Bundesrat kann bestimmen, daß auch für andere Gegenstände Höchstpreise festgesetzt werden.

---

*) Die Ausführungsbestimmungen für diese statistische Aufnahme finden sich im Zentralbl. f. d. Deutsche Reich 1914 S. 557 ff., diejenigen für die kleine Viehzählung ebenda S. 541 ff.

**) Das Gesetz ist — auf Grund des § 3 des Gesetzes über die Ermächtigung des Bundesrats zu wirtschaftlichen Maßnahmen usw. — zweimal abgeändert worden, und zwar durch die Bundesratsverordnungen v. 28. Okt. 1914 (RGBl. S. 458) und vom 17. Dezbr. 1914 (RGBl. S. 513). Die oben gegebene Fassung berücksichtigt diese Änderungen.

§ 2. Das Eigentum an Gegenständen, für die Höchstpreise festgesetzt sind, kann durch Anordnung der zuständigen Behörde einer von ihr bezeichneten Person auf deren Antrag übertragen werden. Die Anordnung ist an den Besitzer der Gegenstände zu richten; sie ist nicht auf die einem Landwirt zur Fortführung seiner Wirtschaft erforderlichen Vorräte zu erstrecken. Das Eigentum geht über, sobald die Anordnung dem Besitzer zugeht.

Der Anordnung hat eine Aufforderung der zuständigen Behörde zur Überlassung vorauszugehen. Die Aufforderung hat die Wirkung, daß Verfügungen über die von ihr betroffenen Gegenstände nichtig sind; den rechtsgeschäftlichen Verfügungen stehen Verfügungen gleich, die im Wege der Zwangsvollstreckung oder Arrestvollziehung erfolgen. Die Landeszentralbehörde, in deren Bezirke sich die Gegenstände befinden, kann bestimmte Personen ermächtigen, eine solche Aufforderung zu erlassen; die von einer hiernach ermächtigten Person erlassene Aufforderung wird unwirksam, wenn sie nicht binnen einer Woche, nachdem sie den von ihr Betroffenen zugegangen ist, durch Erlaß der Behörde bestätigt wird.

Der von der Anordnung Betroffene ist verpflichtet, die Gegenstände bis zum Ablauf einer von der Behörde in der Anordnung zu bestimmenden Frist zu verwahren. Die Behörde kann eine Vergütung für die Verwahrung festsetzen.

Der Übernahmepreis wird unter Berücksichtigung des Höchstpreises, sowie der Güte und Verwertbarkeit der Gegenstände von der höheren Verwaltungsbehörde nach Anhörung von Sachverständigen endgültig festgesetzt. Handelt es sich um Gegenstände, deren Höchstpreis sich zu bestimmten Zeitpunkten ändert, so ist der zur Zeit der Anordnung geltende Höchstpreis zu berücksichtigen.

Bezieht sich die Anordnung auf Erzeugnisse eines Grundstücks, so werden diese von der Haftung für Hypotheken, Grundschulden und Rentenschulden frei, soweit sie nicht vor der Aufforderung (Abs. 2) zugunsten des Gläubigers in Beschlag genommen worden sind.

§ 3. Soweit für Getreide Höchstpreise festgesetzt sind, kann die Anordnung (§ 2 Abs. 1) getroffen werden, bevor das Getreide ausgedroschen ist. Das Eigentum an dem Getreide geht in diesem Falle auf die von der Behörde bezeichnete Person über, sobald das Getreide ausgedroschen ist. Bis zu diesem Zeitpunkt erstrecken sich die Wirkungen der Aufforderung auch auf den Halm. Die Behörde kann bestimmen, daß das Getreide von dem von der Anordnung Betroffenen mit den Mitteln seines landwirtschaftlichen Betriebs binnen einer zu bestimmenden Frist ausgedroschen wird. Kommt der Verpflichtete dem Verlangen nicht nach, so kann die Behörde die geforderten Handlungen auf seine Kosten durch einen Dritten vornehmen lassen; der Verpflichtete hat die Vornahme in seinen Wirtschaftsräumen und mit den Mitteln seines Betriebs zu gestatten.

§ 4. Die zuständige Behörde kann den Besitzer von Gegenständen, für die Höchstpreise festgesetzt sind, auffordern, die Gegenstände zu den festgesetzten Höchstpreisen zu verkaufen. Weigert sich ein Besitzer, der Aufforderung nachzukommen, so kann die zuständige Behörde die Gegenstände übernehmen und auf Rechnung und Kosten des Besitzers zu den festgesetzten

Höchstpreisen verkaufen, soweit sie nicht für dessen eigenen Bedarf nötig sind.

§ 5. Der Bundesrat setzt die Höchstpreise fest. Soweit er sie nicht festgesetzt hat, können die Landeszentralbehörden oder die von ihnen bestimmten Behörden Höchstpreise festsetzen.

Die Landeszentralbehörden oder die von ihnen bestimmten Behörden erlassen die erforderlichen Anordnungen und Ausführungsbestimmungen.

§ 6. Mit Gefängnis bis zu einem Jahre oder mit Geldstrafe bis zu zehntausend Mark wird bestraft:

1. wer die nach § 1 festgesetzten Höchstpreise überschreitet;
2. wer einen anderen zum Abschluß eines Vertrags auffordert, durch den die Höchstpreise überschritten werden, oder sich zu einem solchen Vertrag erbietet;
3. wer einen Gegenstand, der von einer Aufforderung (§§ 2, 3) betroffen ist, beiseite schafft, beschädigt oder zerstört;
4. wer der Aufforderung der zuständigen Behörde zum Verkaufe von Gegenständen, für die Höchstpreise festgesetzt sind (§ 4), nicht nachkommt;
5. wer Vorräte an Gegenständen, für die Höchstpreise festgesetzt sind, dem zuständigen Beamten gegenüber verheimlicht;
6. wer den nach § 5 erlassenen Ausführungsbestimmungen zuwiderhandelt.

§ 7. Der Bundesrat wird ermächtigt, den Zeitpunkt zu bestimmen, zu welchem dieses Gesetz wieder außer Kraft tritt.

§ 8. Dieses Gesetz tritt mit dem Tage seiner Verkündung in Kraft.

Amtliche Begründung.

Auch wenn an sich genügende Vorräte zur Versorgung der Bevölkerung vorhanden sind, steigen erfahrungsmäßig unter den besonderen Verhältnissen, wie sie ein Krieg mit sich bringt, an manchen Orten die Gegenstände des täglichen Bedarfs plötzlich stark im Preise, weil der normale Verlauf der Versorgung gestört ist. Um übertrieben hohen Preissteigerungen entgegenzuwirken, die nicht in der Natur der Verhältnisse begründet sind, sondern auf spekulative oder unlautere Machenschaften Einzelner zurückgehen, empfiehlt es sich, die Möglichkeit zu schaffen, daß unüberschreitbare Höchstpreise (Taxen im Sinne des Titel V der Gewerbeordnung) für bestimmte Gegenstände des täglichen Bedarfs festgesetzt werden können. Dem steht § 72 der für Friedenszeiten erlassenen Gewerbeordnung entgegen. Für die Kriegszeit ist daher eine Ausnahme hiervon erforderlich. Die Möglichkeit, Höchstpreise festzusetzen, soll dementsprechend nur für die Dauer des gegenwärtigen Krieges gegeben werden.

Soll die Möglichkeit, Höchstpreise festzusetzen, in der gewünschten Weise wirksam werden, so muß sie für alle Gegenstände des täglichen Bedarfs gewährt werden, mögen sie im Marktverkehr, in Läden oder sonstwie gehandelt werden. Dies sind zunächst viele Gegenstände des Wochenmarktverkehrs, wie sie in einer auf Grund der Gewerbeordnung erlassenen, im Auszug beigefügten Preußischen Ministerialverfügung vom 26. Dezember 1847 beispielsweise aufgeführt sind. Hierzu treten Gegenstände, wie Konserven, Reis, geräucherte und getrocknete Lebensmittel, die überwiegend im Ladenverkehr und im Großhandel gehandelt werden. Ferner sind, um jeden Zweifel auszuschließen, im Entwurfe Futtermittel aller Art aufgeführt worden. Weiter sind unter rohen Naturerzeugnissen neben allen Früchten nicht nur kleineres Vieh, sondern alles Vieh einbegriffen. Endlich sind alle Heiz- und Leuchtstoffe wegen ihrer Wichtigkeit besonders genannt worden.

Bei Festsetzung der Höchstpreise ist nicht nur das Interesse der konsumierenden Bevölkerung an solchen Preisen zu berücksichtigen, welche ihr den Ankauf des täglichen Bedarfs ermöglichen, sondern es ist auch der infolge der besonderen Umstände schwierigen Lage der Produzenten und Händler gebührend Rechnung zu tragen. Dem Verkäufer muß ein den Verhältnissen angemessener Nutzen verbleiben, sonst wird man den Verkauf lähmen und damit unter Umständen Schlimmeres herbeiführen, als man durch die Festsetzung von Höchstpreisen verhindern will.

Man wird erwarten können, daß diese Vorschriften in der Regel genügen werden, um die Versorgung der Bevölkerung zu angemessenen Preisen sicher zu stellen. Es kann indessen vorkommen, daß ein Besitzer von Gegenständen des täglichen Bedarfs, der durch die Festsetzung von Höchstpreisen in seinen spekulativen Absichten gehindert ist, auf deren Verkauf jetzt überhaupt verzichtet, in der Hoffnung, sie später, wenn die Bedürfnisse noch dringlicher geworden sind, unter der Hand oder sonstwie zu Wucherpreisen abzusetzen. Es muß daher ein Mittel an Hand gegeben werden, derartige Absichten zu durchkreuzen und alle zum Schaden der Allgemeinheit zurückgehaltenen Gegenstände des täglichen Bedarfs der Bevölkerung zu angemessenen Preisen zur Verfügung zu stellen. Die Strafandrohung wird diesen Zweck nicht immer erreichen. Das Preußische Landrecht sah in dieser Richtung vor, daß der Staat jeden zum Verkauf seiner Sachen besonders auch zum Verkauf von Getreidevorräten zwingen konnte, wenn es zum Wohle des Gemeinwesens notwendig ist, (Teil I Titel XI §§ 4 ff.)*).

Die weiteren Ausführungen der Begründung sind hier weggelassen worden, weil sie sich wesentlich auf Bestimmungen beziehen, die später abgeändert wurden. Den lokalen Behörden

*) § 4 lautet: „Auch der Staat ist Jemanden zum Verkaufe seiner Sache zu zwingen nur alsdann berechtigt, wenn es zum Wohl des gemeinen Wesens notwendig ist."

stehen die Befugnisse der Preisfestsetzung jetzt nur noch für den Kleinhandel zu, während für den Großhandel der Bundesrat durch die im folgenden abgedruckten Verordnungen die Preise geregelt hat. Denn dies sollte nach einheitlichen Gesichtspunkten und von einer Stelle aus geschehen, wie die Denkschr. S. 73 ausdrücklich hervorhebt, und es mußte geschehen „trotz der grundsätzlichen Bedenken, die einer Festsetzung von Höchstpreisen im Großhandel für längere Zeit entgegenstehen, und ungeachtet der großen technischen Schwierigkeiten, die hierbei zu überwinden sind". Man löste diese Schwierigkeiten durch die Festsetzung von 32 Hauptmarktorten — Bek. v. 24. Aug. 1914 (RGBl. S.38 4) —, nach denen die Preise anderer Orte sich richten. Weiter hat namentlich die Abänderung vom 17. Dezbr. die Repressalien gegenüber Besitzern, die ihre Waren zurückhalten, ganz erheblich verschärft, eine Zwangsenteignung eingeführt, wie besonders aus den §§ 2 bis 4 hervorgeht. Im einzelnen siehe die weiter unten abgedruckten Verordnungen.

Zu dem Gesetz erging

1. Erlaß.

Gemäß § 3 des als Anlage 1 abgedruckten Gesetzes vom 4. August 1914, betreffend Höchstpreise, habe ich die als Anlage 2 abgedruckte Ausführungsanweisung erlassen. (Anl. 1 und 2.)

Ich ersuche Sie, das Gesetz und die Ausführungsanweisung unverzüglich zur Kenntnis der amtlich beteiligten Stellen zu bringen, die Ausführungsanweisung im Amtsblatt zu veröffentlichen und dafür Sorge zu tragen, daß die gemäß Ziffer 1 der Ausführungsanweisung ergehenden Anordnungen der Gemeindevorstände in den Städten über 10 000 Einwohner und der Landräte sofort in ortsüblicher und sonstiger zweckentsprechender Weise zur Kenntnis der beteiligten Kreise gebracht werden.

Bei Festsetzung der Höchstpreise ist das Interesse des konsumierenden Publikums zu berücksichtigen, daneben aber auch der Lage der Händler und Produzenten Rechnung zu tragen. Wenn nicht der Warenumsatz unterbunden und damit unter Umständen Schlimmeres herbeigeführt werden soll, als man mit der Festsetzung der Höchstpreise zu verhindern beabsichtigt, muß dem Verkäufer ein den Verhältnissen entsprechender Nutzen verbleiben.

Die Ortspolizeibehörden sind anzuweisen, von der in Ziffer 4 der Ausführungsanweisung angedrohten Schließung der Verkaufsstellen nur dann und so lange Gebrauch zu machen, als es mit dem Interesse der Bevölkerung vereinbar ist.

Es bleibt Ihnen überlassen, diejenigen weiteren Vorschriften zu treffen, welche Sie mit Rücksicht auf die Einheitlichkeit des Inhalts und der Durchführung der ergehenden Anordnungen für Ihren Bezirk für erforderlich halten.

Der Erlaß von Anordnungen, welche den Großhandel betreffen, bleibt besonderer Bestimmung vorbehalten.

Berlin, den 4. August 1914.

Dr. Sydow.

An die Herren Regierungspräsidenten und den Herrn Oberpräsidenten von Berlin.

Abdruck nebst Anlagen zur Kenntnis.

Dr. Sydow.

An die Herren Oberpräsidenten, den hiesigen Herrn Polizeipräsidenten und den Magistrat der Haupt- und Residenzstadt Berlin.

2. Ausführungsbestimmungen.

1. Die Festsetzung der Höchstpreise für den Kleinverkauf von Gegenständen des täglichen Bedarfs wird in den Städten über 10 000 Einwohner — in der Provinz Hannover in den Städten, auf welche die revidierte Hannoversche Städteordnung Anwendung

findet, mit Ausnahme der im § 27 Abs. 2 der Hannoverschen Kreisordnung vom 6. Mai 1884 benannten Städte — den Gemeindevorständen (Magistraten), im übrigen den Landräten (für Hohenzollern den Oberamtmännern) übertragen.

Vor der Festsetzung sollen, soweit tunlich, unter möglichster Berücksichtigung der Handels-, Landwirtschafts- und gegebenenfalls der Handwerkskammern geeignete Sachverständige gehört werden.

Die festgesetzten Höchstpreise sind in ortsüblicher Weise bekannt zu geben und nach näherer Bestimmung der die Anordnung erlassenden Behörden zur Kenntnis des Publikums zu bringen. Diese Stellen können insbesondere auch die Anbringung von Anschlägen der Taxen an und in dem Verkaufslokal und die Art solcher Anschläge bestimmen.

2. Der im § 2 vorgesehene Verkauf derjenigen Gegenstände, deren taxmäßige Abgabe an das Publikum der Kleinhändler verweigert, wird den Gemeindevorständen (Gutsvorstehern) übertragen.

Die Aufforderung, zu den festgesetzten Höchstpreisen zu verkaufen, welche der Übernahme der Gegenstände durch den Gemeindevorstand (Gutsvorsteher) vorauszugehen hat, erfolgt mündlich oder schriftlich durch die Ortspolizeibehörde. Wird der Anordnung nicht sofort Folge geleistet, so sind die vorhandenen Vorräte mit Ausnahme der für den eigenen Bedarf des Besitzers nötigen unter Feststellung von Art und Menge in polizeiliche Verwahrung zu nehmen und dem Gemeindevorstand (Gutsvorsteher) zur Verfügung zu stellen. Dieser hat den Verkauf zu den festgesetzten Höchstpreisen auf Rechnung und Kosten des Besitzers zu übernehmen. Waren, deren Verkauf er nicht übernehmen will, sind dem Besitzer wieder auszuhändigen.

3. Als Kleinhandel im Sinne der Ziffer 1 und 2 ist der sogenannte Detailhandel anzusehen, d. h. die Abgabe unmittelbar an den Verbraucher.

4. Die Ortspolizeibehörden sind in Ausübung ihrer gesetzlichen Zwangsmittel befugt, zur Verhinderung von Zuwider-

handlungen gegen § 4 des Gesetzes die Verkaufsstellen derjenigen Verkäufer, welche die Innehaltung der Höchstpreise verweigern, zu schließen. Diese Befugnis besteht neben der im § 2 des Gesetzes geregelten Befugnis zur Übernahme der Ware.

5. Eine strafbare Verkaufsverweigerung im Sinne des § 2 oder eine strafbare Überschreitung der festgesetzten Höchstpreise im Sinne des § 4 liegt regelmäßig auch dann vor, wenn als Kaufpreis die gesetzlichen Zahlungsmittel, insbesondere auch Reichsbanknoten und Reichskassenscheine, nicht oder nicht in ihrem vollen Wert als Kaufpreis in Zahlung genommen werden.

Berlin, den 4. August 1914.

Der Minister für Handel und Gewerbe.

Dr. Sydow.

3. Bekanntmachung über die Höchstpreise für Roggen, Gerste und Weizen.

Vom 19. Dezember 1914 (RGBl. S. 528).*)

§ 1. Für inländischen Roggen und inländische Gerste werden folgende Höchstpreise festgesetzt. Der Höchstpreis für die Tonne beträgt (in Mark) in: Aachen 237, Berlin 220, Braunschweig 227, Bremen 231, Breslau 212, Bromberg 209, Cassel 231, Cöln 236, Danzig 212, Dortmund 235, Dresden 225, Duisburg 236, Emden 232, Erfurt 229, Frankfurt a. M. 235, Gleiwitz 218, Hamburg 228, Hannover 228, Kiel 226, Königsberg i. Pr. 209, Leipzig 225, Magdeburg 224, Mannheim 236, München 237, Posen 210, Rostock 218, Saarbrücken 237, Schwerin i. M. 219, Stettin 216, Straßburg i. E. 237, Stuttgart 237, Zwickau 227.

§ 2. In den im § 1 nicht genannten Orten (Nebenorte) ist der Höchstpreis gleich dem des nächstgelegenen im § 1 genannten Ortes (Hauptort).

*) Die frühere Bek. über Höchstpreise für Getreide und Kleie v. 28. Okt. 1914 (RGBl. S. 462) ist durch die Bek. v. 19. Dezbr. 1914 (RGBl. S. 523) zu der oben gegebenen Fassung abgeändert worden.

Die Landeszentralbehörden oder die von ihnen bestimmten höheren Verwaltungsbehörden können einen niedrigeren Höchstpreis festsetzen. Ist für die Preisbildung eines Nebenorts ein anderer als der nächstgelegene Hauptort bestimmend, so können diese Behörden den Höchstpreis bis zu dem für diesen Hauptort festgesetzten Höchstpreis hinaussetzen. Liegt dieser Hauptort in einem anderen Bundesstaate, so ist die Zustimmung des Reichskanzlers erforderlich.

§ 3. Der Höchstpreis für die Tonne inländischen Weizens ist vierzig Mark höher als der Höchstpreis für die Tonne Roggen (§§ 1 und 2).

§ 4. Der Höchstpreis für die Tonne geschrotener, gequetschter oder sonst zerkleinerter inländischer Gerste ist zehn Mark höher als der Höchstpreis für die Tonne inländischer Gerste (§§ 1, 2 und 7).

§ 5. Der Höchstpreis bestimmt sich nach dem Orte, an dem die Ware abzunehmen ist. Abnahmeort im Sinne dieser Verordnung ist der Ort, bis zu welchem der Verkäufer die Kosten der Beförderung trägt.

§ 6. Die Höchstpreise (§§ 1, 2 und 4) gelten bei Gerste sowie bei geschrotener, gequetschter oder sonst zerkleinerter Gerste nicht für solche Verkäufe an Kleinhändler oder Verbraucher, welche drei Tonnen nicht übersteigen.

Die Höchstpreise (§§ 1 bis 3) gelten nicht für Saatgetreide, das nachweislich aus landwirtschaftlichen Betrieben stammt, die sich in den letzten zwei Jahren mit dem Verkaufe von Saatgetreide befaßt haben.

§ 7. Die Höchstpreise bleiben bis zum 31. Dezember 1914 unverändert, von da ab erhöhen sie sich bei Roggen, Gerste und Weizen (§§ 1 und 3) am 1. und 15. jeden Monats um eine Mark fünfzig Pfennig für die Tonne.

§ 8. Die Höchstpreise gelten für Lieferung ohne Sack. Für leihweise Überlassung der Säcke darf eine Sackleihgebühr bis zu einer Mark für die Tonne berechnet werden. Werden die Säcke nicht binnen einem Monat nach der Lieferung zurückgegeben, so darf die Leihgebühr dann um fünfundzwanzig Pfennig für die

Woche bis zum Höchstbetrage von zwei Mark erhöht werden. Werden die Säcke mit verkauft, so darf der Preis für den Sack nicht mehr als achtzig Pfennig und für den Sack, der fünfundsiebzig Kilogramm oder mehr hält, nicht mehr als eine Mark zwanzig Pfennig betragen. Der Reichskanzler kann die Sackleihgebühr und den Sackpreis ändern. Bei Rückkauf der Säcke darf der Unterschied zwischen dem Verkaufs- und dem Rückkaufspreise den Satz der Sackleihgebühr nicht übersteigen.

Die Höchstpreise gelten für Barzahlung bei Empfang; wird der Kaufpreis gestundet, so dürfen bis zu zwei vom Hundert Jahreszinsen über Reichsbankdiskont hinzugeschlagen werden.

Die Höchstpreise schließen die Beförderungskosten ein, die der Verkäufer vertraglich übernommen hat. Der Verkäufer hat auf jeden Fall die Kosten der Beförderung bis zur Verladestelle des Ortes, von dem die Ware mit der Bahn oder zu Wasser versandt wird, sowie die Kosten des Einladens daselbst zu tragen.

Beim Umsatz des Getreides (§§ 1, 3 und 4) durch den Handel dürfen dem Höchstpreis Beträge zugeschlagen werden, die insgesamt vier Mark nicht übersteigen dürfen. Dieser Zuschlag umfaßt insbesondere Kommissions-, Vermittlungs- und ähnliche Gebühren sowie alle Arten von Aufwendungen; er umfaßt die Auslagen für Säcke und für die Fracht von dem Abnahmeorte nicht.

§ 9. Diese Verordnung tritt am 24. Dezember 1914 in Kraft. Der Bundesrat bestimmt den Zeitpunkt des Außerkrafttretens.

4. Bekanntmachung über die Höchstpreise für Hafer.

Vom 19. Dezember 1914 (RGBl. S. 531).*)

§ 1. Für inländischen Hafer werden folgende Höchstpreise festgesetzt. Der Höchstpreis beträgt für die Tonne (in Mark) in: Aachen 223, Berlin 214, Braunschweig 219, Bremen 221, Breslau 206, Bromberg 208, Cassel 220, Cöln 223, Danzig 209, Dort-

*) Die frühere Bek. über die Höchstpreise für Hafer v. 5. Nov. 1914 (RGBl. S. 469) ist durch die Bek. vom 19. Dezbr. 1914 (RGBl. S. 525) zu obiger Fassung abgeändert worden.

mund 225, Dresden 214, Duisburg 224, Emden 220, Erfurt 219, Frankfurt a. M. 223, Gleiwitz 204, Hamburg 219, Hannover 220, Kiel 218, Königsberg i. Pr. 206, Leipzig 216, Magdeburg 218, Mannheim 224, München 222, Posen 207, Rostock 212, Saarbrücken 226, Schwerin i. M. 212, Stettin 211, Straßburg i. E. 225, Stuttgart 222, Zwickau 217.

Die Höchstpreise gelten nicht für solche Verkäufe an Kleinhändler oder Verbraucher, welche drei Tonnen nicht übersteigen.

Die Höchstpreise gelten nicht für Saathafer, der nachweislich aus landwirtschaftlichen Betrieben stammt, die sich in den letzten zwei Jahren mit dem Verkaufe von Saathafer befaßt haben.

§ 2. In den im § 1 nicht genannten Orten (Nebenorten) ist der Höchstpreis gleich dem des nächstgelegenen im § 1 genannten Ortes (Hauptort).

Die Landeszentralbehörden oder die von ihnen bestimmten höheren Verwaltungsbehörden können einen niedrigeren Höchstpreis festsetzen. Ist für die Preisbildung eines Nebenorts ein anderer als der nächstgelegene Hauptort bestimmend, so können diese Behörden den Höchstpreis bis zu dem für diesen Hauptort festgesetzten Höchstpreis hinaufsetzen. Liegt dieser Hauptort in einem anderen Bundesstaate, so ist die Zustimmung des Reichskanzlers erforderlich.

§ 3. Der Höchstpreis bestimmt sich nach dem Orte, an dem die Ware abzunehmen ist. Abnahmeort im Sinne dieser Verordnung ist der Ort, bis zu welchem der Verkäufer die Kosten der Beförderung trägt.

§ 4. Die Höchstpreise gelten für Lieferung ohne Sack. Für leihweise Überlassung der Säcke darf eine Sackleihgebühr bis zu einer Mark für die Tonne berechnet werden. Werden die Säcke nicht binnen einem Monat nach der Lieferung zurückgegeben, so darf die Leihgebühr dann um fünfundzwanzig Pfennig für die Woche bis zum Höchstbetrage von zwei Mark erhöht werden. Werden die Säcke mitverkauft, so darf der Preis für den Sack nicht mehr als achtzig Pfennig und für den Sack, der fünfundsiebzig Kilogramm oder mehr hält, nicht mehr als eine Mark zwanzig Pfennig betragen. Der Reichskanzler kann die Sackleihgebühr und den Sackpreis ändern. Bei Rückkauf der Säcke darf der Unterschied zwischen dem Verkaufs- und dem Rückkaufspreise den Satz der Sackleihgebühr nicht übersteigen.

Die Höchstpreise gelten für Barzahlung bei Empfang; wird der Kaufpreis gestundet, so dürfen bis zu zwei vom Hundert Jahreszinsen über Reichsbankdiskont hinzugeschlagen werden.

Die Höchstpreise schließen die Beförderungskosten ein, die der Verkäufer vertraglich übernommen hat. Der Verkäufer hat auf jeden Fall die Kosten der Beförderung bis zur Verladestelle des Ortes, von dem die Ware mit der Bahn oder zu Wasser versandt wird, sowie die Kosten des Einladens daselbst zu tragen.

Beim Umsatz des Hafers durch den Handel dürfen dem Höchstpreis Beträge zugeschlagen werden, die insgesamt vier Mark für die Tonne nicht übersteigen dürfen. Dieser Zuschlag umfaßt insbesondere Kommissions-, Vermittelungs- und ähnliche Gebühren sowie alle Arten von Aufwendungen; er umfaßt die Auslagen für Säcke und für Fracht von dem Abnahmeorte nicht.

§ 5. Diese Verordnung tritt am 24. Dezember 1914 in Kraft. Der Bundesrat bestimmt den Zeitpunkt des Außerkrafttretens.

5. Bekanntmachung über die Höchstpreise für Kleie.

Vom 5. Januar 1915 (RGBl. S. 12).

Der Bundesrat hat auf Grund des § 5 des Gesetzes, betreffend Höchstpreise, vom 4. August 1914 (Reichs-Gesetzbl. S. 339) in der Fassung der Bekanntmachung vom 17. Dezember 1914 (Reichs-Gesetzbl. S. 516) folgende Verordnung erlassen:

§ 1. Der Preis für den Doppelzentner Roggen- oder Weizenkleie darf beim Verkaufe durch den Hersteller dreizehn Mark nicht übersteigen.

Dem Hersteller steht jeder gleich, der Kleie verkauft, ohne sich vor dem 1. August 1914 gewerbsmäßig mit dem An- oder Verkauf von Kleie befaßt zu haben.

§ 2. Der Preis für den Doppelzentner inländischer Roggen-

oder Weizenkleie darf bei Weiterverkäufen fünfzehn Mark nicht übersteigen.

§ 3. Bei Verkäufen von Kleie (§§ 1 und 2) von zehn Doppelzentner oder weniger darf der Preis fünfzehn Mark fünfzig Pfennig nicht übersteigen.

§ 4. Als Kleie im Sinne dieser Verordnung gilt die gesamte Ausbeute bei der Vermahlung von Roggen oder Weizen, die nicht als backfähiges Mehl verkauft wird; Futtermehle, Vollmehle, Grießkleie und dergleichen sind eingeschlossen.

§ 5. Die Höchstpreise gelten für Lieferung ohne Sack. Für leihweise Überlassung der Säcke darf eine Sackleihgebühr bis zu zehn Pfennig für den Doppelzentner berechnet werden. Werden die Säcke mitverkauft, so darf der Sackpreis nicht mehr als eine Mark zwanzig Pfennig für den Doppelzentner betragen. Der Reichskanzler kann die Sackleihgebühr und den Sackpreis ändern. Bei Rückkauf der Säcke darf der Unterschied zwischen dem Verkaufs- und dem Rückkaufspreise den Satz der Sackleihgebühr nicht übersteigen.

Die Höchstpreise gelten für Barzahlung bei Empfang; wird der Kaufpreis gestundet, so dürfen bis zu zwei vom Hundert Jahreszinsen über Reichsbankdiskont hinzugeschlagen werden.

Die Höchstpreise (§§ 2 und 3) schließen alle Kosten der Verladung, des Transports, der Fracht, Kommissions-, Vermittelungs- und ähnliche Gebühren sowie alle Arten von Aufwendungen und Handelsgewinne irgendwelcher Art ein.

§ 6. Diese Verordnung tritt am 11. Januar 1915 in Kraft. Der Bundesrat bestimmt den Zeitpunkt des Außerkrafttretens.

Die Bekanntmachung über die Höchstpreise für Kleie vom 19. Dezember 1914 (RGBl. S. 533) wird aufgehoben.

6. Bekanntmachung über das Vermischen von Kleie mit anderen Gegenständen.

Vom 19. Dezember 1914 (RGBl. S. 534).

Der Bundesrat hat auf Grund des § 3 des Gesetzes über die Ermächtigung usw. folgende Verordnung erlassen:

§ 1. Es ist verboten, Roggen- oder Weizenkleie, die mit anderen Gegenständen vermischt ist, in den Verkehr zu bringen. Die Landeszentralbehörde kann Ausnahmen zulassen.

§ 2. Als Kleie im Sinne dieser Verordnung gilt die gesamte Ausbeute bei der Vermahlung von Roggen und Weizen, die nicht als backfähiges Mehl verkauft wird; Futtermehle, Vollmehle, Grießkleie und dergleichen sind eingeschlossen.

§ 3. Die zuständigen Beamten sind befugt, in Räume, in denen Kleie für den Verkauf hergestellt oder feilgehalten wird, jederzeit einzutreten, daselbst Besichtigungen vorzunehmen, geschäftliche Aufzeichnungen einzusehen und Proben zu entnehmen.

§ 4. Die Landeszentralbehörden erlassen die Bestimmungen zur Ausführung dieser Verordnung.

§ 5. Wer vorsätzlich Roggen- oder Weizenkleie, die mit anderen Gegenständen vermischt ist, verkauft, feilhält oder sonst in den Verkehr bringt, wird mit Geldstrafe bis zu eintausendfünfhundert Mark bestraft.

§ 6. Diese Verordnung tritt am 24. Dezember 1914 in Kraft; jedoch können Kleiemischungen, die vor dem 24. Dezember 1914 bereits hergestellt waren, noch bis zum 15. Januar 1915 verkauft, feilgehalten oder sonst in den Verkehr gebracht werden.

Den Zeitpunkt des Außerkrafttretens bestimmt der Reichskanzler.

Bei der hervorragenden Wichtigkeit und Schwierigkeit, die einer Preisfestsetzung für Getreide entgegenstehen, verdienen die hierauf bezüglichen Ausführungen der Denkschrift (S. 74/75) mit geringen Kürzungen hier wiedergegeben zu werden:

Über die Schwierigkeit und die Bedenken solchen Eingreifens waren sich die verbündeten Regierungen nicht im Zweifel. Aber der Krieg ändert die natürlichen wirtschaftlichen Verhältnisse und erheischt daher besondere Maßnahmen. Selbstverständlich ist der Eingriff in das Wirtschaftsgetriebe auf das geringste Maß beschränkt worden, bei dem der angestrebte Erfolg noch erreichbar war. Besonders ist darauf Bedacht genommen, dem Handel innerhalb des durch die Preisfestsetzungen gespannten Rahmens Spielraum und Anreiz zu nützlicher Betätigung zu belassen.

Für beide Brotgetreidearten sind Preisfestsetzungen nötig gewesen. Bei Roggen standen dem verhältnismäßig geringe Schwierigkeiten entgegen, weil in diesem Jahre seine Qualität gut und gleichmäßig ausgefallen ist. . . . . . Bei Weizen sind die Qualitätsunterschiede größer, und der verschiedene Klebergehalt ist von Einfluß. Dieser Schwierigkeiten konnte man nur durch einen kräftigen Eingriff Herr werden, indem man, ähnlich wie beim Roggen, Weizen mit einem Hektolitergewicht von 75 Kilogramm als Normalware annahm und hierfür den Preis unter Zulassung von Zuschlägen für bessere Qualität festsetzte. Bei Gerste ergab sich eine andere Schwierigkeit, da zum Schutze des Roggens gegen Verfütterung möglichst viel Gerste trotz ihrer Hochwertigkeit zu Futterzwecken zur Verfügung gestellt werden sollte. Daher ist Gerste mit 68 oder weniger Kilogramm Hektolitergewicht für Futtergerste angesehen und mit einem Höchstpreis belegt worden.

Bei Mühlenfabrikaten erhöhen sich die technischen Schwierigkeiten bedeutend. Auch sind die Preise für Kleie und Mehl nicht nur vom Getreidepreis und Mahllohn abhängig, sondern bedingen sich untereinander. Durch die gesetzliche Vorschrift über das Mindestausmahlverhältnis sind indessen die zahlreichen Mehlsorten und Qualitätsunterschiede und damit die Schwierigkeiten geringer geworden. Bei Kleie haben sich außerdem die Verhältnisse durch den Wegfall der Kleieeinfuhr gegenüber den Friedenszeiten verschoben und die Preise in den verschiedenen Landesteilen untereinander mehr ausgeglichen. Diese veränderten Umstände gaben die Möglichkeit, einen einheitlichen Kleiepreis für das ganze Gebiet des Reiches festzusetzen, der überall ab Mühle für den Großhandel wie für den Kleinhandel zu gelten hat. Hiervon werden besonders die kleinen Mühlen Vorteil und damit eine gewisse Entschädigung für Belastung infolge der Ausmahlvorschrift haben. Umgekehrt bietet die Festsetzung von Mehlpreisen für das Reich kaum übersteigliche Schwierigkeiten. Arbeitslöhne, Kohlenpreise, Wasserkräfte, Kartellierungen bewirken erhebliche Unterschiede zwischen den verschiedenen Landesteilen. Die technische Ausgestaltung bedingt solche Unterschiede, daß ein gleicher Mahllohn entweder die kleinen Mühlen zum Erliegen bringen oder den großen unverhältnismäßigen Gewinn zuführen würde. Diesen Schwierigkeiten könnte man nur durch bezirksweise Festsetzung von Mehlpreisen, z. B. für den Niederrhein oder auch für das ganze Rheingebiet, beikommen, falls sich dies als notwendig herausstellen sollte. Daher ist die Festsetzung von Mehlpreisen den Landeszentralbehörden überlassen worden.

Um das Verbot der Roggenverfütterung leichter durchzuführen, mußte der Preis der hochwertigen deutschen Gerste wesentlich unter den Roggenpreis gedrückt werden, also um etwa 13 oder 15 M. in den Gerste erzeugenden und um etwa 10 M. in den Gerste verfütternden Landesteilen. . . . . . Als Roggenpreis ist für Berlin ein Preis von 220 M. als angemessen erachtet worden. Er hält etwa die Mitte zwischen den entgegenstehenden Wünschen nach Preisen von 200 M. im Interesse billiger Volksernährung und 240 M. bis 250 M. zur Erreichung sparsamer Wirtschaft. Beiden Forderungen gegenüber ist übrigens zu bemerken, daß bei normalen Mahl- und Backkosten ein Preisunterschied von 20 M. für die Tonne Roggen etwa einen Preisunterschied von 1 Pfennig auf 1 Pfund Brot ausmacht. Der Preis von 220 M. für Roggen bewirkt also weder für den Verbraucher eine in Kriegszeiten unerträgliche Belastung, noch reizt er zu einem weniger sparsamen Umgehen mit Brot an. Diese Sparsamkeit ist unbedingt nötig, muß aber und kann mit Erfolg nur auf anderen Wegen erreicht werden.

7. Bekanntmachung über die Höchstpreise für Speisekartoffeln.

Vom 23. November 1914 (RGBl. S. 483).

Auf Grund des § 3 des Gesetzes, betreffend Höchstpreise, vom 4. August 1914 (Reichs-Gesetzbl. S. 339) in der Fassung der Bekanntmachung vom 28. Oktober 1914 (Reichs-Gesetzbl. S. 458) hat der Bundesrat folgende Verordnung erlassen:

§ 1. Der Preis für die Tonne inländischer Speisekartoffeln darf beim Verkaufe durch den Produzenten nicht übersteigen:

	bei den Sorten Daber, Imperator, Magnum bonum, Up to date Mark	bei allen anderen Sorten Mark
in den preußischen Provinzen Ostpreußen, Westpreußen, Posen, Schlesien, Pommern, Brandenburg, in den Großherzogtümern Mecklenburg-Schwerin, Mecklenburg-Strelitz	55	50
in der preußischen Provinz Sachsen, im Kreise Herrschaft Schmalkalden, im Königreiche Sachsen, im Großherzogtume Sachsen ohne die Enklave Ostheim a. Rhön, im Kreise Blankenburg, im Amte Calvörde, in den Herzogtümern Sachsen-Meiningen, Sachsen-Altenburg, Sachsen-Coburg-Gotha ohne die Enklave Amt Königsberg i. Fr., Anhalt, in den Fürstentümern Schwarzburg-Sondershausen, Schwarzburg-Rudolstadt, Reuß älterer Linie, Reuß jüngerer Linie	57	52
in den preußischen Provinzen Schleswig-Holstein, Hannover, Westfalen ohne den Regierungsbezirk Arnsberg und den Kreis Recklinghausen, im Kreise Grafschaft Schaumburg, im Großherzogtume Oldenburg ohne das Fürstentum Birkenfeld, im Herzogtume Braunschweig ohne den Kreis Blankenburg und das Amt Calvörde, in den Fürstentümern Schaumburg-Lippe, Lippe, in Lübeck, Bremen, Hamburg . . .	59	54
in den übrigen Teilen des Deutschen Reichs	61	56

Die Landeszentralbehörden können den Sorten Daber, Imperator, Magnum bonum, Up to date andere Sorten bester Speisekartoffeln gleichstellen.

Die Höchstpreise gelten nicht für solche mit Konsumenten, Konsumentenvereinigungen oder Gemeinden abgeschlossenen Verkäufe, welche eine Tonne nicht übersteigen. Sie gelten ferner nicht für Saatkartoffeln oder für Salatkartoffeln.

Dem Produzenten gleich steht jeder, der Speisekartoffeln verkauft, ohne sich vor dem 1. August 1914 gewerbsmäßig mit dem An- oder Verkauf von Kartoffeln befaßt zu haben.

§ 2. Die Höchstpreise (§ 1) gelten für gute, gesunde Speisekartoffeln von 3,4 cm Mindestgröße bei sortenreiner Lieferung.

§ 3. Die Höchstpreise eines Bezirkes (§ 1) gelten für die in diesem Bezirke produzierten Kartoffeln.

§ 4. Die Höchstpreise gelten für Lieferung ohne Sack und für Barzahlung bei Empfang; wird der Kaufpreis gestundet, so dürfen bis zu zwei Prozent Jahreszinsen über Reichsbankdiskont hinzugeschlagen werden. Die Höchstpreise schließen die Kosten des Transports bis zum nächsten Güterbahnhofe, bei Wassertransport bis zur nächsten Anlegestelle des Schiffes oder Kahnes und die Kosten der Verladung ein.

§ 5. Die Höchstpreise dieser Verordnung sind Höchstpreise im Sinne von § 2 Abs. 1 des Gesetzes, betreffend Höchstpreise, vom 4. August 1914 (Reichs-Gesetzbl. S. 339) in der Fassung der Bekanntmachung über Höchstpreise vom 28. Oktober 1914 (Reichs-Gesetzbl. S. 458).

§ 6. Diese Verordnung tritt am 28. November 1914 in Kraft. Der Bundesrat bestimmt den Zeitpunkt des Außerkrafttretens.

8. Bekanntmachung über die Höchstpreise für Futterkartoffeln und Erzeugnisse der Kartoffeltrocknerei sowie der Kartoffelstärkefabrikation.

Vom 11. Dezember 1914 (RGBl. S. 505).

Auf Grund des § 3 des Gesetzes, betreffend Höchstpreise, vom 4. August 1914 (Reichs-Gesetzbl. S. 339) in der Fassung der Bekanntmachung vom 28. Oktober 1914 (Reichs-Gesetzbl. S. 458) hat der Bundesrat folgende Verordnung erlassen:

§ 1. Der Preis für die Tonne inländischer Futter- oder Feldkartoffeln darf beim Verkaufe durch den Produzenten nicht übersteigen:

im ersten Preisgebiete, nämlich in den preußischen Provinzen Ostpreußen, Westpreußen, Posen, Schlesien, Pommern, Brandenburg, in den Großherzogtümern Mecklenburg-Schwerin, Mecklenburg-Strelitz . . . . 36,00 Mark;

im zweiten Preisgebiete, nämlich in der preußischen Provinz Sachsen, im Kreise Herrschaft Schmalkalden, im Königreiche Sachsen, im Großherzogtume Sachsen ohne die Enklave Ostheim a. Rhön, im Kreise Blankenburg, im Amte Calvörde, in den Großherzogtümern Sachsen-Meiningen, Sachsen-Altenburg, Sachsen-Coburg-Gotha ohne die Enklave Königsberg i. Fr., Anhalt, in den Fürstentümern Schwarzburg-Sondershausen, Schwarzburg-Rudolstadt, Reuß älterer Linie, Reuß jüngerer Linie . . . . 37,50 Mark;

im dritten Preisgebiete, nämlich in den preußischen Provinzen Schleswig-Holstein, Hannover, Westfalen ohne den Regierungsbezirk Arnsberg und den Kreis Recklinghausen, im Kreise Grafschaft Schaumburg, im Großherzogtum Oldenburg ohne das Fürstentum Birkenfeld, im Herzogtume Braunschweig ohne den Kreis Blankenburg und das Amt Calvörde, in den Fürstentümern Schaumburg-Lippe, Lippe, in Lübeck, Bremen, Hamburg . . . . 39,00 Mark;

im vierten Preisgebiete, nämlich in den übrigen Teilen des Deutschen Reichs . . . . 40,50 Mark.

Dem Produzenten gleich steht jeder, der Kartoffeln verkauft, ohne sich vor dem 1. August 1914 gewerbsmäßig mit dem An- oder Verkaufe von Kartoffeln befaßt zu haben.

Der Höchstpreis eines Preisgebiets gilt für die in diesem Gebiete produzierten Kartoffeln.

Die Höchstpreise gelten nicht für Verkäufe, die eine Tonne nicht übersteigen.

§ 2. Der Preis für Erzeugnisse der inländischen Kartoffeltrocknerei und Kartoffelstärkefabrikation darf beim Verkaufe durch den Trockner oder Stärkefabrikanten nicht übersteigen für den Doppelzentner:

Kartoffelflocken	23,50	Mark,
Kartoffelschnitzel	22,25	„
Kartoffelwalzmehl	27,50	„
trockne Kartoffelstärke und Kartoffelstärkemehl	29,80	„ .

Bei allen weiteren Verkäufen darf der Preis nicht übersteigen für den Doppelzentner:

	Kartoffelflocken	Kartoffelschnitzel	Kartoffelwalzmehl	trockne Kartoffelstärke und Kartoffelstärkemehl
in der preußischen Provinz	Mark	Mark	Mark	Mark
Ostpreußen	24,30	23,05	27,80	30,10
in den übrigen Teilen des ersten Preisgebiets	25,30	24,05	28,80	31,10
im zweiten Preisgebiete	25,80	24,55	29,30	31,60
im dritten Preisgebiete	26,30	25,05	29,80	32,10
im vierten Preisgebiete	26,80	25,55	30,30	32,60

Bei Verkäufen von Kartoffelflocken und Kartoffelschnitzeln, die fünf Tonnen nicht übersteigen, und bei Verkäufen von Kartoffelwalzmehl, trockner Kartoffelstärke und Kartoffelstärkemehl, die eine Tonne nicht übersteigen, erhöhen sich die Höchstpreise im Abs. 2 um 0,60 Mark für den Doppelzentner. Bei Verkäufen, die fünf Kilogramm nicht übersteigen, gelten die Höchstpreise nicht.*)

Ein nach den Absätzen 2 oder 3 in einem Preisgebiete bestehender Höchstpreis gilt für die Erzeugnisse, die in diesem Gebiet abzunehmen sind.

§ 3. Die Höchstpreise (§ 1 und § 2) gelten für Lieferung ohne Sack, bei Kartoffelwalzmehl, trockner Kartoffelstärke und Kartoffelstärkemehl für Lieferung mit Sack.

---

*) Dieser Absatz ist durch Bek. v. 11. Jan. 1915 (RGBl. S. 15) an die Stelle des früheren getreten und trat am 15. Jan. in Kraft.

Sie gelten für Barzahlung bei Empfang. Wird der Kaufpreis gestundet, so dürfen bei den Höchstpreisen nach § 1 und § 2 Abs. 1 bis zu zwei, bei den Höchstpreisen nach § 2 Abs. 2 bis zu eins, bei den Höchstpreisen nach § 2 Abs. 3 bis zu drei vom Hundert Jahreszinsen über Reichsbankdiskont hinzugeschlagen werden.

§ 4. Die Höchstpreise nach § 1 und § 2 Abs. 1 schließen die Kosten des Transports bis zum nächsten Güterbahnhofe, bei Wassertransport bis zur nächsten Anlegestelle des Schiffes oder Kahnes sowie die Kosten der Verladung ein.

Die Höchstpreise nach § 2 Abs. 2 schließen die Kosten des Transports bis zum Bahnhof des Ortes ein, wo die Ware abzunehmen ist.

Die Höchstpreise nach § 2 Abs. 3 gelten ab Lager.

§ 5. Die Höchstpreise nach § 1 und § 2 Abs. 1 und 2 dieser Verordnung sind Höchstpreise im Sinne von § 2 Abs. 1, die Höchstpreise nach § 2 Abs. 3 dieser Verordnung sind Höchstpreise im Sinne von § 2 Abs. 2 des Gesetzes, betreffend Höchstpreise, vom 4. August 1914 (Reichs-Gesetzbl. S. 339) in der Fassung der Bekanntmachung über Höchstpreise vom 28. Oktober 1914 (Reichs-Gesetzbl. S. 458).

§ 6. Diese Verordnung tritt am 14. Dezember 1914 in Kraft. Der Bundesrat bestimmt den Zeitpunkt des Außerkrafttretens.

9. Bekanntmachung über die Höchstpreise für Wolle und Wollwaren.

Vom 22. Dezember 1914 (RGBl. S. 545).

Der Bundesrat hat auf Grund von § 1 Abs. 2, § 5 des Gesetzes, betreffend Höchstpreise, vom 4. August 1914 (Reichs-Gesetzbl. S. 339) in der Fassung der Bekanntmachung über Höchstpreise vom 17. Dezember 1914 (Reichs-Gesetzbl. S. 516) folgende Verordnung erlassen:

§ 1. Der Preis für 1 kg Rohwolle (rein gewaschen, ohne Waschlohn) jeder Herkunft darf nicht übersteigen bei:

Rohwolle AAA bis A/AA Feinheit 8,85, A bis B 8,30, C I 7,50, C II 7,00, D I 6,55, D II 6,25, E 6,00, EE 5,70 Mark.

§ 2. Der Preis für 1 kg darf nicht übersteigen bei:

1. gewaschener Wolle (einschließlich Waschlohn) AAA bis A/AA Feinheit 9,30, A bis B 8,70, C 7,70, D 6,80, E 6,20 Mark.

2. Kammzug von AAA bis A/AA Feinheit 9,75, A bis B 9,10, C I 8,20, C II 7,70, D I 7,20, D II 6,90, E 6,60, EE 6,30 Mark.

3. Kammgarn 2/26 A bis B gefärbt 11,65, rohweiß 10,90 Mark.

§ 3. Der Preis für ein Meter Militärtuch darf 10,75 Mark, für ein Meter Marinetuch 11,75 Mark, für ein Meter Militärkammgarnstoff 12,25 Mark nicht übersteigen; die Preise gelten für Mannschaftstuche.

§ 4. Die Höchstpreise gelten für alle Gegenstände, die sich im freien Verkehre des Inlandes befinden. Der Reichskanzler kann Ausnahmen gestatten.

§ 5. Die Höchstpreise schließen bei Wolle (§ 1, § 2 Nr. 2) die Versendungskosten nicht ein; bei Kammgarn schließen sie die Kosten der Versendung bis zum Bahnhof des Ortes der Weberei ein; bei Tuchen schließen sie die Kosten der Versendung bis zur Abnahmestelle ein; bei Kammzug dürfen die Versendungskosten berechnet werden, die bei einer Versendung von Leipzig aus entstehen würden (Frachtparität Leipzig). Die Höchstpreise gelten für Barzahlung bei Empfang, bei Kammgarn innerhalb dreißig Tagen nach Empfang unter Abzug von zwei Prozent Skonto; wird der Kaufpreis gestundet, so dürfen bis zu eins vom Hundert Jahreszinsen über Reichsbankdiskont hinzugeschlagen werden.

§ 6. Diese Verordnung tritt am 24. Dezember 1914 in Kraft. Der Reichskanzler bestimmt den Zeitpunkt des Außerkrafttretens.

10. Bekanntmachung über die Höchstpreise für schwefelsaures Ammoniak.

Vom 10. Dezember 1914 (RGBl. S. 500).

Der Bundesrat hat auf Grund des § 3 des Gesetzes über die Ermächtigung usw. vom 4. August 1914 (Reichs-Gesetzbl. S. 327) folgende Verordnung erlassen:

§ 1. Der Preis für den Doppelzentner schwefelsaures Ammoniak darf bei Abschlüssen von fünf Tonnen und mehr nicht übersteigen:

für gewöhnliche Ware mit 25 vom Hundert Ammoniakgehalt . . . . 27,00 Mark,

für gedarrte Ware mit 25,5 vom Hundert Ammoniakgehalt in den Orten unmittelbar an der Elbe und westlich der Elbe . . . . 27,50 „

in den Orten östlich der Elbe . . . . 28,00 „

Der Reichskanzler kann Ausnahmen gestatten.

§ 2. Bei Abschlüssen unter fünf Tonnen erhöhen sich die Höchstpreise (§ 1) um 1,50 Mark für den Doppelzentner.

§ 3. Die Höchstpreise gelten für Lieferung ohne Verpackung und für Barzahlung bei Empfang. Wird der Kaufpreis gestundet, so dürfen bis zu zwei vom Hundert Jahreszinsen über Reichsbankdiskont zugeschlagen werden. Die Höchstpreise schließen bei Abschlüssen von fünf Tonnen und mehr die Fracht bis zur Empfangsstation ein; bei Abschlüssen unter fünf Tonnen gelten sie ab Lager oder ab Bahnstation des Verkäufers.

§ 4. Ein nach den §§ 1 und 2 in einem Orte bestehender Höchstpreis gilt für die Ware, die an diesem Orte abzunehmen ist.

§ 5. Die § 2, § 3 Abs. 2 und § 4 des Gesetzes, betreffend Höchstpreise, vom 4. August 1914 (Reichs-Gesetzbl. S. 339) in der Fassung der Bekanntmachung über Höchstpreise vom 28. Oktober 1914 (Reichs-Gesetzbl. S. 458), finden entsprechende Anwendung.

§ 6. Diese Verordnung tritt am 14. Dezember 1914 in Kraft. Der Reichskanzler bestimmt den Zeitpunkt des Außerkrafttretens.

11. Bekanntmachung über Höchstpreise für Kupfer, altes Messing, alte Bronze, Rotguß, Aluminium, Nickel, Antimon und Zinn.

Vom 10. Dezember 1914 (RGBl. S. 501).

Der Bundesrat hat auf Grund des § 3 des Gesetzes über die Ermächtigung usw. vom 4. August 1914 (Reichs-Gesetzbl. S. 327) folgende Verordnung erlassen:

§ 1. Der Preis für 100 Kilogramm Kupfer darf nicht übersteigen:

1. für neues Raffinatkupfer mit mindestens 99,7 vom Hundert Kupfergehalt und für neues Elektolytkupfer . . 200 Mark,
2. für neues Raffinatkupfer mit mindestens 99,3 vom Hundert Kupfergehalt, für schweres Altkupfer und schwere Kupferabfälle . . . . 185 Mark,
3. für alles übrige Altkupfer, insbesondere für Kesselkupfer, Leichtkupfer und Kupferspäne . . . . . 170 Mark.

§ 2. Der Preis für 100 Kilogramm altes Messing und Messingabfälle darf nicht übersteigen:

1. für reine Patronenmessingabfälle mit mindestens 72 vom Hundert Kupfergehalt und für Tombakabfälle . . 145 Mark,
2. für altes Messing und Messingabfälle mit mindestens 60 vom Hundert Kupfergehalt und für Hülsen abgeschossener Messingpatronen . . . . . 130 Mark,
3. für alles sonstige alte Messing, für Späne und für Messingabfälle mit weniger als 60 vom Hundert Kupfergehalt . . . . 100 Mark.

§ 3. Der Preis für 100 Kilogramm Rotguß und alte Bronze darf nicht übersteigen:

1. für Rotguß, alte Bronze und Späne mit mindestens 95 vom Hundert Kupfer- und Zinngehalt . . . . 175 Mark,
2. für Rotguß, alte Bronze und Späne mit mindestens 85 vom Hundert Kupfer- und Zinngehalt 165 Mark,
3. für Rotguß, alte Bronze und Späne mit weniger als 85 vom Hundert Kupfer- und Zinngehalt. . 150 Mark.

Für die Preisberechnung ist das Gewicht des Gesamtgehaltes an Kupfer und Zinn maßgebend.

§ 4. Der Preis für 100 Kilogramm Aluminium darf nicht übersteigen:

1. für Hüttenaluminium . . . . 325 Mark,
2. für umgeschmolzenes Aluminium, für alte Aluminiumlegierungen, für Abfälle von Aluminium-

stangen und Aluminiumblechen mit mindestens 92 vom Hundert Aluminiumgehalt . . . . . . 305 Mark,

3. für alles sonstige Aluminium, insbesondere für Abfälle mit weniger als 92 vom Hundert Aluminiumgehalt, und für Aluminiumspäne . . . . 280 Mark.

§ 5. Der Preis für 100 Kilogramm Nickel jeder Art darf 450 Mark nicht übersteigen.

§ 6. Der Preis für 100 Kilogramm Antimon darf nicht übersteigen:

1. für Antimon Regulus . . . . 150 Mark,
2. für Antimon Crudum . . . . 60 Mark.

§ 7. Der Preis für 100 Kilogramm Zinn jeder Art darf 475 Mark nicht übersteigen.

§ 8. Der Reichskanzler kann Höchstpreise für bestimmte Erzeugnisse aus diesen Metallen unter Berücksichtigung der Höchstpreise dieser Verordnung festsetzen.

§ 9. Die Höchstpreise gelten für alle Waren, die sich im freien Verkehre des Inlandes befinden. Der Reichskanzler kann Ausnahmen gestatten.

§ 10. Die Höchstpreise gelten für Barzahlung bei Empfang und schließen die Versendungskosten nicht ein. Wird der Kaufpreis gestundet, so dürfen bis zu zwei vom Hundert Jahreszinsen über Reichsbankdiskont hinzugeschlagen werden.

§ 11. Der Besitzer der in den §§ 1 bis 7 genannten sowie derjenigen Waren, für welche auf Grund des § 8 Höchstpreise festgesetzt werden, ist verpflichtet, sie der zuständigen Behörde auf ihre Aufforderung zu überlassen. Der Übernahmepreis wird unter Berücksichtigung der Höchstpreise sowie der Güte und Verwertbarkeit der Ware von der Verwaltungsbehörde nach Anhörung von Sachverständigen endgültig festgesetzt.

§ 12. Die Landeszentralbehörde oder die von ihr bestimmten Behörden erlassen die erforderlichen Anordnungen und Ausführungsbestimmungen.

§ 13. Wer die festgesetzten Höchstpreise überschreitet oder den nach § 12 erlassenen Ausführungsbestimmungen zuwiderhandelt oder Vorräte an derartigen Gegenständen verheimlicht oder der Aufforderung der zuständigen Behörde nach § 11 nicht nachkommt, wird mit Gefängnis bis zu einem Jahre und mit Geldstrafe bis zu zehntausend Mark oder mit einer dieser Strafen bestraft.

§ 14. Diese Verordnung tritt am 14. Dezember 1914 in Kraft. Der Reichskanzler bestimmt den Zeitpunkt des Außerkrafttretens.

12. Bekanntmachung über die Festsetzung von Höchstpreisen für Erzeugnisse aus Kupfer, Messing und Aluminium.

Vom 28. Dezember 1914 (RGBl. S. 551).

Auf Grund von § 8 der Verordnung des Bundesrats über Höchstpreise für Kupfer, altes Messing, alte Bronze, Rotguß, Aluminium, Nickel, Antimon und Zinn vom 10. Dezember 1914 wird folgendes bestimmt:

Der Preis für 100 Kilogramm darf nicht übersteigen bei:

Kupferwalzdraht . . . . 208 Mark,
unverzinntem, gezogenen, runden Kupferdraht mit einem Durchmesser von mindestens 1,4 Millimeter . . . . 225 Mark,
runden Kupferstangen mit einem Durchmesser von mindestens 13 Millimeter . . . . 235 Mark,
Kupferblech von mindestens 1,4 Millimeter Stärke, in normalen Fabrikationstafeln bis höchstens 1 Meter Breite . . . . 240 Mark,
gezogenem, unverzinnten Kupferrohr mit einem inneren Durchmesser von 20 bis 100 Millimeter und einer Wandstärke von mindestens 3 Millimeter, in Fabrikationslängen . . . . 260 Mark,
Messingstangen, in handelsüblicher Beschaffenheit, mit einem Kupfergehalt unter 60 Prozent und einem Durchmesser von mindestens 13 Millimeter, in Fabrikationslängen . . . . 175 Mark,

Messingblech, in handelsüblicher Beschaffenheit, mit einem Kupfergehalt unter 64 Prozent, mindestens 1 Millimeter stark und höchstens 1 Meter breit, in Fabrikationstafeln . . . . 190 Mark,
blankgezogenen, unverzinnten Messingrohren, in handelsüblicher Beschaffenheit, mit einem Kupfergehalt unter 64 Prozent, mit einem äußeren Durchmesser von 20 bis 100 Millimeter und einer Wandstärke von mindestens 3 Millimeter . . . . 235 Mark,
runden Aluminiumstangen, mit einem Durchmesser von mindestens 13 Millimeter . . . 370 Mark,
Aluminiumdraht, mit einem Durchmesser von mindestens 1,4 Millimeter . . . . 370 Mark,
Aluminiumblech, in einer Stärke von mindestens 1 Millimeter, in Fabrikationstafeln . . . 385 Mark,
Aluminiumblech, in einer Stärke von mindestens 0,5 Millimeter, in Fabrikationslängen . . 400 Mark.

Diese Bestimmungen treten am 2. Januar 1915 in Kraft.

13. Bekanntmachung über Höchstpreise für Erzeugnisse aus Nickel.

Vom 30. Dezember 1914 (RGBl. S. 553).

Auf Grund des § 8 der Verordnung des Bundesrats über Höchstpreise für Kupfer, altes Messing, alte Bronze, Rotguß, Aluminium, Nickel, Antimon und Zinn vom 10. Dezember 1914 wird folgendes bestimmt:

Der Preis für 100 Kilogramm darf bei Nickelanoden, Nickelstangen, Nickelstäben, Nickeldrähten, Nickelblechen und Nickelrohren 480 Mark nicht übersteigen.

Diese Bestimmung tritt am 2. Januar 1915 in Kraft.

XIX.

Gesetz, betreffend vorübergehende Einfuhr-erleichterungen.

Vom 4. August 1914 (RGBl. S. 338).

Art. 1. Der Bundesrat wird ermächtigt, während der Dauer des Krieges Getreide, Reis, Hülsenfrüchte, Kartoffeln, Rüben, Grün- und Rauhfutter, Küchengewächse, Vieh, Fleisch und Zubereitungen von Fleisch, Fische, Fette zum Genusse, Käse, Eier, Müllereierzeugnisse, gewöhnliches Backwerk, eingedickte Milch, Nahrungs- und Genußmittel anderweit nicht genannt (auch in luftdicht verschlossenen Behältnissen) und Mineralöle zollfrei zu lassen.

Art. 2. Die Ermächtigung erstreckt sich nicht auf Waren, die sich zur Zeit des Inkrafttretens dieses Gesetzes in deutschen Zollausschlußgebieten, Freibezirken oder Zollagern befinden.

Art. 3. Der Bundesrat wird ferner ermächtigt, während der Dauer des Krieges gesetzliche Verbote und Beschränkungen der Einfuhr der im Artikel 1 genannten Waren ganz oder teilweise außer Kraft zu setzen.

Art. 4. Dieses Gesetz tritt mit dem Tage seiner Verkündung in Kraft.

Amtliche Begründung.

Durch die bereits erlassenen Ausfuhrverbote ist dem Abfluß von Nahrungs- und Futtermitteln sowie von Mineralölen in das

Ausland vorgebeugt. Außerdem erscheint es geboten, durch Einfuhrerleichterungen zur Verstärkung der inländischen Vorräte beizutragen und auch auf diese Weise Preissteigerungen entgegenzuwirken. Diesen Zwecken würde eine gesetzliche Ermächtigung für den Bundesrat dienen, die auf den Waren ruhenden Zölle während der Dauer des Krieges unerhoben zu lassen. Folgende Nummern des Zolltarifs kommen dabei in Betracht: 1, 2, 3, 4, 5, 6, 7, 10, 11, 12, 23, 24, 25, 27, 33, 37, 100, 101, 103, 104, 106, 107, 108, 109, 113, 114, 116, 117, 126 bis 129, 134, 135 136, 162 bis 165, 171, 195, 198, 205, 206, 207, 208, 218, 219, 239.*)

Ein Bedürfnis, die Ermächtigung auch auf solche Waren zu erstrecken, die sich beim Inkrafttreten des Gesetzes in Zollausschlüssen (Freihäfen), Freibezirken oder Zollagern befinden, liegt nicht vor, da diese Waren noch unter günstigeren Verhältnissen bezogen worden sind und sich bereits innerhalb der Reichsgrenzen befinden. Eine Anregung zum Bezug aus dem Ausland braucht für sie daher nicht mehr geschaffen zu werden.

Die in Artikel 3 vorgesehene weitere Ermächtigung des Bundesrats ist erforderlich, wenn die Einfuhrerleichterungen voll wirksam werden sollen.

Dazu ergingen folgende Bekanntmachungen:

1. Bekanntmachung, betreffend vorübergehende Einfuhrerleichterungen für Fleisch.

Vom 4. August 1914.

Auf Grund des Artikel 3 des Gesetzes, betreffend vorübergehende Einfuhrerleichterungen, vom 4. August 1914 (Reichs-Gesetzbl. S. 338) hat der Bundesrat für die Dauer des Krieges folgende Abänderungen von Einfuhrverboten und Einfuhrbeschränkungen beschlossen:

*) Siehe die im Folgenden abgedruckte zweite Bekanntmachung.

1. Der Abs. 1 des § 12 des Gesetzes, betreffend die Schlachtvieh- und Fleischbeschau, vom 3. Juni 1900 (Reichs-Gesetzbl. S. 547) wird außer Kraft gesetzt. Die Untersuchung des in das Zollinland eingehenden Fleisches in luftdicht verschlossenen Büchsen und ähnlichen Gefäßen, von Würsten und sonstigen Gemengen aus zerkleinertem Fleische hat sich auf die Feststellung einer äußeren guten Beschaffenheit zu beschränken. Die Untersuchung ist bei der Einfuhr vorzunehmen. Der Zuführung zu den Untersuchungsstellen bedarf es nicht.

2. Die Ziffer 1 in Abs. 2 a. a. O. wird dahin abgeändert, daß es der Miteinfuhr der Organe, soweit sie durch Gesetz oder durch Beschluß des Bundesrats angeordnet ist, und des natürlichen Zusammenhanges dieser Organe mit dem Tierkörper nicht bedarf; ferner daß der Tierkörper bei Rindern, ausschließlich der Kälber, auch in Viertel zerlegt sein kann.

3. In Ziffer 2 Abs. 2 a. a. O. wird der zweite Satz gestrichen.

4. Soweit nach den vorstehenden, die Einfuhr erleichternden Bestimmungen eine Untersuchung des frischen Fleisches nicht in dem Umfang möglich ist, wie sie in den Ausführungsbestimmungen D zum Fleischbeschaugesetz vorgeschrieben ist, hat sie nach den allgemein gültigen Grundsätzen der wissenschaftlichen Fleischbeschau zu erfolgen. Frisches Fleisch, das danach in gesundheitlicher Beziehung zu Bedenken Anlaß gibt, ist, soweit es nicht nach § 18 I der Ausführungsbestimmungen D in unschädlicher Weise zu beseitigen ist, von der Einfuhr zurückzuweisen.

5. Dieser Beschluß tritt mit dem Tage seiner Verkündung in Kraft.

2. Bekanntmachung, betreffend vorübergehende Einfuhrerleichterungen.

Vom 4. August 1914.

Auf Grund des Gesetzes vom 4. August 1914, betreffend vorübergehende Einfuhrerleichterungen, hat der Bundesrat beschlossen, daß bis auf weiteres die nachstehend aufgeführten Waren, soweit sie sich nicht in deutschen Zollausschlußgebieten (Freihäfen), Freibezirken oder Zollagern befinden, bei der Einfuhr zollfrei bleiben.

Die Erleichterung tritt sofort in Wirksamkeit.

1: Roggen, 2: Weizen und Spelz, 3: Gerste, 4: Hafer, 5: Buchweizen, 6: Hirse (Panicum, italienische Hirse), 7: Mais und Dari, 10: Reis, unpoliert, 11: Speisebohnen, Erbsen, Linsen, 12: Futter- (Pferde- usw.) Bohnen, Lupinen, Wicken, 23: Kartoffeln, frisch, aus 24: Futterrüben, Möhren, Wasserrüben und sonstige Feldrüben, getrocknet (gedarrt), aus 25: Zuckerrüben, getrocknet, auch zerkleinert, 27: Grünfutter; Heu, auch getrockneter Klee, und anderweit nicht genannte getrocknete Futtergewächse; Stroh und Spreu (Kaff), auch Schäben; Häckerling (Häcksel), aus 33: Rotkohl, Weißkohl, Wirsingkohl, frisch, aus 37: Küchengewächse, einschließlich der als solche dienenden Feldrüben, zerkleinert, geschält, gepreßt, getrocknet, gedarrt, gebacken oder sonst einfach zubereitet, soweit sie nicht unter Nr. 34 bis 36 fallen; unreife Speisebohnen und unreife Erbsen, getrocknet; Speisebohnen und Erbsen (reife und unreife), gebacken oder sonst einfach zubereitet; Kartoffeln, zerkleinert (ausgenommen Graupen und Grieß aus solchen), gedarrt, gebacken oder sonst einfach zubereitet, 100: Pferde, 101: Maulesel, Maultiere, 103: Rindvieh, 104: Schafe, 106: Schweine, 107: Federvieh (Gänse, Hühner aller Art und sonstiges Federvieh), 108: Fleisch, ausschließlich des Schweinespecks, und genießbare Eingeweide von Vieh (ausgenommen Federvieh), frisch auch gefroren, einfach zubereitet und zum feineren Tafelgenuß zubereitet, 109: Schweinespeck, 113: Fleischextrakt und Fleischbrühtafeln; Suppentafeln; flüssige und eingedickte Fleischbrühe; Fleischpepton, 114: Würste aus Fleisch von Vieh, Federvieh oder Wild, 116: gesalzene Heringe, unzerteilt, aus 117: Fische, einfach zubereitet, 126: Schmalz und schmalzartige Fette (Schmalz von Schweinen und Gänsen, Rindsmark, Oleomargarin und andere schmalzartige Fette), 127: Schweine- und Gänsefett, roh (uneingeschmolzen, unausgepreßt), mit Ausnahme des Schweinespecks und der Flomen (Fliesen, Liesen); ferner Grieben zum Genuß, 128: Flomen (Fliesen,

Ziesen); premier jus, 129: Talg von Rindern und Schafen, roh (Rinderfett, Schaffett) oder geschmolzen; auch Preßtalg, 134: Butter frisch, gesalzen oder eingeschmolzen (Butterschmalz), 135: Käse, aus 136: Eier von Federvieh und Federwild, roh oder nur in der Schale gekocht, 162: Mehl, auch gebrannt oder geröstet, 163: Reis, poliert, 164: Graupen, Grieß und Grütze aus Getreide; auch Reisgrieß, 165: sonstige Müllereierzeugnisse, 171: Palmöl, Palmkernöl, Kokosnußöl und anderer pflanzlicher Talg, z. B. Schibutter, Bateriatalg, zum Genuß nicht geeignet, aus 195: ausgelaugte Schnitzel von Zuckerrüben, auch gepreßte, getrocknet (gedarrt), 198: gewöhnliches Backwerk (ohne Zusatz von Eiern, Fett, Gewürzen, Zucker oder dergleichen), 205: Margarine (der Milchbutter oder dem Butterschmalz ähnliche Zubereitungen, deren Fettgehalt nicht ausschließlich der Milch entstammt), 206: Margarinekäse (käseartige Zubereitungen, deren Fettgehalt nicht ausschließlich der Milch entstammt), 207: Kunstspeisefett, 208: Milch, eingedickt (Sirupmilch), auch mit Zusatz von Zucker, 218: Nahrungs- und Genußmittel, anderweit nicht genannt, frisch, getrocknet oder zubereitet, 219: Nahrungs- und Genußmittel aller Art (mit Ausnahme der Getränke) in luftdicht verschlossenen Behältnissen, soweit sie nicht an sich unter höhere Zollsätze fallen, 239: Erdöl (Petroleum), flüssiger natürlicher Bergteer (Erdteer), Braunkohlenteeröl, Torföl, Schieferöl, Öl aus dem Teer der Boghead- oder Kännelkohle und sonstige anderweit nicht genannte Mineralöle, roh oder gereinigt.

3. Bekanntmachung, betreffend vorübergehende Einfuhrerleichterung für Jutesäcke.

Vom 3. September 1914 (RGBl. S. 395).

Der Bundesrat hat auf Grund des § 3 des Gesetzes über die Ermächtigung usw. beschlossen, daß bis auf weiteres Jutesäcke der Nummern 496 und 497 des Zolltarifs zollfrei bleiben. Soweit solche Säcke auf Grund des § 6 Ziffer 9 des Zolltarifgesetzes als Verpackungsmittel zur Ausfuhr von Waren zollfrei abgelassen sind, ist der Nachweis der Wiederausfuhr nicht mehr zu fordern.

4. Bekanntmachung, betreffend Zollbefreiung verdorbener Waren zur Verwendung als Viehfutter.

Vom 25. September 1914 (RGBl. S. 416).

Der Bundesrat hat auf Grund des § 3 des Gesetzes über die Ermächtigung usw. beschlossen:

Waren, die verdorben oder mit Mängeln behaftet sind und deshalb als Viehfutter verwendet werden sollen, können bis auf weiteres unter den Bedingungen und Maßgaben, die im § 7 des Zolltarifgesetzes für die zu Düngezwecken bestimmten verdorbenen Waren vorgesehen sind, zollfrei gelassen werden, auch wenn sie vor dem 4. August 1914 in einem Zollausschluß (Freihafen) oder über die Zollgrenze eingebracht waren.

5. Bekanntmachung, betreffend Zollerlaß für Gerstenmalz.

Vom 13. Oktober 1914 (RGBl. S. 433).

Der Bundesrat hat in der Sitzung vom 8. Oktober 1914 auf Grund des § 3 des Gesetzes über die Ermächtigung usw. beschlossen:

Für Malz aus Gerste, das durch besondere Genehmigung einer zuständigen Behörde des Herstellungslandes zur Ausfuhr nach dem Deutschen Reiche zugelassen ist, wird während der Geltungsdauer der auf Grund des Gesetzes, betreffend vorübergehende Einfuhrerleichterungen, vom 4. August 1914 (Reichs-Gesetzbl. S. 338) vorgeschriebenen autonomen Zollbefreiung von Gerste der Zoll bis auf den Betrag erlassen, der sich ergibt, wenn anstatt des Zollsatzes von 5,75 Mark der Zollsatz von 1,75 Mark für den Doppelzentner zugrunde gelegt wird.

Nachtrag zu Abschnitt III (oben S. 28 ff.).

9. Bekanntmachung über die Vertretung der Kriegsteilnehmer in bürgerlichen Rechtsstreitigkeiten.

Vom 14. Januar 1915 (RGBl. S. 17).

Der Bundesrat hat auf Grund des § 3 des Gesetzes über die Ermächtigung usw. vom 4. August 1914 folgende Verordnung erlassen:

§ 1. Einem Kriegsteilnehmer (§ 2 des Gesetzes vom 4. August 1914, Reichs-Gesetzbl. S. 328), der ohne Vertreter ist, kann der Vorsitzende des Prozeßgerichts auf Antrag des Gegners einen geeigneten Vertreter bestellen, der die Rechte und Verpflichtungen des Kriegsteilnehmers im Rechtsstreit wahrzunehmen hat. Die Bestellung ist nur zulässig, wenn sie zur Verhütung offenbarer Unbilligkeiten erforderlich erscheint. Vor der Bestellung soll der Vorsitzende, soweit tunlich, Verwandte des Kriegsteilnehmers oder andere Personen hören, die mit dessen Verhältnissen vertraut sind.

Die Bestellung des Vertreters soll dem Kriegsteilnehmer unverzüglich mitgeteilt werden. Der Kriegsteilnehmer kann dem Vertreter die Vertretungsbefugnis entziehen, soweit er einen anderen Vertreter bestellt.

§ 2. Der § 3 Abs. 2 des Gesetzes, betreffend den Schutz der infolge des Krieges an Wahrnehmung ihrer Rechte behinderten Personen, vom 4. August 1914 (Reichs-Gesetzbl. S. 328) erhält folgenden Satz 2:

„Betrifft der Rechtsstreit einen vermögensrechtlichen Anspruch, so kann das Prozeßgericht den Antrag ablehnen, wenn die Aussetzung nach den Umständen des Falles offenbar unbillig ist.“

§ 3. Soweit durch die Bestellung eines Vertreters (§ 1) besondere Kosten entstehen, hat der Gegner des Kriegsteilnehmers sie auch im Falle des Obsiegens zu tragen.

§ 4. Diese Verordnung tritt mit dem Tage der Verkündung in Kraft.

In den zur Zeit des Inkrafttretens der Verordnung anhängigen vermögensrechtlichen Streitigkeiten, in denen das Verfahren auf Grund des Gesetzes vom 4. August 1914 (Reichs-Gesetzbl. S. 328) unterbrochen oder ausgesetzt ist, kann der Gegner den Kriegsteilnehmer zu Händen des Vertreters zur Aufnahme des Verfahrens und zugleich zur Verhandlung der Hauptsache laden. Der Kriegsteilnehmer ist zur Aufnahme des Verfahrens nur verpflichtet, wenn die weitere Unterbrechung oder Aussetzung nach den Umständen des Falles offenbar unbillig ist; die tatsächlichen Behauptungen, die zur Begründung dieser Verpflichtung dienen, sind in dem die Ladung enthaltenden Schriftsatz mitzuteilen. Erscheint in dem Termine für den Kriegsteilnehmer niemand und ist nach den als zugestanden anzunehmenden tatsächlichen Behauptungen die Verpflichtung zur Aufnahme begründet, so gilt das Verfahren als aufgenommen und ist zur Hauptsache zu verhandeln.

Die amtliche Begründung führt u. a. folgendes aus:

Das Gesetz, betreffend den Schutz der infolge des Krieges an Wahrnehmung ihrer Rechte behinderten Personen, vom 4. August 1914 (Reichs-Gesetzbl. S. 328), unterwirft die Rechtsverfolgung gegen Kriegsteilnehmer erheblichen Beschränkungen. In bürgerlichen Rechtsstreitigkeiten, in denen ein Kriegsteilnehmer Partei ist, wird das Verfahren von Gesetzes wegen unterbrochen (§ 2). Ist der Kriegsteilnehmer durch einen Prozeßbevollmächtigten vertreten, oder hat er einen anderen Vertreter, der zur Wahrnehmung seiner Rechte berufen ist, so tritt zwar eine Unterbrechung kraft Gesetzes nicht ein; das Gericht hat jedoch auf Antrag des

Vertreters die Aussetzung des Verfahrens anzuordnen (§ 3). Diese Vorschriften sind in einer Reihe von Fällen aus Böswilligkeit dazu mißbraucht worden, um die Erfüllung bestehender Zahlungspflichten ohne Grund zu verweigern. Unter Berufung auf das Gesetz haben Kriegsteilnehmer, die in günstigen wirtschaftlichen Verhältnissen leben, die Zahlung unbestrittener laufender Verbindlichkeiten, insbesondere der Mietschulden, mit Erfolg abgelehnt. Ehefrauen, die das Geschäft ihres zur Fahne einberufenen Mannes in dem bisherigen Umfang mit gutem Erfolge weiterführen oder das Einkommen des Mannes unverkürzt fortbeziehen, sind namens ihres Mannes gegen dessen Schuldner gerichtlich vorgegangen, haben sich aber, wenn sie ihrerseits von Vermietern oder Geschäftsgläubigern gerichtlich in Anspruch genommen wurden, der Zahlung der Schulden entzogen. Besonders schwer sind die Mißstände empfunden worden, wenn der Kriegsteilnehmer, wie es mehrfach vorgekommen ist, in seinem Heimatsorte verwendet wurde, oder wenn der benachteiligte Gläubiger selbst zu den Kriegsteilnehmern gehörte ... Die Verordnung sucht diese Unzuträglichkeiten zu beseitigen. Sie läßt in Ausnahmefällen eine Rechtsverfolgung gegen einen Kriegsteilnehmer zu, indem sie im § 2 die Möglichkeit eröffnet, einen gemäß § 3 Abs. 2 des Gesetzes vom 4. August 1914 gestellten Antrag auf Aussetzung des Verfahrens abzulehnen. Die Ablehnung soll jedoch, dem Ausnahmecharakter der Maßregel entsprechend, nur in vermögensrechtlichen Streitigkeiten und nur dann zulässig sein, wenn die Aussetzung nach den Umständen des Falles offenbar unbillig ist .... Soll die Möglichkeit, gegen den Kriegsteilnehmer vorzugehen, praktische Bedeutung erlangen, so muß zugleich dafür gesorgt werden, daß der Kriegsteilnehmer, wenn er nicht schon einen Vertreter hat, im Rechtsstreit einen Vertreter erhält, der seine Interessen wahrnimmt. Ohne eine Vertretung des Kriegsteilnehmers würde das Verfahren nach § 2 des Gesetzes vom 4. August 1914 ohne weiteres unterbrochen und damit die Durchführung von Ansprüchen praktisch ausgeschlossen sein.

10. Bekanntmachung über die freiwillige Gerichtsbarkeit in Heer und Marine.

Vom 14. Januar 1915 (RGBl. S. 18).

Der Bundesrat hat auf Grund des § 3 des Gesetzes über die Ermächtigung usw. vom 4. August 1914 folgende Verordnung erlassen:

§ 1. Die §§ 1 bis 4, 6, 7 des Gesetzes, betreffend die freiwillige Gerichtsbarkeit und andere Rechtsangelegenheiten in Heer und Marine, vom 28. Mai 1901 (Reichs-Gesetzbl. S. 185) finden auf die Kaiserliche Marine entsprechende Anwendung.

Die Vorschriften des § 184 des Gesetzes über die Angelegenheiten der freiwilligen Gerichtsbarkeit vom 17. Mai 1898 (Reichs-Gesetzbl. S. 771) und des § 5 des Gesetzes, betreffend die freiwillige Gerichtsbarkeit und andere Rechtsangelegenheiten in Heer und Marine, vom 28. Mai 1901 (Reichs-Gesetzbl. S. 185) bleiben unberührt.

§ 2. Der § 44 des Reichsmilitärgesetzes findet auf die Kaiserliche Marine auch außer den Fällen des Artikel 44 des Einführungsgesetzes zum Bürgerlichen Gesetzbuch vom 18. August 1896 (Reichs-Gesetzbl. S. 604) entsprechende Anwendung.

Für die Personen, die sich an Bord eines Schiffes oder Fahrzeugs der Kaiserlichen Marine befinden, beginnt die Befugnis, privilegierte militärische letztwillige Verfügungen zu errichten mit der Einschiffung; die Frist, mit deren Ablauf die Verfügungen ihre Gültigkeit verlieren, beginnt mit der Ausschiffung.

§ 3. Für die öffentliche Beglaubigung der Unterschrift einer der im § 1 Nr. 1, 6, 7, 8 der Militärstrafgerichtsordnung vom 1. Dezember 1898 bezeichneten Personen sind im Felde außer den Kriegsgerichtsräten und den Oberkriegsgerichtsräten (§ 1 des Gesetzes, betreffend die freiwillige Gerichtsbarkeit und andere Rechtsangelegenheiten in Heer und Marine) auch die militärischen Disziplinarvorgesetzten oder die vorgesetzten Beamten sowie die Gerichtsoffiziere zuständig.

§ 4. Für die öffentliche Beglaubigung einer Unterschrift gemäß § 3 dieser Verordnung gelten die Vorschriften des § 183 des Gesetzes über die Angelegenheiten der freiwilligen Gerichtsbarkeit entsprechend; die Gültigkeit der im Felde erfolgten öffentlichen Beglaubigung einer Unterschrift wird nicht berührt, wenn der Beglaubigungsvermerk den Vorschriften des § 183 Abs. 2 des Gesetzes nicht entspricht.

§ 5. Für die öffentliche Beglaubigung einer Unterschrift im Felde dürfen Stempelabgaben nicht erhoben werden.

§ 6. Diese Verordnung tritt mit dem Tage ihrer Verkündung in Kraft. Den Zeitpunkt des Außerkrafttretens bestimmt der Reichskanzler.

Ist eine Urkunde nach dem 1. August 1914 von einem Beamten oder einem Offizier aufgenommen worden, der nach den Vorschriften dieser Verordnung hierzu befugt gewesen wäre, so gilt sie als von einem zuständigen Beamten oder Offizier im Felde aufgenommen.

Der § 2 dieser Verordnung gilt für alle nach dem 1. August 1914 errichteten letztwilligen Verfügungen, bei deren Errichtung seine Voraussetzungen vorlagen.

Der § 4 dieser Verordnung gilt für alle nach dem 1. August 1914 im Felde erfolgten öffentlichen Beglaubigungen von Unterschriften.

Nachtrag zu verschiedenen Abschnitten.

(Enthält die Verordnungen vom 18. bis 25. Januar 1915.)

Zu S. 120: Fristen des Wechsel- und Scheckrechts.

Die Frist in § 1 II wird durch Bek. v. 21. Jan. 1915 (RGBl. S. 32) von 1. Februar auf 31. März verlängert.

Zu S. 122: Auslandswechsel.

3a. Bekanntmachung über die Fälligkeit im Ausland ausgestellter Wechsel.

Vom 18. Januar 1915 (RGBl. S. 23).

§ 1. Die Fälligkeit von Wechseln, deren Fälligkeit durch die Bekanntmachungen vom 10. August und 22. Oktober 1914 (Reichs-Gesetzbl. S. 368, 448) um sechs Monate hinausgeschoben ist, wird um weitere drei Monate hinausgeschoben.

Eine Verpflichtung zur Entrichtung des weiteren Wechselstempels nach § 3 Abs. 2 des Wechselstempelgesetzes wird durch die Hinausschiebung der Fälligkeit nicht begründet. Bei Anwendung der Vorschriften des § 13 Nr. 2 und des § 17 des Bankgesetzes bleibt die Hinausschiebung außer Betracht.

§ 2. Zu der in der Bekanntmachung vom 22. Oktober 1914 vorgesehenen Erhöhung der ursprünglichen Wechselsumme um die Zinsen für sechs Monate tritt — unbeschadet der Vorschriften des § 3 — eine Erhöhung der ursprünglichen Wechselsumme um sechs Prozent jährlicher Zinsen für weitere drei Monate hinzu, wenn der wechselmäßig legitimierte Inhaber des Wechsels den Bezogenen in der Woche vor dem aus der Bekanntmachung vom 22. Oktober 1914 sich ergebenden Zahlungstage schriftlich benachrichtigt, daß er den Wechsel in Händen hat; es genügt, wenn das Benachrichtigungsschreiben vor dem bezeichneten Tage zur Post gegeben ist. Bei domizilierten Wechseln ist der Domiziliat, bei Wechseln, deren Zahlung am Wohnort des Bezogenen durch eine andere Person erfolgen soll, ist diese zu benachrichtigen. Der Empfang der Benachrichtigung ist unverzüglich zu bestätigen.

Hinsichtlich des Nachweises, daß die Benachrichtigung erfolgt ist, findet Artikel 46 Satz I der Wechselordnung Anwendung. Auch genügt im Wechselprozesse zur Berücksichtigung des Anspruchs auf die weitere Erhöhung der Wechselsumme die Glaubhaftmachung, daß die Benachrichtigung erfolg ist.

§ 3. Der Bezogene ist berechtigt, den Wechsel an dem aus der Bekanntmachung vom 22. Oktober 1914 sich ergebenden Zahlungstag oder innerhalb einer Woche nach diesem Zahlungstag im Geschäftslokal und in Ermangelung eines solchen in der Wohnung des Gläubigers einzulösen; bei einer solchen Einlösung braucht der Zinsenzuschlag nur für die Zeit bis zur Einlösung entrichtet zu werden. Macht der Bezogene eine Teilzahlung, so ist der Zinsenzuschlag für die Zeit nach dieser Zahlung nur auf den nichtgezahlten Betrag zu entrichten; die geleistete Zahlung ist zunächst auf die bis zur Zahlung aufgelaufenen Zinsen anzurechnen.

§ 4. Für Wechsel, bei denen die Zeit der Vorlage zur Zahlung und der Protesterhebung durch die Bekanntmachungen, betreffend Zahlungsverbot gegen England, Frankreich und Rußland, vom 30. September, 20. Oktober und 19. November 1914 (Reichs-Gesetzbl. S. 421, 443, 479) hinausgeschoben ist, bewendet es bei den Vorschriften dieser Bekanntmachungen. Bei solchen Wechseln findet die Erhöhung der Wechselsumme, die in den Bekanntmachungen vom 12. August und vom 22. Oktober 1914 und der gegenwärtigen Verordnung vorgesehen ist, nicht statt.

§ 5. Diese Verordnung tritt mit dem Tage der Verkündung in Kraft.

Zu S. 125: Ansprüche von Personen im Ausland.

Durch Bek. v. 21. Jan. 1915 (RGBl. S. 31) wird die Frist erneut von 31. Januar auf 30. April verlängert.

Zu S. 163: Beschlagnahme des Getreides und Sicherstellung von Fleischvorräten.

Hier schließen sich die neuen Bekanntmachungen 1 a—d an, die unten S. 232 ff. im Zusammenhang abgedruckt sind.

Zu S. 164: Verfütterungsverbot.

Die Ausdehnung auf Hafer, von der die Fußnote spricht, ist erfolgt. Laut Bek. v. 21. Jan. 1915 (RGBl. S. 27) ist in § 1 bei 1 und 2 hinter Weizen „sowie Hafer“, bei 3 hinter Weizenmehl „sowie Hafermehl“, in § 4 hinter Roggen „und Hafer“ einzusetzen.

§ 1 erhält als Abs. 2 den Zusatz:

„Das Verfüttern von Hafer (Nr. 1, 2, 3) an Pferde und andere Einhufer ist gestattet.“

§ 2 erhält als Abs. 2 den Zusatz:

„Das Quetschen, Schroten oder sonstige Zerkleinern von Hafer als Futtermittel für Pferde und andere Einhufer ist gestattet.“

Zu S. 166: Weitere Verfütterungsbestimmungen.

Zwischen Bek. 2 und 3 sind neue Bek. 2 a und 2 b einzufügen:

2 a. Beschluß des Bundesrats über die Sicherstellung des Haferbedarfs der Heeresverwaltung.

Vom 21. Januar 1915 (RGBl. S. 29).

1. Der für die Heeresverpflegung von Anfang Februar 1915 bis zur nächsten Ernte erforderliche Bedarf an Hafer im Betrage von eineinhalb Millionen Tonnen ist sofort sicherzustellen und

in drei Teilen von je einer halben Million Tonnen in den Monaten Februar, März und April 1915 an die Heeresverwaltung zu liefern.

2. Die Verteilung der in Ziffer 1 genannten Beträge auf die einzelnen Bundesstaaten erfolgt nach dem Verhältnis der durch die Erntestatistik nachgewiesenen Ernteerträge im Durchschnitt der Jahre 1912, 1913 und 1914. Der Reichskanzler teilt jeder Bundesregierung und dem Statthalter in Elsaß-Lothringen die auf ihre Gebiete und auf Elsaß-Lothringen entfallenden Beträge mit. Dabei sind die sich ergebenden Tonnenzahlen zu Zehnern nach unten abzurunden.

Die Unterverteilung innerhalb der Bundesstaaten erfolgt durch die Landeszentralbehörden.

3. Die Sicherstellung erfolgt durch die von den Landeszentralbehörden bestimmten Verwaltungsbehörden innerhalb ihrer Bezirke, soweit erforderlich unter Anwendung der Zwangsbestimmungen im § 2 des Gesetzes, betreffend Höchstpreise vom 4. August/17. Dezember 1914 (Reichs-Gesetzbl. S. 516), in der durch den heutigen Beschluß des Bundesrats geänderten Fassung. Die genannten Vrewaltungsbehörden veranlassen auch die Ablieferung der in ihren Bezirken sichergestellten Vorräte an die Heeresverwaltung.

4. Das Nähere über die Ausführung vorstehender Bestimmungen wird vom Reichskanzler, hinsichtlich der Unterverteilung und Aufbringung innerhalb der einzelnen Bundesstaaten von den Landeszentralbehörden angeordnet.

2b. Bekanntmachung über das Füttern der Tiere auf Schlachtviehmärkten und Schlachtviehhöfen.

Vom 21. Januar 1915 (RGBl. S. 30).

§ 1. Rinder, mit Ausnahme von Kälbern, und Schafe dürfen auf Schlachtviehmärkten, Schlachtviehhöfen und Schlachthöfen nur mit Rauhfutter gefüttert werden.

§ 2. Schweine, die auf Schlachtviehmärkten und zum Marktverkauf auf Schlachtviehhöfen oder Schlachthöfen eingestellt sind, dürfen während des Zeitraums von 12 Uhr Mittags des dem Markttag vorhergehenden Tages bis zum Marktschluß nicht gefüttert werden.

Die Landeszentralbehörden oder die von ihnen bestimmten Behörden können diesen Zeitraum abkürzen.

Soweit ein Füttern von Schweinen nach Abs. 1 und 2 zulässig ist, darf Kraftfutter nur bis zu einem Kilogramm, und zwar Gerste oder Gerstenschrot nur bis zu einem halben Kilogramm, täglich für das Tier verfüttert werden.

§ 3. Unberührt bleiben landesgesetzliche Vorschriften, soweit sie die Bestimmungen der §§ 1 und 2 verschärfen.

§ 4. Die Landeszentralbehörden erlassen die Bestimmungen zur Ausführung dieser Verordnung.

§ 5. Zuwiderhandlungen gegen diese Verordnung oder gegen die gemäß § 2 Abs. 2 und § 4 erlassenen Bestimmungen werden mit Geldstrafe bis zu fünfzehnhundert Mark oder mit Gefängnis bis zu drei Monaten bestraft.

§ 6. Diese Verordnung tritt mit dem 26. Januar 1915 in Kraft. Der Reichskanzler bestimmt den Zeitpunkt des Außerkrafttretens.

Zu S. 183: **Viehschlachtung u. dgl.**

Zwischen Bek. 11 und 12 sind folgende neuen Bek. 11 a und b einzufügen:

11 a. **Bekanntmachung, betreffend vorübergehende Erleichterung der Untersuchung von Schlachtvieh.**

Vom 21. Januar 1915 (RGBl. S. 34).

Nach Anordnung der Landesregierungen darf für die Dauer des gegenwärtigen Krieges von der im § 1 Abs. 1 des Gesetzes, betreffend die Schlachtvieh- und Fleischbeschau, vom 3. Juni 1900 (Reichs-Gesetzbl. S. 547) vorgeschriebenen Untersuchung vor der Schlachtung bei Rindvieh, Schweinen, Schafen, Ziegen und Hunden abgesehen werden, sofern die Untersuchung nach der Schlachtung durch Tierärzte erfolgt.

Diese Bestimmung tritt mit dem Tage der Verkündung in Kraft.

11 b. Bekanntmachung, betreffend vorübergehende Abgabenfreiheit für Salz.

Vom 21. Januar 1915 (RGBl. S. 32).

Während des Krieges darf bis auf weiteres

a) abweichend von der Bestimmung im § 38 der Salzabgabenbefreiungsordnung die Abgabenfreiheit auch für Salz gewährt werden, das unter amtlicher Überwachung beim Räuchern, Marinieren oder bei der Zubereitung von Heringen und ähnlichen Fischen unter Mitbenutzung von Essig, Gewürz und dergleichen verwendet wird,

b) Salz, das zur Herstellung gesalzener Schweinemagen behufs Verwendung als Därme dient, abgabenfrei gelassen werden.

Zu S. 186: Höchstpreise.

Laut Bek. v. 21. Jan. 1915 (RGBl. S. 25):

In § 2 Zeile 4 sind die Worte „auf deren Antrag" zu streichen, Zeile 7 hinter Vorräte die Worte einzufügen: bei Hafer nicht auf das für seine Wirtschaft erforderliche Saatgut.

Zu S. 216: Einfuhrerleichterungen.

Zwischen Bek. 1 und 2 ist folgende neue Bek. 2a einzufügen:

2 a. Bekanntmachung, betreffend vorübergehende Einfuhrerleichterungen für frisches Fett und Festsetzung einer Untersuchungsgebühr.

Vom 21. Januar 1915 (RGBl. S. 33).

Auf Grund des Artikel 3 des Gesetzes, betreffend vorübergehende Einfuhrerleichterungen, vom 4. August 1914 (Reichs-

Gesetzbl. S. 338) sowie des § 22 Nr. 3 des Gesetzes, betreffend die Schlachtvieh- und Fleischbeschau, vom 3. Juni 1900 (Reichs-Gesetzbl. S. 547) hat der Bundesrat für die Dauer des gegenwärtigen Krieges beschlossen:

1. Unbeschadet der Bestimmung im § 12 Abs. 2 Ziffer 1 des Gesetzes, betreffend die Schlachtvieh- und Fleischbeschau vom 3. Juni 1900 (Reichs-Gesetzbl. S. 547) darf frisches Fett, ausgenommen Speck, auch ohne Zusammenhang mit dem Tierkörper in das Zollinland eingeführt werden. Dem Fette dürfen jedoch Teile von Muskelfleisch nicht anhaften.

2. Frisches Fett unterliegt bei der Einfuhr einer tierärztlichen Untersuchung nach den allgemeinen Grundsätzen der wissenschaftlichen Fleischbeschau. Eine chemische Untersuchung ist nur in Verdachtsfällen erforderlich. Eine Untersuchung des Fettes von Schweinen auf Trichinen findet nicht statt.

   Frisches Fett, das in gesundheits- oder veterinärpolizeilicher Beziehung zu Bedenken Anlaß gibt, ist von der Einfuhr zurückzuweisen, soweit es bei sinngemäßer Anwendung der Vorschriften im § 18 Abs. 1 I der Ausführungsbestimmungen D zum Fleischbeschaugesetze nicht unschädlich beseitigt werden muß.

3. Die Gebühr für die Untersuchung des in das Zollinland ohne Zusammenhang mit dem Tierkörper eingehenden frischen Fettes beträgt 0,01 *M* für jedes Kilogramm, mindestens jedoch 50 Pf. für jede Sendung.

4. Diese Bestimmungen treten mit dem Tage der Verkündung in Kraft.

Die Beschlagnahme von Getreide und Sicherstellung von Fleischvorräten.

1a. Bekanntmachung über die Regelung des Verkehrs mit Brotgetreide und Mehl.

Vom 25. Januar 1915 (RGBl. S. 35).

Der Bundesrat hat auf Grund des § 3 des Gesetzes über die Ermächtigung usw. vom 4. August 1914 folgende Verordnung erlassen:

I. Beschlagnahme.

§ 1. Mit dem Beginn des 1. Februar 1915 sind die im Reiche vorhandenen Vorräte von Weizen (Dinkel und Spelz), Roggen, allein oder mit anderer Frucht gemischt, auch ungedroschen, für die Kriegs-Getreide-Gesellschaft m. b. H. in Berlin, die Vorräte von Weizen-, Roggen-, Hafer- und Gerstenmehl für den Kommunalverband beschlagnahmt, in dessen Bezirke sie sich befinden. Mehlvorräte, die sich zu dieser Zeit auf dem Transporte befinden, sind für den Kommunalverband beschlagnahmt, in dessen Bezirke sie nach beendetem Transport abgeliefert werden.

§ 2. Von der Beschlagnahme werden nicht betroffen:

a) Vorräte, die im Eigentume des Reichs, eines Bundesstaats oder Elsaß-Lothringens, insbesondere im Eigentum eines Militärfiskus, der Marineverwaltung oder der Zentralstelle zur Beschaffung der Heeresverpflegung in Berlin, oder im Eigentum des Kommunalverbandes stehen, in dessen Bezirke sie sich befinden;

b) Vorräte, die im Eigentume der Kriegs-Getreide-Gesellschaft m. b. H. oder der Zentral-Einkaufs-Gesellschaft m. b. H. in Berlin stehen;

c) Vorräte an gedroschenem Getreide und an Mehl, die zusammen einen Doppelzentner nicht übersteigen.

§ 3. An den beschlagnahmten Gegenständen dürfen Veränderungen nicht vorgenommen werden und rechtsgeschäftliche Verfügungen über sie sind nichtig, soweit nicht in den §§ 4, 22 etwas anderes bestimmt ist. Insbesondere ist auch das Verfüttern verboten. Den rechtsgeschäftlichen Verfügungen stehen Verfügungen gleich, die im Wege der Zwangsvollstreckung oder Arrestvollziehung erfolgen.

§ 4. Die Besitzer von beschlagnahmten Vorräten sind berechtigt und verpflichtet, die zur Erhaltung der Vorräte erforderlichen Handlungen vorzunehmen.

Angefangene Transporte dürfen zu Ende geführt werden.

Zulässig sind Verkäufe an die Kriegs-Getreide-Gesellschaft m. b. H. beziehungsweise an den zuständigen Kommunalverband (§ 1), sowie alle Veränderungen und Verfügungen, die mit Zustimmung der Kriegs-Getreide-Gesellschaft m. b. H. beziehungsweise des zuständigen Kommunalverbandes erfolgen. Veräußerungen eines Kommunalverbandes an einen anderen Kommunalverband bedürfen der Genehmigung der höheren Verwaltungsbehörde und sind der Reichsverteilungsstelle (§ 31) anzuzeigen.

Trotz der Beschlagnahme dürfen

a) Unternehmer landwirtschaftlicher Betriebe zur Ernährung der Angehörigen ihrer Wirtschaft einschließlich des Gesindes auf den Kopf und Monat neun Kilogramm Brotgetreide und zur Frühjahrsbestellung das erforderliche Saatgut verwenden; statt eines Kilogramm Brotgetreide können achthundert Gramm Mehl verwendet werden. Den Angehörigen der Wirtschaft stehen gleich Naturalberechtigte, insbesondere Altenteiler, und Arbeiter, soweit sie kraft ihrer Berechtigung oder als Lohn Brotgetreide oder Mehl zu beanspruchen haben;

b) Unternehmer landwirtschaftlicher Betriebe und Händler Saatgetreide für Saatzwecke liefern, das nachweislich aus landwirtschaftlichen Betrieben stammt, die sich in den letzten zwei Jahren mit dem Verkaufe von Saatgetreide befaßt haben; anderes Saatgetreide darf nur mit Genehmigung der zuständigen Behörde für Saatzwecke geliefert werden;

c) Mühlen das Getreide ausmahlen; das Mehl fällt unter die Beschlagnahme zugunsten des Kommunalverbandes, in dessen Bezirke die Mühle liegt;
d) Mühlen der Marineverwaltung im Februar 1915 das Mehl liefern, zu dessen Lieferung in diesem Monat sie aus einem unregelmäßigen Verwahrungsvertrag oder einem ähnlichen Vertragsverhältnis verpflichtet sind;
e) Händler und Handelsmühlen monatlich Mehl bis zur Hälfte der vom 1. bis einschließlich 15. Januar 1915 käuflich gelieferten Mehlmenge veräußern;
f) Bäcker und Konditoren täglich Mehl in einer Menge, die drei Vierteilen des durchschnittlichen Tagesverbrauchs vom 1. bis einschließlich 15. Januar 1915 entspricht, verbacken; die Beschränkung auf diese Menge gilt auch, soweit sie beschlagnahmefreies Mehl verwenden;
g) Bäcker im Februar 1915 das Mehl verbacken, das zur Erfüllung ihrer Lieferungsverpflichtungen an die Heeresverwaltungen oder an die Marineverwaltung erforderlich ist.

§ 5. Die Wirkungen der Beschlagnahme endigen mit der Enteignung oder mit den nach § 4 zugelassenen Veräußerungen oder Verwendungen.

§ 6. Über Streitigkeiten, die sich aus der Anwendung der §§ 1 bis 5 ergeben, entscheidet die höhere Verwaltungsbehörde endgültig.

§ 7. Wer unbefugt beschlagnahmte Vorräte beiseite schafft, beschädigt oder zerstört, verfüttert oder sonst verbraucht, verkauft, kauft oder ein anderes Veräußerungs- oder Erwerbsgeschäft über sie abschließt, wird mit Gefängnis bis zu einem Jahre oder mit Geldstrafe bis zu zehntausend Mark bestraft.

Ebenso wird bestraft, wer die zur Erhaltung der Vorräte erforderlichen Handlungen pflichtwidrig unterläßt, oder wer als Saatgetreide erworbenes Getreide zu anderen Zwecken verwendet oder wer entgegen der Vorschrift im § 4 Abs. 4 f beschlagnahmefreies Mehl verwendet.

II. Anzeigepflicht.

§ 8. Wer Vorräte der im § 1 bezeichneten Art sowie Hafer mit Beginn des 1. Februar 1915 in Gewahrsam hat, ist verpflichtet, die Vorräte und ihre Eigentümer der zuständigen Behörde anzuzeigen, in deren Bezirke die Vorräte lagern. Die Anzeige über Vorräte, die sich zu dieser Zeit auf dem Transporte befinden, ist unverzüglich nach dem Empfang von dem Empfänger zu erstatten.

Bei Personen, deren Vorräte weniger als einen Doppelzentner betragen, beschränkt sich die Anzeigepflicht auf die Versicherung, daß die Vorräte nicht größer sind.

Die Anzeigepflicht erstreckt sich nicht auf Vorräte, die im Eigentume der Kriegs-Getreide-Gesellschaft m. b. H. oder der Zentral-Einkaufs-Gesellschaft m. b. H. stehen.

Vorräte, die als Saatgut (§ 4 Abs. 4 a) beansprucht werden, sind besonders anzugeben.

§ 9. Die Anzeigen sind der zuständigen Behörde bis zum 5. Februar 1915 einzureichen. Die Landeszentralbehörden haben bis zum 20. Februar 1915 der Reichsverteilungsstelle ein Verzeichnis der vorhandenen Vorräte und der Zahl der unter § 4 Abs. 4 a fallenden Personen getrennt nach Kommunalverbänden einzureichen. In dem Verzeichnis sind diejenigen Vorräte gesondert anzugeben, die im Eigentume des Reichs, eines Bundesstaats oder Elsaß-Lothringens, insbesondere eines Militärfiskus, der Marineverwaltung oder der Zentralstelle zur Beschaffung der Heeresverpflegung stehen.

Für die Anzeigen sind die vom Bundesrate festgestellten Formulare zu benutzen.

§ 10. Bäcker, Konditoren, Händler und Handelsmühlen, die von den Befugnissen des § 4 Abs. 4 Gebrauch machen wollen, haben zugleich mit der Anzeige nach § 8 anzuzeigen, wieviel Mehl sie in der Zeit vom 1. bis einschließlich 15. Januar 1915 als Bäcker oder Konditoren verbacken oder als Händler oder Handelsmühlen käuflich geliefert haben.

§ 11. Mühlen, Bäcker, Konditoren und Händler, die von den Befugnissen des § 4 Abs. 4 Gebrauch machen, haben nach näherer Bestimmung der Landeszentralbehörde über die eingetretenen Veränderungen ihrer Bestände der zuständigen Behörde Anzeige zu erstatten.

§ 12. Die zuständige Behörde ist berechtigt, zur Nachprüfung der Angaben die Vorrats- und Betriebsräume des Anzeigepflichtigen zu untersuchen und seine Bücher prüfen zu lassen.

§ 13. Wer die Anzeigen nicht in der gesetzten Frist erstattet, oder wer wissentlich unrichtige oder unvollständige Angaben macht, wird mit Gefängnis bis zu sechs Monaten oder mit Geldstrafe bis zu fünfzehnhundert Mark bestraft.

Gibt ein Anzeigepflichtiger bei Erstattung der Anzeige Vorräte an, die er bei der Aufnahme der Vorräte vom 1. Dezember 1914 verschwiegen hat, so bleibt er von der durch das Verschweigen verwirkten Strafe frei.

III. Enteignung.

§ 14. Das Eigentum an den beschlagnahmten Vorräten geht durch Anordnung der zuständigen Behörde auf die Person über, zu deren Gunsten die Beschlagnahme erfolgt ist.

Beantragt der Berechtigte die Übereignung an eine andere Person, so ist das Eigentum auf diese zu übertragen: sie ist in der Anordnung zu bezeichnen.

Bei Unternehmern landwirtschaftlicher Betriebe ist vor der Enteignung festzustellen, welche Vorräte sie nach dem Maßstab des § 4 Abs. 4 a für die Zeit bis zum 1. August 1915 zur Ernährung und Frühjahrsbestellung nötig haben. Diese Vorräte sind auszusondern und von der Enteignung auszunehmen; sie werden mit der Aussonderung von der Beschlagnahme frei.

Saatgetreide, das nachweislich aus landwirtschaftlichen Betrieben stammt, die sich in den letzten zwei Jahren mit dem Verkaufe von Saatgetreide befaßt haben, ist gleichfalls auszusondern und von der Enteignung auszunehmen: es wird mit der Aussonderung von der Beschlagnahme frei.

§ 15. Die Anordnung, durch die enteignet wird, kann an den einzelnen Besitzer oder an alle Besitzer des Bezirks oder eines Teiles des Bezirks gerichtet werden; im ersteren Falle geht das Eigentum über, sobald die Anordnung dem Besitzer zugeht, im letzteren Falle mit Ablauf des Tages nach Ausgabe des amtlichen Blattes, in dem die Anordnung amtlich veröffentlicht wird.

§ 16. Der Erwerber hat für die überlassenen Vorräte einen angemessenen Preis zu zahlen.

Soweit anzeigepflichtige Vorräte nicht angezeigt sind, wird für sie kein Preis gezahlt. In besonderen Fällen kann die höhere Verwaltungsbehörde Ausnahmen zulassen.

Bei Gegenständen, für die Höchstpreise festgesetzt sind, wird der Übernahmepreis unter Berücksichtigung des zur Zeit der Enteignung geltenden Höchstpreises sowie der Güte und Verwertbarkeit der Vorräte von der höheren Verwaltungsbehörde nach Anhörung von Sachverständigen endgültig festgesetzt.

Bei Gegenständen, für die keine Höchstpreise festgesetzt sind, tritt an Stelle des Höchstpreises der Durchschnittspreis, der in der Zeit vom 1. bis einschließlich 15. Januar 1915 an dem maßgebenden Marktort gezahlt ist. Ist ein Durchschnittspreis nicht zu ermitteln, so sind die tatsächlich gemachten Aufwendungen zu berücksichtigen.

§ 17. Der Besitzer der enteigneten Vorräte ist verpflichtet, sie zu verwahren und pfleglich zu behandeln, bis der Erwerber sie in seinen Gewahrsam übernimmt. Dem Besitzer ist hierfür eine angemessene Vergütung zu gewähren, die von der höheren Verwaltungsbehörde endgültig festgesetzt wird.

§ 18. Bezieht sich die Anordnung auf Erzeugnisse eines Grundstücks, so werden diese von der Haftung für Hypotheken, Grundschulden und Rentenschulden frei, soweit sie nicht vor dem 1. Februar 1915 zugunsten des Gläubigers in Beschlag genommen worden sind.

§ 19. Über Streitigkeiten, die sich bei dem Enteignungsverfahren ergeben, entscheidet endgültig die höhere Verwaltungsbehörde.

§ 20. Wer der Verpflichtung des § 17, enteignete Vorräte zu verwahren und pfleglich zu behandeln, zuwiderhandelt, wird mit Gefängnis bis zu einem Jahre oder mit Geldstrafe bis zu zehntausend Mark bestraft.

IV. Sondervorschriften für unausgebroschenes Getreide.

§ 21. Bei unausgedroschenem Getreide erstrecken sich Beschlagnahme und Enteignung auch auf den Halm.

Mit dem Ausdreschen wird das Stroh von der Beschlagnahme frei. Wird erst nach der Enteignung ausgedroschen, so fällt das Eigentum am Stroh an den bisherigen Eigentümer zurück, sobald das Getreide ausgedroschen ist.

§ 22. Der Besitzer ist durch die Beschlagnahme oder die Enteignung nicht gehindert, das Getreide auszudreschen.

§ 23. Die zuständige Behörde kann auf Antrag desjenigen, zu dessen Gunsten beschlagnahmt oder enteignet ist, bestimmen, daß das Getreide von dem Besitzer mit den Mitteln seines landwirtschaftlichen Betriebs binnen einer zu bestimmenden Frist ausgedroschen wird. Kommt der Verpflichtete dem Verlangen nicht nach, so kann die zuständige Behörde das Ausdreschen auf dessen Kosten durch einen Dritten vornehmen lassen. Der Verpflichtete hat die Vornahme in seinen Wirtschaftsräumen und mit den Mitteln seines Betriebs zu gestatten.

§ 24. Der Übernahmepreis ist gemäß § 16 festzusetzen, nachdem das Getreide ausgedroschen ist.

§ 25. Über Streitigkeiten, die sich aus der Anwendung der §§ 21 bis 24 ergeben, entscheidet endgültig die höhere Verwaltungsbehörde.

V. Verhältnis der Kriegs-Getreide-Gesellschaft m. b. H. zu den Kommunalverbänden.

§ 26. Die Kriegs-Getreide-Gesellschaft m. b. H. ist verpflichtet:

a) Getreide, das in ihrem Eigentume steht oder zu ihren Gunsten beschlagnahmt ist, dem Kommunalverband, in dessen Bezirk es sich befindet, auf sein Verlangen bis zur Höhe des auf ihn entfallenden Bedarfsanteils (§ 32) zu übereignen oder die Enteignung zu seinen Gunsten herbeizuführen;

b) auf Verlangen eines Kommunalverbandes das für diesen beschlagnahmte Mehl, soweit es nach Güte, Menge und Lagerung den Lombardbedingungen der Darlehnskasse Berlin genügt, zu übernehmen, sowie für den Verkauf des beschlagnahmten Mehles bemüht zu sein;

c) auf Wunsch eines Kommunalverbandes das Getreide, das sich mit Beginn des 1. Februar 1915 in seinem Bezirke befindet, nach Möglichkeit dort bis zur Höhe des auf ihn entfallenden Bedarfsanteils (§ 32) zu belassen und zum Ausmahlen die Mühlen des Bezirks heranzuziehen.

VI. Mahlpflicht und Regelung des Mehlverkehrs.

§ 27. Die Mühlen haben das Getreide zu mahlen, das die Kriegs-Getreide-Gesellschaft m. b. H., die Zentral-Einkaufs-Gesellschaft m. b. H. oder der Kommunalverband, in dessen Bezirke sie liegen, ihnen zuweist.

Die höhere Verwaltungsbehörde setzt erforderlichenfalls einen angemessenen Mahllohn fest; die Entscheidung ist endgültig.

§ 28. Die Mühlen dürfen Mehl, das in ihrem Eigentume steht, nur an die Kriegs-Getreide-Gesellschaft m. b. H. oder an Kommunalverbände abgeben. Dies gilt nicht für die nach § 4 Abs. 4 d und e zugelassenen Lieferungen.

Die Kriegs-Getreide-Gesellschaft m. b. H. darf Mehl nur an Kommunalverbände, an die Heeresverwaltungen oder die Marineverwaltung abgeben.

Der Übernahmepreis ist erforderlichenfalls bei der Abgabe an Kommunalverbände, an die Heeresverwaltungen oder an die Marineverwaltung unter Berücksichtigung des Einstandspreises und des Mahllohns (§ 27) im Falle des Abs. 1 von der höheren Verwaltungsbehörde, in deren Bezirke die Mühle liegt, im Falle des Abs. 2 von dem Reichskanzler endgültig festzusetzen.

§ 29. Beim Ausmahlen von Getreide, das unter die Beschlagnahme fällt oder das eine Mühle von der Kriegs-Getreide-Gesellschaft m. b. H. oder von einem Kommunalverband erhalten hat, ist die Mühle verpflichtet, die entfallende Kleie, soweit sie in ihrem Eigentume steht, an die vom Reichskanzler zu bestimmenden Stellen abzugeben.

Hat die Mühle das Getreide von einem Kommunalverband erhalten, so hat sie auf Verlangen des Kommunalverbandes die Kleie an ihn abzugeben.

Der Preis wird unter Berücksichtigung des Höchstpreises sowie der Güte der Kleie von der höheren Verwaltungsbehörde, in deren Bezirke die Mühle liegt, nach Anhörung von Sachverständigen endgültig festgesetzt.

§ 30. Wer der Vorschrift des § 27 Abs. 1 zuwiderhandelt, oder wer entgegen den Vorschriften der §§ 28, 29, soweit sie für Mühlen gelten, Mehl oder Kleie abgibt, wird mit Gefängnis bis zu sechs Monaten oder mit Geldstrafe bis zu fünfzehnhundert Mark bestraft.

VII. Verbrauchsregelung.

§ 31. Unter der Bezeichnung Reichsverteilungsstelle wird eine Behörde gebildet.

Die Behörde besteht aus sechzehn Bevollmächtigten zum Bundesrat, und zwar außer dem Vorsitzenden aus vier Königlich Preußischen, zwei Königlich Bayerischen, einem Königlich Sächsischen, einem Königlich Württembergischen, einem Großherzoglich Badischen, einem Großherzoglich Hessischen, einem Großherzoglich Mecklenburg-Schwerinschen, einem Großherzoglich Sächsischen, einem Herzoglich Anhaltischen, einem Hanseatischen und einem Elsaß-Lothringischen Bevollmächtigten. Außerdem gehören ihr je ein Vertreter des Deutschen Landwirtschaftsrats, des Deutschen Handelstags und des Deutschen Städtetags an.

Der Reichskanzler erläßt die näheren Bestimmungen.

§ 32. Die Reichsverteilungsstelle hat die Aufgabe, mit Hilfe der Kriegs-Getreide-Gesellschaft m. b. H. für die Verteilung der vorhandenen Vorräte über das Reich für die Zeit bis zur nächsten Ernte nach den vom Bundesrat aufzustellenden Grundsätzen zu sorgen.

§ 33. Die Kommunalverbände haben auf Erfordern der Reichsverteilungsstelle Auskunft zu geben und überschüssige Mehlvorräte an die von ihr bezeichneten Stellen abzugeben.

§ 34. Die Kommunalverbände haben den Verbrauch der Vorräte in ihrem Bezirke zu regeln, insbesondere die Verteilung von Mehl an Bäcker, Konditoren und Kleinhändler vorzunehmen. Dabei darf nicht mehr abgegeben werden als die von der Reichsverteilungsstelle für den betreffenden Zeitraum festgesetzte Menge.

§ 35. Die Kommunalverbände können den Gemeinden die Regelung des Verbrauchs (§ 34) für den Bezirk der Gemeinden übertragen.

Gemeinden, die nach der letzten Volkszählung mehr als zehntausend Einwohner hatten, können die Übertragung verlangen.

§ 36. Die Kommunalverbände oder die Gemeinden, denen die Regelung ihres Verbrauchs übertragen ist, können zu diesem Zwecke insbesondere

a) anordnen, daß nur Einheitsbrote bereitet werden dürfen;
b) das Bereiten von Kuchen verbieten oder einschränken;
c) das Durchmahlen des Getreides auch in solchen Mühlen gestatten, die das gesetzliche Ausmahlverhältnis nicht erreichen, aber wenigstens bis zu fünfundsiebzig vom Hundert durchmahlen können; in diesen Fällen sind sie befugt, das Ausmahlverhältnis entsprechend festzusetzen;
d) die Abgabe und die Entnahme von Brot und Mehl auf bestimmte Mengen, Abgabestellen und Zeiten sowie in anderer Weise beschränken;
e) Händlern, Bäckern und Konditoren die Abgabe von Brot und Mehl außerhalb des Bezirks ihrer gewerblichen Niederlassung verbieten oder beschränken.

§ 37. Die Landeszentralbehörden oder die von ihnen bestimmten höheren Verwaltungsbehörden können die Art der Regelung (§§ 34 bis 36, 40) vorschreiben.

§ 38. Zur Durchführung dieser Maßnahmen sollen in den Kommunalverbänden und den Gemeinden, denen die Regelung ihres Verbrauchs übertragen ist, besondere Ausschüsse gebildet werden.

§ 39. Verbraucht ein Kommunalverband innerhalb eines Monats weniger als die ihm für diese Zeit zugeteilte Getreide- oder Mehlmenge, so hat ihm die Kriegs-Getreide-Gesellschaft m. b. H. ein Zehntel des Preises der ersparten Menge zu vergüten; der Kommunalverband hat die ersparte Menge der Kriegs-Getreide-Gesellschaft m. b. H. zur Verfügung zu stellen. Die vergüteten Beträge sind für die Volksernährung zu verwenden.

§ 40. Die Kommunalverbände oder die Gemeinden, denen die Regelung ihres Verbrauchs übertragen ist, haben den Preis für das von ihnen abgegebene Mehl festzusetzen. Etwaige Überschüsse sind für die Volksernährung zu verwenden.

§ 41. Die Kommunalverbände oder die Gemeinden, denen die Regelung ihres Verbrauchs übertragen ist, können in ihrem Bezirke Lagerräume für die Lagerung der Vorräte in Anspruch nehmen. Die Vergütung setzt die höhere Verwaltungsbehörde endgültig fest.

§ 42. Die Landeszentralbehörden können Bestimmungen über das Verfahren beim Erlaß der Anordnungen treffen. Diese Bestimmungen können von den Landesgesetzen abweichen.

§ 43. Über Streitigkeiten, die bei der Verbrauchsregelung (§§ 34 bis 41) entstehen, entscheidet die höhere Verwaltungsbehörde endgültig.

§ 44. Wer den Anordnungen zuwiderhandelt, die ein Kommunalverband oder eine Gemeinde, der die Regelung ihres Verbrauchs übertragen ist, zur Durchführung dieser Maßnahmen erlassen hat, wird mit Gefängnis bis zu sechs Monaten oder mit Geldstrafe bis zu fünfzehnhundert Mark bestraft.

VIII. Ausländisches Getreide und Mehl.

§ 45. Die Vorschriften dieser Verordnung beziehen sich nicht auf Getreide und Mehl, die nach dem 31. Januar 1915 aus dem

Ausland eingeführt werden. Das aus dem Ausland eingeführte Getreide und Mehl darf von dem Einführenden nur an die Kriegs-Getreide-Gesellschaft m. b. H., an die Zentral-Einkaufs-Gesellschaft m. b. H. oder an Kommunalverbände abgegeben werden.

IX. Ausführungsbestimmungen.

§ 46. Die Landeszentralbehörden erlassen die erforderlichen Ausführungsbestimmungen. Sie können besondere Vermittlungsstellen errichten, denen die Unterverteilung und Bedarfsregelung in ihrem Bezirk obliegt.

§ 47. Wer den von den Landeszentralbehörden erlassenen Ausführungsbestimmungen zuwiderhandelt, wird mit Gefängnis bis zu sechs Monaten oder mit Geldstrafe bis zu fünfzehnhundert Mark bestraft.

§ 48. Die Landeszentralbehörden bestimmen, wer als Kommunalverband, als Gemeinde, als zuständige Behörde und als höhere Verwaltungsbehörde im Sinne dieser Verordnung anzusehen ist.

X. Übergangsvorschriften.

§ 49. Die Abgabe von Weizen-, Roggen-, Hafer- und Gerstenmehl im geschäftlichen Verkehr ist in der Zeit vom Beginne des 26. Januar bis zum Ablauf des 31. Januar 1915 verboten. Nicht verboten sind Lieferungen an Behörden, öffentliche und gemeinnützige Anstalten, Händler, Bäcker und Konditoren.

§ 50. Wer der Vorschrift des § 49 zuwider Mehl abgibt oder erwirbt, wird mit Gefängnis bis zu sechs Monaten oder mit Geldstrafe bis zu fünfzehnhundert Mark bestraft.

§ 51. Bis zur Durchführung der Verbrauchsregelung durch die Reichsverteilungsstelle können im Falle dringenden Bedarfs die Landeszentralbehörden oder die von ihnen bezeichneten Behörden die Übereignung von Mehl aus dem Bezirk eines Kommunalverbandes an einen andern Kommunalverband anordnen. Gehören die Kommunalverbände verschiedenen Bundesstaaten an, so hat der Reichskanzler die gleiche Befugnis, der sich zuvor mit den beteiligten Landeszentralbehörden ins Benehmen zu setzen hat. Die übereigneten Mengen sind der Reichsverteilungsstelle anzuzeigen.

XI. Zwangsbefugnis.

§ 52. Die zuständige Behörde kann Geschäfte schließen, deren Inhaber oder Betriebsleiter sich in Befolgung der Pflichten unzuverlässig zeigen, die ihnen durch diese Verordnung oder die dazu erlassenen Ausführungsbestimmungen auferlegt sind.

Gegen die Verfügung ist Beschwerde zulässig; sie hat keine aufschiebende Wirkung. Über die Beschwerde entscheidet die höhere Verwaltungsbehörde endgültig.

XII. Schlußvorschrift.

§ 53. Diese Verordnung tritt mit dem Tage der Verkündung in Kraft. Der Reichskanzler bestimmt, mit welchem Tage die Vorschrift des § 29 Abs. 1 in Kraft tritt.

Der Reichskanzler bestimmt den Zeitpunkt des Außerkrafttretens dieser Verordnung.

Berlin, den 25. Januar 1915.

Der Stellvertreter des Reichskanzlers.
Delbrück.

1b. Ausführungs-Anweisung zur Verordnung des Bundesrats über die Regelung des Verkehrs mit Brotgetreide und Mehl vom 25. Januar 1915.

(Reichsanz. Sonderausg. v. 25. Januar 1915.)

I. Beschlagnahme.

Zu § 1. Kommunalverbände im Sinne der Bundesratsverordnung sind die Stadt- und Landkreise. Höhere Verwaltungsbehörde ist der Regierungspräsident, für Berlin der Oberpräsident.

Zu § 2 c. Die Vorschrift bezieht sich auf die in einem Haushalt oder Betriebe vorhandenen Vorräte.

Zu § 4. Die in § 1 bezeichneten Getreidevorräte sind zugunsten der Kriegs-Getreide-Gesellschaft beschlagnahmt. Es ist darauf hinzuwirken, daß die Besitzer den Verkauf an die Kriegs-Getreide-Gesellschaft freihändig vornehmen.

Zu a) Naturalberechtigte, Altenteiler, Deputanten usw. haben nicht die ihnen vertragsmäßig zustehende Menge von Brotkorn oder Mehl in Natur zu beanspruchen, sondern höchstens 9 Kilogramm Brotgetreide für den Kopf und Monat oder statt je eines Kilogramm Brotgetreide 800 Gramm Mehl. Soweit die bis zum 1. April 1915 fälligen Naturalbezüge bereits ausgehändigt sind, dürfen die Unternehmer landwirtschaftlicher Betriebe nur die nach dem 1. April fälligen Korn- und Mehlmengen entnehmen und bei der Enteignung (vgl. § 14 Abs. 3) aussondern.

Zu b) Der Nachweis, daß das Saatgetreide aus landwirtschaftlichen Betrieben stammt, die sich in den letzten zwei Jahren mit dem Vertriebe von Saatgetreide befaßt haben, ist erforderlichen Falles durch Vorlage des Frachtbriefes, der Rechnung, eines Zeugnisses der Landwirtschaftskammer oder ähnlicher Beweismittel zu erbringen.

Zu § 6. Streitigkeiten, die sich aus der Anwendung der §§ 1 bis 5 ergeben, hat der Landrat (in Stadtkreisen der Gemeindevorstand) zu entscheiden. Auf Beschwerde entscheidet der Regierungspräsident, in Berlin der Oberpräsident endgültig.

Zu § 7. Zu den im § 7 verbotenen Handlungen gehört auch die Verfütterung der im § 1 bezeichneten Vorräte.

Die Ortsbehörden haben dies öffentlich bekannt zu machen; die Ortspolizeibehörden haben für eine strenge Überwachung der Verbote zu sorgen. Die Gerichte werden für eine schnelle Erledigung der erstatteten Strafanzeigen sorgen.

II. Durchführung der Anzeigepflicht.

Zu § 8. Die Vordrucke für die Anzeigen gehen den Gemeindevorständen der Stadtkreise und den Landräten, diesen zur sofortigen

Verteilung an die Ortsbehörden unmittelbar zu; sie bedürfen keiner Erläuterung. Die Ortsbehörden haben öffentlich bekannt zu machen, daß alle Eintragungen in den Vordrucken nur in Zentnern erfolgen dürfen. Im Eigentum der Kriegs-Getreide-Gesellschaft stehen lediglich solche Vorräte, die bereits vor dem 1. Februar 1915 von einem Vertreter der Kriegs-Getreide-Gesellschaft abgenommen sind. Vorräte, die noch nicht abgenommen sind, hat der Besitzer anzuzeigen.

Zu § 9. Die Anzeigen sind bis zum 5. Februar 1915 dem Gemeinde-(Guts-)vorstande zu erstatten. Der Gemeindevorstand kann, falls die Seelenzahl oder die zerstreute Lage des Ortes dies erforderlich macht, Meldebezirke und für diese besondere Meldestellen einrichten. Er kann auch, wie bei der Vornahme von Zählungen, die Anzeigeformulare austragen und abholen lassen und die Zähler mit der Unterstützung der Anzeigepflichtigen bei der Ausfüllung der Vordrucke beauftragen.

Wer keinen Vordruck erhalten hat, hat dies dem Gemeindevorstande oder der Meldestelle anzuzeigen. Von den Lehrern und allen Beamten, deren Befreiung vom Dienste in den Aufnahmetagen möglich ist, wird erwartet, daß sie sich dem Gemeindevorstande zur Durchführung dieser vaterländischen Aufgabe zur Verfügung stellen.

Die Formulare für die Zusammenstellung und Aufrechnung der Anzeigen werden den Gemeindevorständen der Stadtkreise und den Landräten zur Verteilung übersandt.

Als Bezirks-, Orts- und Kreislisten dürfen nur diese Formulare verwandt werden.

Sind Meldebezirke gebildet und erfolgt die Einsammlung der Anzeigen durch Zähler, so haben diese in eine besondere Liste für jeden Zählbezirk das Ergebnis derjenigen Anzeigen einzutragen, welche Vorräte von mehr als zwei Zentnern betreffen und die Anzeigen, nach der Reihenfolge in dieser Liste geordnet, mit der aufgerechneten Bezirksliste am 6. Februar an den Gemeindevorstand oder die Meldestelle abzuliefern. Die Anzeigen über Vorräte von weniger als zwei Zentnern sind ebenfalls an den

Gemeindevorstand oder nach dessen Bestimmung an die Meldestelle abzuliefern und von diesem sorgfältig aufzubewahren. Der Gemeindevorstand hat die Angaben der Anzeigepflichtigen auf Vollständigkeit und Richtigkeit zu prüfen. Sind keine Zählbezirke gebildet, so hat er die Anzeigen, welche Vorräte von mehr als zwei Zentnern betreffen, in eine Ortsliste einzutragen, diese aufzurechnen und bis spätestens zum 10. Februar dem Landrat einzureichen. Sind Zählbezirke gebildet, so hat er die Endsumme der Bezirkslisten zu einer Ortsliste zusammenzustellen, aufzurechnen und diese dem Landrat einzureichen. Eine Abschrift der Ortsliste und die gesamten Anzeigeformulare verbleiben bei dem Gemeindevorstande. In die Bezirks- und Ortslisten sind nur solche Angaben aufzunehmen, für welche in diesen eine besondere Spalte vorgesehen ist. Über die Aufarbeitung der Angaben über das Saatgut auf Seite 2 des Anzeigevordruckes ergeht besondere Anweisung. Den Gemeindevorständen wird empfohlen, eine Aufrechnung dieser Angaben in unmittelbarem Anschluß an die Feststellung der Ortslisten vorzunehmen. Der Landrat hat die Angaben der Ortslisten in eine Kreisliste zu übertragen, diese zu einer Schlußsumme aufzurechnen, das Ergebnis rechnerisch festzustellen, die Liste daraufhin zu bescheinigen, daß in ihr sämtliche Gemeinden des Kreises enthalten sind, und sie bis zum 15. Februar an das Königlich Preußische Statistische Landesamt in Berlin SW. 68, Lindenstraße 28, abzusenden. Die Stadtkreise haben ihre Kreislisten in gleicher Weise aufzurechnen und ebenfalls spätestens bis zum 15. Februar an das Statistische Landesamt abzusenden. Das Königliche Statistische Landesamt wird mit der Aufrechnung der Kreislisten beauftragt und hat das im § 9 der Verordnung erforderte Verzeichnis bis zum 20. Februar an die Zentralverteilungsstelle einzureichen.

Zu § 10. Zur Anzeige der verbackenen Vorräte sind auch die mit Hotels, Gast- und Schankwirtschaften und sonstigen Gewerbebetrieben verbundenen Bäckereien verpflichtet.

Zu § 11. Die Anzeigen sind am 1., 10. und 20. jeden Monats, erstmalig am 10. Februar, an den Gemeindevorstand oder die von ihm bestimmte Meldestelle zu erstatten. Der Gemeindevorstand kann ein Anzeigeformular vorschreiben.

Zu § 12. Zur Vornahme der Nachprüfung hat der Gemeindevorstand Sachverständige zu bestellen. Ehrenamtliche Berufung nach Anhörung der Innungen wird empfohlen.

Zu § 13. Strenge Überwachung der Vorschrift wird den Ortspolizeibehörden zur besonderen Pflicht gemacht. Zu diesem Zwecke hat ihnen der Gemeindevorstand die Anzeigen zugänglich zu machen. Auf die Bemerkung zu § 7 wird verwiesen. Unabhängig von der Bestrafung tritt gemäß § 16 die Fortnahme der bei der Anzeige nicht angegebenen Vorräte zu Gunsten des Kommunalverbandes ein, ohne Entschädigung für den bisherigen Eigentümer.

Die Gemeindevorstände haben diese Bestimmung besonders bekannt zu machen mit dem Hinweise, daß ein Anzeigepflichtiger, der am 1. Dezember 1914 Vorräte verschwiegen hat, straffrei bleibt, wenn er sie jetzt richtig angibt.

III. Enteignung.

Zu § 14. Die Anordnung, welche den Eigentumsübergang bewirkt, erläßt der Landrat, in Stadtkreisen der Gemeindevorstand, und zwar, soweit es sich um Getreide handelt, auf Antrag der Kriegs-Getreide-Gesellschaft. Wegen der Aussonderung der für die Ernährung und Frühjahrsbestellung für die Unternehmer landwirtschaftlicher Betriebe erforderlichen Vorräte wird auf die Ausführungsvorschrift zu § 4a verwiesen. Bei Aussonderung des Saatgutes ist die etwa bevorstehende Vermehrung der Anbaufläche durch Einschränkung des Zuckerrübenbaues im Einzelfalle zu berücksichtigen.

Zu § 15. Die Kriegs-Getreide-Gesellschaft wird den Landräten neue Vordrucke für die Enteignung der Vorräte einzelner Besitzer und ganzer Bezirke übersenden.

Zu § 16. Wegen des Übernahmepreises wird auf die Artikel 12 bis 14 der Ausführungsanweisung vom 23. Dezember 1914 verwiesen. Als Marktort im Sinne des letzten Absatzes im § 16 ist der Ort zu verstehen, dessen Preisfeststellung bisher die Grundlage für die Preisbildung gewesen ist.

Zu § 17. Auch nach der Anordnung, welche den Eigentumsübergang ausspricht (vgl. § 14), ist der Besitzer zur Verwahrung und Pflege der Vorräte verpflichtet und dafür haftbar (vgl. § 4 Abs. 1 und § 19 a).

IV. Sondervorschriften für unausgedroschenes Getreide.

Zu § 23. Zuständige Behörde im Sinne des § 23 ist der Landrat, in Stadtkreisen der Gemeindevorstand. Auf Artikel 9 der Ausführungsanweisung vom 23. Dezember 1914 wird verwiesen.

V. Verhältnis der Kriegs-Getreide-Gesellschaft m. b. H. zu den Kommunalverbänden.

Zu § 26. a) Stadt- und Landkreise, welche die Versorgung ihrer Gemeinden mit Brotgetreide in eigene Verwaltung übernehmen wollen, haben sich wegen der Bezahlung oder Kreditierung der ihnen zu übereignenden Kornvorräte mit der Kriegs-Getreide-Gesellschaft in Verbindung zu setzen. Für ländliche Kreise bietet diese Regelung die Möglichkeit, den Brotkornbedarf auch desjenigen Teiles der Bevölkerung, welchem keine eigenen Getreidevorräte belassen sind, innerhalb des Kreises ausmahlen zu lassen und den Vertrieb der hierbei gewonnenen Kleie innerhalb des Kreises zu regeln.

b) Übersteigen die für einen Kommunalverband beschlagnahmten Mehlvorräte seinen Bedarfsanteil, so empfiehlt es sich, ihre Veräußerung durch den Besitzer an einen anderen Kommunalverband gemäß § 4 Abs. 3 zu veranlassen. Die Kriegs-Getreide-Gesellschaft wird bei der Vermittelung solcher Verkäufe behilflich sein. Die Übernahme durch die Kriegs-Getreide-Gesellschaft kann nur bei Mehl erfolgen, welches lombardfähig gelagert ist.

VI. Mahlpflicht und Regelung des Mehlverkehrs.

Zu § 27. Soweit der Mahllohn vertraglich vereinbart ist, kommt eine Festsetzung durch die Behörde nicht in Frage.

Zu § 28. Die Vorschrift des § 28 bezieht sich nicht auf die nach der Verordnung zulässige Vermahlung der nach §§ 4 und 14 den Landwirten belassenen Vorräte.

Zu § 29. Die Fürsorge für eine dem Bedarfe der Viehhaltung entsprechende Verteilung der Kleie bleibt besonderer Anordnung vorbehalten, deren Erlaß nach Feststellung der Vorräte zu erwarten ist.

VII. Verbrauchsregelung.

Zu § 31. Die Reichsverteilungsstelle hat ihren Sitz in Berlin W. 10, Lützowufer Nr. 8. Vorsitzender ist der Präsident des Kaiserlichen Statistischen Amtes, Delbrück.

Zu § 36 a) Sowohl für Roggen- wie für Weizenbrot kann eine bestimmte Form und ein bestimmtes Gewicht (Einheitsbrot) vorgeschrieben werden.

b) Das Backen von Kuchen kann sowohl auf bestimmte Mengen und Arten wie auf bestimmte Tage beschränkt werden.

c) Die Bestimmung ermöglicht eine weitergehende Berücksichtigung der kleinen Mühlen und eine größere Kleieproduktion, bewirkt aber eine entsprechende Verringerung des Brotkornvorrates.

d) Der Kommunalverband und die von ihm mit der Unterverteilung der Mehlvorräte betrauten Gemeinden sind dafür verantwortlich, daß eine gleichmäßige Befriedigung des Bedarfs an Brot für alle Kreise der Bevölkerung gesichert wird. Die Form, in der dies geschieht, bleibt ihnen überlassen. Im allgemeinen darf erwartet werden, daß sich dies Ziel ohne weitergehende Beschränkungen des Verkehrs wird erreichen lassen. Sollte dies an einzelnen Orten nicht der Fall sein, so muß von der im § 36 d gegebenen Ermächtigung Gebrauch gemacht werden. Es kann z. B. vorgeschrieben werden, daß Brot nur gegen Vorlegung eines von der Polizeibehörde auszustellenden Ausweises (Brotkarte) in der auf dieser Karte für zulässig erklärten Menge auf eine bestimmte Zeit verabfolgt werden darf.

Zu § 37. Erweisen sich die Anordnungen eines Kommunalverbandes oder einer Gemeinde gemäß § 36 als unzureichend, so kann der Regierungspräsident, in Berlin der Oberpräsident eine andere Regelung vorschreiben.

Zu § 38. Der Ausschuß wird vom Kreisausschuß, in Stadtkreisen vom Gemeindevorstande gewählt. Soweit der Kommission Entscheidungen, insbesondere die Befugnis selbständiger Anordnungen übertragen werden soll, bedürfen die hierauf bezüglichen Beschlüsse des Kreisausschusses oder Gemeindevorstandes der Genehmigung der Kommunalaufsichtsbehörde. In großen Gemeinden können Unterkommissionen gebildet werden.

Zu § 42. Anordnungen im Sinne der §§ 34 bis 36 werden in den Landkreisen vom Kreisausschuß, in den Gemeinden vom Gemeindevorstande erlassen. Sie bedürfen der Genehmigung der Kommunalaufsichtsbehörde.

VIII. Ausländisches Getreide und Mehl.

IX. Ausführungsbestimmungen.

Zu § 46. Diese Ausführungsanweisung tritt mit dem Tage ihrer Verkündung in Kraft.

X. Übergangsvorschriften.

Zu § 49. Das Verkaufsverbot für Mehl in der Zeit vom Beginn des 26. Januar bis zum 31. Januar 1915 soll einer unwirtschaftlichen und unvernünftigen Aufstapelung von Mehlvorräten in den privaten Haushaltungen vorbeugen. Die Polizeibehörden haben seine Durchführung der ihnen bereits erteilten Weisung gemäß durchzuführen und nötigenfalls von der ihnen im § 47 der Verordnung erteilten Ermächtigung unnachsichtlich Gebrauch zu machen.

XI. Zwangsbefugnis.

Zu § 52. Die Schließung der Geschäfte kann von der Ortspolizeibehörde angeordnet werden. Diese Befugnis ist nicht auf die im § 45 genannten Tage beschränkt; sie besteht vielmehr gegenüber unzuverlässigen Geschäftsinhabern für die ganze Geltungsdauer der Verordnung.

---

1 c. Bekanntmachung, betreffend die Beschlagnahme des Brotgetreides.

(Reichsanz. Sonderausg. v. 25. Januar 1915.)

Durch Beschluß des Bundesrats vom heutigen Tage ist die Beschlagnahme aller Brotgetreide- und Mehlvorräte für das gesamte Reichsgebiet angeordnet worden. Im Privatbesitz verbleiben außer kleineren Mengen unter einem Doppelzentner und außer Saatgut nur solche Vorräte, die in landwirtschaftlichen Betrieben zur Ernährung der in ihnen beschäftigten Personen erforderlich sind. Das gesamte Brotmehl wird auf die Kommunalverbände nach dem Verhältnis der zu versorgenden Bevölkerung verteilt werden; die Kommunalverbände werden den Verkauf der ihnen überwiesenen Vorräte an ihre zu versorgenden Einwohner so regeln, daß jedermann eine entsprechende Menge von Brot und Mehl erwerben kann und daß andererseits die Vorräte bis zur nächsten Ernte im Hochsommer voll ausreichen.

In der ersten Übergangszeit werden sich Unregelmäßigkeiten in der Brotversorgung naturgemäß nicht ganz vermeiden lassen, sie werden aber bald und sicher überwunden werden.

Daß die angeordnete Maßnahme weit tiefer in das wirtschaftliche Leben unseres Volkes eingreift, als alle anderen bisher vom Bundesrat während des Krieges getroffenen wirtschaftlichen Anordnungen, unterliegt keinem Zweifel. Sie ist aber geboten, um eine ausreichende und gleichmäßige Ernährung unseres Volkes mit Brotgetreide bis zum Erdrusch der neuen Ernte sicherzustellen, und ist damit eine staatliche und nationale Lebensnotwendigkeit. Die bisherigen Maßnahmen haben sich nicht als ausreichend erwiesen, einen sparsamen Verbrauch unserer an sich zwar durchaus ausreichenden, aber doch immerhin beschränkten Brotgetreidevorräte zu gewährleisten; insbesondere haben sie nicht vermocht, eine Verfütterung des Brotgetreides wirksam zu zu verhindern. Zur Erreichung des Zieles blieben nur zwei Wege: entweder eine ganz außerordentliche Erhöhung der Brotgetreidepreise, deren starker Druck den Verbrauch eingeschränkt und namentlich die Verfütterung ausgeschlossen hätte, oder die Beschlagnahme aller Brotgetreidevorräte und ihre Verteilung an die Kommunalverbände nach dem Verhältnis der zu ernährenden Bevölkerung. Um dem deutschen Volke in der Kriegszeit eine weitgehende Verteuerung des Brotes zu ersparen, haben die Bundesregierungen sich für den zweiten Weg entschieden.

Die getroffene Maßnahme gibt uns die Sicherheit, daß der Plan unserer Feinde, Deutschland auszuhungern, vereitelt ist; sie gewährleistet uns eine ausreichende Broternährung bis zur neuen Ernte; sie macht unser Land auch in diesem wirtschaftlichen Kampfe unbesieglich.

Die unbedingt notwendige genaue und zuverlässige Ausführung der Bundesratsverordnung wird an die Staats- und Kommunalbehörden, insbesondere auch an die bewährten Organe unserer Selbstverwaltung große Anforderungen stellen. Wir hegen das Vertrauen zu den Behörden aller Verwaltungen und zu jedem einzelnen Beamten, daß sie sich, auch soweit sie nicht vermöge ihres Amtes zur Mitwirkung berufen sind, mit allen Kräften für die Durchführung der großen Aufgabe einsetzen und der Bevölkerung mit Rat und Tat zur Seite stehen werden. Der willigen Mitarbeit aller Kreise unseres Volkes und seiner wirtschaftlichen Organisation sind wir gewiß. Jeder einzelne wird sich vor Augen halten, daß die gewissenhafteste Befolgung der Anordnungen über die Angabe seiner Vorräte, über das unbedingte Unterlassen jeder Verfütterung von Brotgetreide usw. eine ernste und heilige Pflicht gegen das Vaterland ist, deren Verletzung ihm — ganz abgesehen von der ehrenrührigen Gefängnisstrafe — eine schwere sittliche Schuld aufbürden würde. Demgegenüber muß jede Rücksicht auf Lebensgewohnheiten und persönliche Interessen zurückstehen.

Der vaterländische Geist und der feste Wille zum Siege, die sich in unserem Volke in dieser gewaltigen Zeit in so erhebender Größe offenbaren, geben uns die Gewißheit, daß jeder Mann und jede Frau im engeren und weiteren Vaterlande auch hier gern und opferfreudig ihre Schuldigkeit tun werden. Wie unsere todesmutigen Truppen draußen auf der Walstatt, so wollen und werden auch wir Daheimgebliebenen zu unserem Teil den großen Kampf um des Reiches Bestand und Ehre siegreich durchhalten.

Berlin, den 25. Januar 1915.

Das Staatsministerium.

von Bethmann Hollweg. Delbrück.
von Tirpitz. Beseler. von Breitenbach.
Sydow. von Trott zu Solz.
Freiherr von Schorlemer. Lentze. von Loebell.
Kühn. von Jagow. Wild von Hohenborn.

1d. Bekanntmachung über die Sicherstellung von Fleischvorräten.

Vom 25. Januar 1915 (RGBl. S. 45).

Der Bundesrat hat auf Grund des § 3 des Gesetzes über die Ermächtigung usw., vom 4. August 1914 folgende Verordnung erlassen:

§ 1. Die Städte und Landgemeinden mit mehr als fünftausend Einwohnern sind verpflichtet, zur Versorgung der Bevölkerung mit Fleisch einen Vorrat an Dauerwaren zu beschaffen und ihre Aufbewahrung sicherzustellen. Die zuständige Behörde bestimmt den Umfang und die Art des zu beschaffenden Bedarfs.

§ 2. Zur Erfüllung dieser Verpflichtung kann den Gemeinden oder einem Dritten das Eigentum an Schweinen von der zuständigen Behörde übertragen werden.

Schweine, die auf Grund von Mästungsverträgen zum Mästen und an Behörden, an Gemeinden oder an die Zentral-Einkaufs-Gesellschaft m. b. H. in Berlin zu liefern sind, unterliegen der Enteignung nicht.

Auf das Verfahren finden die Vorschriften des § 2 des Gesetzes, betreffend Höchstpreise, in der Fassung der Bekanntmachung des Reichskanzlers vom 17. Dezember 1914 (Reichs-Gesetzbl. S. 516) entsprechende Anwendung mit der Maßgabe, daß der Übernahmepreis unter Berücksichtigung des Marktpreises festgesetzt wird.

Die Festsetzung erfolgt endgültig durch ein Schiedsgericht von drei Mitgliedern. Die höhere Verwaltungsbehörde ernennt den Vorsitzenden und die Beisitzer, und zwar je einen auf Vorschlag der amtlichen Vertretungen des Handels und der Landwirtschaft.

§ 3. Als Marktpreis gilt die amtliche Preisfeststellung des Schlachtviehmarktes, der von der Landeszentralbehörde für den Abnahmeort als maßgebend bestimmt wird, nach dem Durchschnitt der beiden letzten Hauptmarkttage vor dem Eigentumsübergange.

Abnahmeort im Sinne dieser Verordnung ist der Ort, bis zu welchem der Verkäufer die Kosten der Beförderung trägt.

§ 4. Die Landeszentralbehörden erlassen die Bestimmungen zur Ausführung dieser Verordnung.

§ 5. Diese Verordnung tritt mit dem Tage der Verkündung in Kraft. Der Reichskanzler bestimmt den Zeitpunkt des Außerkrafttretens.

Sachregister.

(Die Zahlen bedeuten die Seiten.)

A.

B.

D.

E.

F.

P.

R.

S.

Z.

Druck von Otto Walter, Berlin S 14.

Nr. **9.** Sammlung **kleinerer strafrechtlicher Reichsgesetze.** Von Prof. Dr **R. H. Kriegsmann.** **3. Aufl.** — **1910.** 4,50 *M*

Nr. **10.** Das **Reichsbeamtengesetz** vom 31. März 1873. Von **J. Pieper.** — **2. Aufl. 1901.** 5,— *M*

Reichsbeamtengesetz von **1907,** siehe Nr. **82.**

Nr. **11. Zivilprozeßordnung mit Gerichtsverfassungsgesetz.** Von **R. Sydow.** Fortgeführt von Reichs-G.Rat **L. Busch.** **14. Aufl.** mit Nachtrag, Novellen vom 9. Sept. 1915 u. 18. Mai 1916. **8⁰.** — **1913.** 9,— *M*

Nr. **12. Strafprozeßordnung und Gerichtsverfassungsgesetz** nebst den Gesetzen, betr. die Entschädigung der im Wiederaufnahmeverfahren freigesprochenen Personen und die Entschädigung für unschuldig erlittene Untersuchungshaft. Von Reichs-G.Rat Dr **A. Hellweg.** **16. Aufl.,** bearbeitet von Prof. Dr **Kohlrausch.** Mit Nachtrag, enth. die Bekanntmachung über die Entlastung der Strafgerichte. — **1912.** 3,40 *M*

Nr. **13. Konkursordnung und Anfechtungsgesetz.** Von **R. Sydow.** Fortgeführt von **L. Busch.** **12. Aufl.** — **1916.** 4,20 *M*

Nr. **14. Gerichtsverfassungsgesetz** mit Einführungsgesetz. Herausgegeben von **R. Sydow.** Fortgeführt von **L. Busch.** **9. Aufl.** — **1905.** 1,80 *M*

Nr. **15. Das Deutsche Gerichtskostengesetz** nebst den Gebührenordnungen für Gerichtsvollzieher, Zeugen und Sachverständige. Von **R. Sydow.** Bearbeitet von **L.** und **A. Busch.** **9. Aufl.** mit Nachtrag, enth. die Novelle vom 10. Juni 1914. **1912.** 3,— *M*

Nr. **16. Rechtsanwaltsordnung.** Von **R. Sydow.** **5. Aufl.** von Justizrat **M. Jacobsohn.** Mit Nachtrag, enth. die Bestimmungen vom 22. Mai 1910. — **1907.** 1,50 *M*

Nr. **17.** Die **Deutsche Gebührenordnung für Rechtsanwälte und das Preußische Gebührengesetz** vom 27. IX. / 6. X. 1899.

Von **R. Sydow.** Fortgeführt von **L.** und **A. Busch. 11. Aufl.** Mit Nachtrag, enth. die Bestimmungen vom 8. Nov. 1916. — **1914.** 3,40 *M*

Nr. **18. Reichsstempelgesetz** vom 3. Juli 1913. (Börsen-, Lotterie-, Frachturkunden-, Fahrkarten-, Kraftfahrzeug-, Tantieme-, Scheck- und Grundstücksübertragungssteuer.) Mit den gesamten Ausführungsbestimmungen. **12. Aufl.** von Geh. Reg.-Rat **P. Loeck,** mit Nachtrag, enth. das **Frachturkunden-** und **Warenumsatzstempelgesetz** vom 17. und 26. Juni 1916. — **1914. 8°.** 10,— *M*

Nachtrag einzeln 1,50 *M*

Nr. **19.** Die **Seegesetzgebung.** Von Dr. **W. E. Knitschky. 5. Aufl.** bearbeitet von Ober-L.G.Rat **O. Rudorff.** — **1913.** 8,50 *M*

Nr. **20. Krankenversicherungsgesetz (1883).** Von weil. Dr. **E. von Woedtke.** — Neue Fassung **(1911)**, siehe **Nr. 107.**

Nr. **21.** Die **Konsulargesetzgebung.** Von Prof. Dr. **Ph. Zorn. 3. Aufl.** von Dr. **A. Zorn.** — **1911.** 5,— *M*

Nr. **22. Patentgesetz.** Nebst Ausführungsbestimmungen, völkerrechtlichen Verträgen und der Patentanwalts-Ordnung. **7. Aufl.** bearbeitet von **R. Lutter,** Geh. Reg.Rat im Kaiserl. Patentamt. — **1908.** 3,20 *M*

Nr. **23. Gewerbe-Unfallversicherungsgesetz. (1884.)** Von weil. Dr. **E. v. Woedtke.** — Neue Fassung **(1911)**, siehe **Nr. 108.**

Nr. **24. Aktiengesellschaft und Kommanditgesellschaften auf Aktien.** Von Dr. **H. Keyßner** und Dr. **H. Veit Simon. 6. Aufl.** von Amtsrichter **L. Keyßner.** — **1911.** 3,40 *M*

Nr. **25. Brausteuergesetz** vom 15. Juli 1909. Von Oberzollrevisor **A. Düffe. 2. Aufl.** — **1910.** 3,40 *M*

Nr. **26.** Die Reichsgesetzgebung über **Münz- und Notenbankwesen,** Papiergeld, Prämienpapiere und Reichsschulden. Von Dr. **R. Koch. 6. Aufl.** — **1910.** 4,50 *M*

Nr. **27. Gesundheitswesen im Deutschen Reich.** Von Dr jur. **C. Goesch** und Dr med. **J. Karsten. — 1888.** 2,— ℳ

Nr. 28. Bau-Unfallversicherungsgesetz. Vom 30. Juni 1900. Von **R. Chrzescinski.** Neue Fassung **(1911)**, siehe Nr. **108.**

Nr. **29. Erwerbs- und Wirtschaftsgenossenschaften.** Von **L. Parisius** und Dr **H. Crüger. 15. neu bearb. Aufl.** von Dr **H. Crüger. — 1916.** 3,— ℳ

Nr. **30. Invalidenversicherungsgesetz** (1899). Von weil. Dr **E. v. Woedtke.** Neue Fassung **(1911)**, siehe Nr. **109.**

Nr. **31. Gewerbegerichtsgesetz.** Von Stadtrat **L. Mugdan. 7. Aufl.** bearbeitet von Oberbürgermeister **W. Cuno. — 1911.** 2,80 ℳ

Nr. **32.** Reichsgesetz, betr. die **Gesellschaften mit beschränkter Haftung.** Von **L. Parisius** und Dr **H. Crüger. 13. Aufl.** von Dr **H. Crüger. — 1914.** 2,40 ℳ

Nr. **33. Vereins- und Versammlungsrecht.** Von Dr **E. Ball. 2. Aufl.** von Dr **F. Friedenthal. — 1907.** 2,80 ℳ

Reichs-Vereinsgesetz vom 19. April 1908, siehe Nr. **88.**

Nr. **34.** Die **Abzahlungsgeschäfte.** Gesetz vom 16. Mai 1894. **3. Aufl.** von Land-G.Rat Dr **E. Wilke. — 1910.** 1,60 ℳ

Nr. **35.** Die **Reichs-Eisenbahngesetzgebung.** Von Kaiserl. Amtsrichter **W. Coermann. — 1895.** 2,60 ℳ. S. auch Nr. **66.**

Nr. **36.** Gesetze, betr. die **privatrechtlichen Verhältnisse der Binnenschiffahrt und der Flößerei.** Von Geh. J.Rat **E. Löwe. 5. Aufl. — 1915.** 4,— ℳ

Nr. **37.** Gesetz gegen den **unlauteren Wettbewerb.** Von Justizrat **A. Pinner. 6. Aufl. — 1912.** 1,80 ℳ

Nr. **38/39. Bürgerliches Gesetzbuch nebst Einführungsgesetz** von Dr. **A. Achilles.** In Verbindung mit Prof. Dr. **André,** Kammer-G.Rat **Ritgen,** Reichs-G.Rat Dr. **Strecker,** Staatsrat Dr. **v. Unzner.** Herausgegeben von Wirkl. Geh. Ob.J.Rat u. Ober-L.G.Präsident **Greiff. 8.** vermehrte **Aufl. 8°. — 1916.** 10,— *M*

Nr. **40.** Gesetz, betr. die **Pflichten der Kaufleute bei Aufbewahrung fremder Wertpapiere [Depotgesetz].** Von Min.-Dir. **F. Lusensky. 3. Aufl. — 1916.** 2,50 *M*

Nr. **41. Börsengesetz.** Von Wirkl. Geh.Ob.Reg.Rat **Th. Hemptenmacher. 3. Aufl.** von Syndikus **O. Meyer. — 1915.** 4,— *M*

Nr. **42. Grundbuchordnung** nebst den preuß. Ausf.-Bestimmungen. Von Prof. Dr. **O. Fischer. 6. Aufl.** mit Nachtrag, enth. die Ergänzungen. **— 1913.** 2,25 *M*

Nr. **43. Zwangsvollstreckung in das unbewegliche Vermögen** im Reiche und in Preußen. Kosten- und Gebührentabellen. Von Dr. **J. Krech** u. Dr. **O. Fischer. 8. Aufl.** bearbeitet von Prof. Dr. **O. Fischer. — 1916.** 3,— *M*

Nr. **44.** Das Reichsgesetz über das **Auswanderungswesen.** Von Prof. Dr. **F. Stoerk. — 1899.** 2,50 *M*

Nr. **45.** Das **Entmündigungsrecht** mit den für Preußen geltenden Vorschriften nebst Just.-Min.-Verfügung vom 28. Nov. 1899. Von Land-G.Rat Dr. **P. Koll. — 1900.** 1,80 *M*

Nr. **46.** Die Gesetze des Reiches und Preußens über die **freiwillige Gerichtsbarkeit.** Von Amts-G.Rat **H. Jastrow. 5. Aufl. — 1911.** 4,— *M*

Nr. **47.** Das **deutsche Vormundschaftsrecht** und das preuß. Gesetz über die Fürsorgeerziehung Minderjähriger nebst den dazu gehörigen preuß. Nebengesetzen. Von Ober-Verw.G.Rat **M. Schultzenstein** u. Amts-G.Rat Dr. **P. Köhne. 2. Aufl. — 1901.** 3,40 *M*

Nr. **48.** Gesetze, betr. den **Drogen-, Gift- und Farbenhandel** außerhalb der Apotheken. Von Dr. **J. Broh.** — **1899.** 1,50 M

Nr. **49.** Deutsche **Kolonialgesetzgebung.** Von Geh. J.Rat Prof. Dr. **Ph. Zorn. 2. Aufl.** von G.Assessor Dr. **Sassen.** — **1913.** 8,— M

Nr. **50.** Der **Viehkauf [Viehgewährschaft] nach dem BGB.** Verordnung betr. die Hauptmängel und Gewährsfristen beim Viehhandel. Von Rechtsanwalt Dr. **H. Stölzle** und Königl. Reg.- u. Vet.Rat **H. Weiskopf. 5. Aufl.** — **1913.** 6,50 M

Nr. **51. Hypothekenbankgesetz** vom 13. Juli 1899. Von Dr. **H. Göppert. 2. Aufl.** bearbeitet von Geh. Reg.Rat Dr. **Seidel. 1911.** — 2,60 M

Nr. **52.** Gesetz, betr. die gemeinsamen **Rechte der Besitzer von Schuldverschreibungen.** Von Dr. **H. Göppert. 2. Aufl.** bearbeitet von Amtsrichter Dr. **E. Trendelenburg.** — **1915.** 2,— M

Nr. **53. Reichspreßgesetz** vom 7. Mai 1874. Mit Kommentar von Bürgermeister **A. Born. 2. Aufl.** — **1911.** 2,40 M

Nr. **54.** Die Reichsgesetzgebung über den Verkehr mit **Nahrungsmitteln, Genußmitteln** und **Gebrauchsgegenständen.** Von Dr. **G. Lebbin,** Nahrungsmittelchemiker in Berlin. — **1900.** 2,50 M

Nr. **55.** Das Recht der **Beschlagnahme von Lohn- und Gehaltsforderungen.** Von Justizrat **G. Meyer. 5. Aufl.** — **1914.** 3,— M

Nr. **56.** Gesetz, betr. die **Bekämpfung gemeingefährlicher Krankheiten.** Nebst Ausf.-Bestimmungen. Von Reg.Rat Dr. **B. Burkhardt.** — **1900.** 1,60 M

Nr. **57. See-Unfallversicherungsgesetz (1887).** Von Ober-L.G.Rat Dr. **M. Mittelstein.** — Neue Fassung **1911,** siehe Nr. **108.**

Nr. **58. Das Recht der unehelichen Kinder nach dem BGB.** Von Amts-G.Rat. **H. Jastrow. — 1901.** 2,— ℳ

Nr. **59.** Reichsgesetz über die **Beurkundung des Personenstandes und die Eheschließung.** Von Amts-G.Rat Dr. **F. Fidler. 2. Aufl. — 1912.** 2,80 ℳ

Nr. **60.** Gesetz, betr. das **Urheberrecht an Werken der Literatur und der Tonkunst.** Von Geh. Ob.J.Rat **O. Lindemann. 3. Aufl. — 1910.** 1,80 ℳ

Nr. **61.** Gesetz über das **Verlagsrecht.** Von Rechtsanwalt Dr. **B. Marwitz. 2. Aufl. — 1911.** 2,— ℳ

Nr. **62.** Gesetz über **private Versicherungsunternehmungen.** Von Reichs-G.Rat **H. Könige. 2. Aufl. — 1910.** 4,50 ℳ

Nr. **63. Gesetzestafel des Deutschen Reichsrechts.** Systematisch geordnete Nachweisung des z. Z. geltenden Reichsrechts. Von **H. Bruhns. 2. Aufl. — 1913.** 4,— ℳ

Nr. **64.** Gesetzsammlung betr. den **Handel mit Drogen und Giften.** Mit Anhang: landesgesetzliche Verordnungen sämtlicher Bundesstaaten. Von Rechtsanwalt **H. Sonnenfeld,** Syndikus der Berliner Drogisten-Innung. **2. Aufl. — 1912.** 4,50 ℳ

Nr. **65.** Das **Weingesetz** in der Fassung von 1909. Mit Ausf.-Bestimmungen von Dr. **G. Lebbin,** Nahrungsmittelchemiker. **2. Aufl. — 1909.** 2,80 ℳ

Nr. **66.** Die **Eisenbahn-Gesetzgebung.** Von **W. Pietsch,** Rechn.Rat im Reichseisenbahnamt. **2. Aufl. — 1913.** 4,— ℳ

Nr. **67. Militär-Strafgesetzbuch für das Deutsche Reich.** Von Wirkl. Geh. Kriegsrat Dr. **A. Romen** und Kriegsgerichtsrat Dr. **C. Rissom. 2. Aufl. — 1916.** 10,— ℳ

Nr. **68.** Das **Fleischbeschaugesetz.** Vom 3. Juni 1900. Von Dr. **G. Lebbin** u. Dr. **G. Baum. — 1903.** 4,50 ℳ

Nr. **69.** Reichsgesetz über die **Naturalleistungen der bewaffneten Macht im Frieden** nebst den preußischen Bestimmungen. Von Dr **W. v. Hippel. — 1903.** 1,60 ℳ

Nr. **70.** Das **Reichs-Haftpflichtgesetz** vom 7. Juni 1871. Von Reg.Rat Dr **G. Eger. — 1903.** Vergriffen.

Nr. **71.** Gesetz betr. **Kinderarbeit in gewerblichen Betrieben** vom 30. März 1903. Von Ober-Verw.G.Rat **H. Spangenberg. 2. Aufl. — 1904.** 1,80 ℳ

Nr. **72. Unfallversicherungsgesetz für Land- und Forstwirtschaft.** (1886). Von weil. Dr **E. v. Woedtke.** Siehe Nr. **108.**

Nr. **73. Entschädigung für unschuldig erlittene Verhaftung und Bestrafung.** Anhang: Nebengesetze über Schadensersatz. Von Wirkl. Geh. Kriegsrat Dr **A. Romen. — 1904.** 2,40 ℳ

Nr. **74.** Die **Kaufmannsgerichte** nebst Ausf.-Bestimmungen. Von Prof. Dr **M. Apt. 3. Aufl. — 1904.** 2,40 ℳ
Siehe auch Nr. **112.**

Nr. **75.** Reichsgesetz über die **Konsulargerichtsbarkeit.** Von Rechtsanwalt Dr **A. F. Vorwerk,** Schanghei. **2. Ausgabe,** mit den Schutzgebietsgesetzen. — **1908.** 2,40 ℳ

Nr. **76. Die Rechtshilfe im Verkehr mit den ordentlichen Gerichten** nach deutschem Reichsrecht. Von Landrichter Dr **A. Friedländer. — 1906.** 2,— ℳ

Nr. **77. Das Reichserbschaftssteuergesetz.** Vom 3. Juni 1906. Von **U. Hoffmann. 3. Aufl.** in Vorbereitung.

Nr. **78. Zigarettensteuergesetz.** Vom 3. Juni 1906. Von Reg.Assessor Dr **Cuno.**

Nr. **79. Die Militärpensionsgesetze** vom 31. Mai 1906 nebst Ausf.-Bestimmungen. Zum Gebrauch für Heer, Marine

und Schutztruppe von Wirkl. Geh. Kriegsrat Dr. **A. Romen**
a) I. Teil: **Offizierpensionsgesetz. — 1907.** 3,80 ℳ
b) II. Teil: **Mannschaftsversorgungsgesetz** mit Nachtrag, enth. **Kapitalabfindungsgesetz** vom 3. Juli 1916. — **1908.** 3,80 ℳ

Nr. **80.** Reichsgesetzgebung über **gerichtliche Registerführung.** Von Geh. Ob.J.Rat **O. Lindemann. — 1906.** 3,40 ℳ

Nr. **81. Urheberrecht an Werken der bildenden Künste und der Photographie.** Von Rechtsanwalt Dr. **L. Fuld. — 1907.** 1,25 ℳ

Nr. **82. Reichsbeamtengesetz** vom 18. Mai 1907 mit Ergänzungen von Geh.Rat Prof. Dr. **A. Arndt. — 1908.** 3,40 ℳ

Nr. **83.** Reichsgesetz über den **Versicherungsvertrag** nebst Einführungsgesetz. Von Dr. **P. Hager** und Dr. **E. Bruck. 3. verm. u. verb. Aufl. — 1913.** 6,50 ℳ

Nr. **84. Sammlung kleinerer privatrechtlicher Reichsgesetze.** Von Ober-L.G.Rat **G. Müller. — 1908.** 7,— ℳ

Nr. **85. Scheckgesetz.** Von Prof. Dr. **M. Apt.** Vergriffen. Siehe Nr. **113.**

Nr. **86. Die Auslieferungsverträge des Deutschen Reiches.** Von Landrichter Dr. **A. Cohn. — 1908.** 4,50 ℳ

Nr. **87.** Gesetz zum **Schutz der Warenbezeichnungen.** Von Geh. Reg.Rat, Mitgl. des Kaiserl. Patentamts Dr. **Freund** und Rechtsanwalt **Magnus. 5. Aufl. — 1909.** 4,— ℳ

Nr. **88. Vereinsgesetz** vom 19. April 1908. Von Wirkl. Geh. Kriegsrat Dr. **A. Romen.** Mit den **neuen Bestimmungen** über **Jugendliche und Gewerkschaften. 4. Aufl. — 1916.** 3,50 ℳ

Nr. **89. Vogelschutzgesetz** vom 30. Mai 1908 nebst den das Flugwild betr. Bestimmungen der Preuß. Jagdordnung. Von Dr. **L. v. Boxberger. — 1909.** 1,25 ℳ

Nr. **90.** Die Haager Abkommen über das **Internationale Privatrecht.** Von Dr **G. Bogeng.** — **1908.** 2,50 ℳ

Nr. **91. Eisenbahn-Verkehrsordnung** mit Ausf.-Bestimmungen. Von Reg.Rat Dr **E. Blume.** — **1909.** 2,80 ℳ

Nr. **92.** Gesetz, betr. den **Verkehr mit Kraftfahrzeugen.** Von Amts-G.Rat **R. Kirchner. 3. Aufl.** — **1915.** 4,50 ℳ

Nr. **93.** Gesetz über die **Sicherung der Bauforderungen.** Von Justizrat Dr **E. Harnier. 3. Aufl.** — **1912.** 1,80 ℳ

Nr. **94. Haftpflicht der Reichs- und Staatsbeamten** von Dr **H. Delius. 2. Aufl.,** mit dem Gesetz über Haftung des Reichs für Beamte vom 22. Mai 1909. — **1909.** 3,80 ℳ

Nr. **95.** Die Berner Übereinkunft über **Internationales Urheberrecht.** Von Geh.Rat Dr **H. Dungs.** — **1910.** 1,25 ℳ

Nr. **96. Branntweinsteuergesetz** vom 15. Juli 1909 mit den für das Reich erlassenen Ausf.-Bestimmungen und Kriegsverordnungen. **2. Aufl.,** bearbeitet von Reg.-Assessor Dr **K. Kniebe,** Hilfsarbeiter im Reichsamt d. Innern. — **1916.** 4,— ℳ

Nr. **97. Schutzgebietsgesetz** nebst V.O. betr. die Rechtsverhältnisse in den Schutzgebieten, dem G. über die Konsulargerichtsbarkeit sowie den Ausf.-Bestimmungen. Von **J. Gerstmeyer,** Wirkl. Legationsrat und vortr. Rat im Reichskolonialamt. — **1910.** 3,40 ℳ

Nr. **98. Sechs Haager Abkommen** über **Internationales Privatrecht.** Von Geh. Ob.Reg.Rat Dr **H. Dungs.** — **1910.** 1,80 ℳ

Nr. **99. Die Abkommen der Haager Friedenskonferenz.** Von Dr **H. Wehberg.** — **1910.** 3,40 ℳ

Nr. **100.** Gesetz über den **Absatz von Kalisalzen.** Von Geh. Bergrat **E. Voelkel.** — **1910.** 2,60 ℳ

Nr. **101. Zuwachssteuergesetz** vom 14. Februar 1911. Von Geh. Reg.Rat Dr. **W. Cuno. — 1911.** 4,— *M*

Nr. **102. Urheberrecht an Mustern und Modellen** und Ges. betr. Schutz von **Gebrauchsmustern.** Von Reg.Rat **J. Neuberg,** Mitgl. d. Kaiserl. Patentamts. — **1911.** 2,60 *M*

Nr. **103. Reichs-Viehseuchengesetz** vom 26. Juni 1909 nebst Ausführungsvorschriften u. dem preuß. Ausführungsgesetz. Von Landrat Dr. **W. v. Hippel. 2. Aufl. — 1912.** 5,— *M*

Nr. **104. Versicherungsgesetz für Angestellte** vom 20. Dez. 1911. Von Rechtsanwalt **O. Bernstein** und Dr. **J. Kupferberg. 2. Aufl. — 1912.** 3,80 *M*

Nr. **105. Das Geldwesen in den deutschen Schutzgebieten.** Von **W. Hintze,** Geh. Sekr. im Reichskolonialamt. — **1912.** 2,25 *M*

Nr. **106—109. Reichs-Versicherungsordnung nebst Einführungsgesetz.** Herausgegeben unter Mitwirkung von Dr. **F. Caspar,** Wirkl. Geh. Rat, Direktor im Reichsamt d. Innern und **A. Spielhagen,** Geh. Ob.Reg.Rat, vortr. Rat im Reichsamt d. Innern. **4 Bände.**

Nr. **106.** I., V. u. VI. Buch. **Gemeinsame Vorschriften. — Beziehungen der Versicherungsträger zu einander und zu anderen Verpflichteten. — Verfahren.** Von Dr. **K. Lippmann,** Reg.Rat im Reichs-Vers.Amt, Geh. Reg.Rat Dr. **L. Laß** und Geh. Reg.Rat **H. Siefart,** vortr. Räte im Reichsamt d. Innern. — **1913.** 6,50 *M*

Nr. **107.** II. Buch. **Krankenversicherung.** Von Geh. Reg.Rat **H. Siefart** und Reg.Rat Dr. **F. Sitzler. — 1916.** 7,50 *M*

Nr. **108.** III. Buch. **Unfallversicherung.** Von Geh. Reg.Rat **A. Radtke,** Senatsvorſ. im R.Vers.Amt. — **1913.** 8,50 *M*

Nr. **109.** IV. Buch. **Invaliden- und Hinterbliebenenversicherung.** Von Geh. Ob.Reg.Rat **B. Jaup,** vortr. Rat im Reichsamt d. Innern, **und H. Follmann,** Geh. Reg.Rat im R.Vers.Amt. — **1912.** Mit Nachtrag. 1914—1916. 4,50 *M*

Nr. **110. Wehrbeitragsgesetz** mit Ausf.-Bestimmungen. Von Wirkl. Geh. Ob. Fin. Rat **A. Fernow. 2. Aufl. — 1913.** 2,25 *M*

Nr. **111. Reichs- und Staatsangehörigkeitsgesetz.** Vom 22. Juli 1913. Von Wirkl. Geh. Kriegsrat Dr **A. Romen. — 1913.** 2,50 *M*

Nr. **112. Kaufmannsgerichtsgesetz** mit Best. des Gewerbegerichtsgesetzes. Von Dr **H. Depène,** Vors. des Kaufmannsgerichts zu Berlin. — **1914.** 2,80 *M*

Nr. **113. Postscheckgesetz.** Von Oberpostinspektor **J. Weiland. — 1914.** 1,80 *M*

Nr. **113 a. Postscheckordnung** mit Ausf.-Bestimmungen. Von Oberpostinspektor **J. Weiland. — 1914.** 1,80 *M*

Nr. **114. Waffengebrauch und Festnahmerecht des Militärs.** Von Wirkl. Geh. Kriegsrat Dr **A. Romen** und Kriegsgerichtsrat Dr **C. Rissom. — 1914.** 2,25 *M*

Nr. **115. Das vertragliche Wettbewerbsverbot [Konkurrenzklausel].** Nebst Kommentar zum G. v. 10. Juni 1914. Von Rechtsanwalt Dr **G. Baum. — 1914.** 3,40 *M*

Nr. **116. Kriegs-Zivil- und -Finanzgesetze** vom 4. Aug. 1914 und den dazu erlassenen Verordnungen und Bekanntmachungen. **3. Aufl. — 1913.** 2,60 *M*

Nr. **116 a. Kriegs-Zivil- und -Finanzgesetze.** Zweite Folge: Das Jahr 1915. — **1916.** 2,25 *M*

Nr. **117. Darlehnskassengesetz.** Von Rechtsanwalt **Salomon** und Bankvorsteher **Bud. — 1915.** 2,25 *M*

Nr. **118. Militärhinterbliebenengesetz.** Von Rechn. Rat **Reh.** Mit Nachtrag, enth. das **Kapitalabfindungsgesetz** vom 11. Juli 1916. — **1915.** 2,80 *M*

Nr. **119. Kriegsleistungsgesetz.** Von Rechtsanwälten J.Rat **Heilberg** und **Schäffer. — 1915.** 3,20 ℳ

Nr. **120. Telegraphenwegegesetz.** Von Postreferendar **Wolf. — 1916.** 1,80 ℳ

Nr. **121. Direkte Kriegssteuer.** Gesetze zur Besteuerung der Kriegsgewinne. Von Ob.Verw.G.Rat **A. Mrozek. — 1916.** 4,50 ℳ

Nr. **122. Gesetz über den Belagerungszustand.** Von Kriegsgerichtsrat Dr. **H. Pürschel. — 1916.** 5,— ℳ

Nr. **123. Warenumsatzstempel.** Von Geh. Ob.J.Rat **Lindemann. — 1916.** 2,50 ℳ

Nr. **124. Todeserklärung Kriegsverschollener.** Von Prof. Dr. **J. Partsch. — 1916.** 3,— ℳ

Nr. **125.** Das Gesetz über den **vaterländischen Hilfsdienst** mit Einleitung und amtlichen Materialien. **2. Aufl. — 1917.** 1,25 ℳ

Nr. **126. Besitzsteuergesetz** mit Ausf.-Bestimmungen. Von Ob.Verw.G.Rat **A. Mrozek. — 1917.**

Nr. **127.** Verordnung über die **Geschäftsaufsicht zur Abwendung des Konkurses** vom 14. Dez. 1916. Von Rechtsanwalt **G. Klien,** mit system. Einleitung von Geh. Hofrat Dr. **Ernst Jaeger** ord. Prof. a. d. Universität Leipzig. **— 1917.** 2,— ℳ

Nr. **128.** Gesetz betr. die **Verhaftung und Aufenthaltsbeschränkung** vom 4. Dez. 1916. Nebst Anhang, betr. Entschädigung unschuldig Verhafteter. Von Wirkl. Geh. Kriegsrat Dr. **A. Romen. — 1917.** 2,50 ℳ

Guttentagsche Sammlung

Preußischer Gesetze.

Text-Ausgaben mit Anmerkungen. Taschenformat.

Nr. 1. Die **Verfassungs-Urkunde** für den Preußischen Staat. Mit Einleitung, vollständigem Kommentar. Von Prof. Dr **A. Arndt. 7. Aufl. — 1911.** 4,50 ℳ

Nr. 2. Preußische **Beamten-Gesetzgebung.** Enth. die wichtigsten Beamtengesetze in Preußen. Von **K. Pfafferoth. 5. Aufl. — 1916.** 3,— ℳ

Nr. 3. **Aufnahme** von **Nottestamenten** durch die bestellten Urkundspersonen. Anweisung mit Musterbeispielen. Von Amts-G.Rat **E. Kurtz. — 1904.** 1,80 ℳ

Nr. 4. **Gebührenordnung** für **Notare** vom 25. Juli 1910. **5. Aufl.** bearbeitet von Justizrat **Rausnitz. — 1917.** Im Druck.

Nr. 5. Gesetz vom **24. April 1854 [betr. die außerehel. Schwängerung].** Von Dr **Schulze. — 1873.** 0,75 ℳ
Reichs-Recht siehe: Reichsgesetze Nr. **58.**

Nr. 6. Die Preuß. **Ausführungsgesetze und Verordnungen zu den Reichs-Justizgesetzen.** Von **R. Sydow.**
Siehe Busch-Eylau, Ausführungsgesetze.

Nr. 7. Allg. **Gerichtsordnung** und Preuß. **Konkursordnung.** Von **F. Vierhaus.** Vergriffen.

Nr. 8. **Vormundschaftsordnung.** Von **F. Schultzenstein.**
Reichs-Recht siehe: Reichsgesetze Nr. **47.**

Nr. 9. Die Preußische **Grundbuchgesetzgebung.** Von Prof. Dr **Fischer.** Vergriffen siehe: Reichsgesetze Nr. **42.**

Nr. **10. Einkommensteuergesetz.** Von Wirkl. Geh. Ob. Finanzrat **A. Fernow. 8. Aufl.** Mit Nachtrag, enth. Ges. betr. Erhöhung der Zuschläge vom 8. Juli 1916. — **1913.** 5,— ℳ

Nr. **11. Gewerbesteuergesetz.** Von Wirkl. Geh. Ob. Fin. Rat **A. Fernow. 6., vermehrte Aufl. — 1915.** 4,80 *M*

Nr. **12. Allgemeines Berggesetz.** Mit seinen Novellen und Nebengesetzen. **3. Aufl.,** bearbeitet von den Oberbergräten **Schlüter** und **Hense. — 1913.** 8,— *M*

Nr. **13. Ergänzungssteuergesetz** (Vermögenssteuergesetz). Von Wirkl. Geh. Ob. Fin. Rat **A. Fernow. 5. Aufl.** Mit Nachtrag, enth. Ges. betr. Erhöhung der Zuschläge vom 8. Juli 1916. **— 1914.** 4,50 *M*

Nr. **14. Kommunalabgabengesetz.** Vom 14. Juli 1893 und Ges. wegen Aufhebung direkter Staatssteuern. Von Oberbürgermeister Dr **F. Adickes. 5. Aufl.** bearbeitet von Stadtrat Dr **Woell. — 1911.** 2,60 *M*

Nr. **15.** Die **Kreisordnungen** für den Preußischen Staat. Von Land-G. Rat **O. Kolisch. — 1894.** 4,20 *M*

Nr. **16. Konzessionierung gewerblicher Anlagen.** Von Geh. Reg. Rat Dr **W. v. Rüdiger. 2. Aufl. — 1901.** 2,— *M*

Nr. **17.** Preußisches **Gerichtskostengesetz.** Vom 25. Juli 1910. Mit Kostentabellen. Von Kammer-G. Rat Dr **P. Siméon. 7. Aufl. — 1913.** Mit Nachtrag: Abänderungen vom 17. Febr. 1917. 4,50 *M*

Nr. **18.** Preußisches **Stempelsteuergesetz** vom 30. Juni 1909. Mit sämtlichen Ausf.-Bestimmungen. Von **P. Loeck. 8. Aufl.** von Reg. Rat **W. Seyffarth. — 1914.** 9,— *M*

Nr. **19.** Das **Jagdscheingesetz.** Von Wirkl. Geh. Ob. Reg. Rat **F. Kunze. 2. Aufl. — 1899.** 2,25 *M*

Nr. **20.** Die **preußischen Erbschaftssteuergesetze.** Von Rechn. Rat **U. Hoffmann. — 1905.** 4,— *M*
(**Reichs**-Erbschaftssteuergesetz siehe Reichsgesetze Nr. **77**).

Nr. **21.** Gesetz über die **Handelskammern.** Von Min. Dir. **F. Lusensky. 2. Aufl. — 1909.** 3,40 *M*

Nr. **22.** Gesetz, betr. **Anstellung und Versorgung der Kommunalbeamten.** Von Dr **W. Ledermann. 2. Aufl.,** bearbeitet von Dr **L. Brühl. — 1914.** 2,40 *M*

Nr. **23. Ausführungsgesetz zum Bürgerlichen Gesetzbuche.** Von Kammer-G.Rat Dr **P. Siméon. 3. Aufl. — 1914.** 2,40 *M*

Nr. **24.** Die **Hinterlegungsordnung. (1879)** Von Reg.Rat Dr **G. Bartels. 2. Aufl. — 1908.** 2,— *M*
Neues Gesetz vom 21. April 1913 siehe Nr. **53.**

Nr. **25. Preußische Kommunalbeamtengesetzgebung.** Von Mag.Assessor Dr **F. Kremski,** Berlin. — **1901.** 3,40 *M*

Nr. **26.** Gesetze über das **Diensteinkommen der Lehrer und Lehrerinnen, Ruhegehalt und Hinterbliebenenfürsorge.** Tabelle zur Berechnung der Ruhegehalts-, Witwen- und Waisenbezüge. Von Bürgermeister Dr **E. Cremer. — 1900.** 2,60 *M*

Nr. **27.** Gesetz, betr. die **Warenhaussteuer.** Von Geh. Ob.Fin.Rat Dr **G. Strutz. — 1900.** 1,50 *M*

Nr. **28.** Gesetz, betr. **Fürsorgeerziehung Minderjähriger.** Von Land-G.Direktor Dr **P. F. Aschrott. 2. Aufl. — 1907.** 3,— *M*

Nr. **29.** Gesetz, betr. **die ärztlichen Ehrengerichte, das Umlagerecht und die Kassen der Aerztekammern.** Von Amts-G.Rat Dr **F. Fidler. — 1901.** 1,80 *M*

Nr. **30.** Das **Preußische Staatsschuldbuch** und **Reichsschuldbuch.** Von Wirkl. Geh. Ob.F.Rat **J. Mücke. — 1902.** 2,— *M*

Nr. **31. Die geltenden Preußischen Gesindeordnungen. Zwei Bände.** Von Rechtsanwalt **St. Gerhard.**

31 a. Gesindeordnung für die altpreußischen Provinzen vom 8. Nov. 1810, unter Berücksichtigung der Ergänzungsgesetze, der Rechtsverhältnisse der Stellenvermittler und

Reichsversicherungsordnung, sowie die Gesindeordnungen für Neuvorpommern und Rügen und für die Rheinprovinz. **2. Aufl. — 1914.** 3,40 M

31 b. Gesindeordnungen für Hannover, Schleswig-Holstein, Hessen-Nassau und den Regierungsbezirk Hohenzollern. — **1902.** 2,80 M

Nr. **32. Die Städteordnung für die sechs östlichen Provinzen Preußens.** Von Dr **W. Ledermann** u. Dr **L. Brühl. 2. Aufl. — 1913.** 7,50 M

Nr. **33. Rentenguts- und Anerbenrechts-Gesetzgebung in Preußen.** Von Land-G.Rat **M. Peltasohn** und Rechtsanwalt **B. Peltasohn. — 1903.** 3,40 M

Nr. **34.** Sammlung der wichtigsten **preußischen Strafgesetze** nebst Ges., betr. polizeil. Strafverfügungen vom 23. April 1883. Von Geh. Ob.J.Rat **.Lindemann. 2. Aufl. — 1912.** 3,60 M

Nr. **35. Geschäftsordnung für Gerichtsvollzieher.** Von **E. Exner. — 1904.** 3,50 M

Nr. **36. Polizeiverordnungen in Preußen.** Von Geh. Ob.J.Rat **O. Lindemann. — 2. Aufl. 1912.** 2,60 M

Nr. **37.** Gesetz, betr. **Enteignung von Grundeigentum** vom 11. Juni 1874. Von Ob.L.G.Rat **O. Meyer. 2. Aufl. — 1911.** 2,50 M

Nr. **38. Kreis- und Provinzial-Abgabengesetz** vom 23. April 1906. Von Gemeindevorsteher **F. Schmidt. — 1906.** 1,50 M

Nr. **39.** Gesetz, betr. die **Unterhaltung der öffentlichen Volksschulen.** Von Reg.Rat Dr **A. Marcks. — 1906.** 2,25 M

Nr. **40. Verwaltungsstrafverfahren** bei Zuwiderhandlungen gegen die Zollgesetze und indirekte Reichs- und Landesabgaben. Von Dr **R. Katzenstein. — 1907.** 4,— M

Nr. **41.** Die **preußischen Jagdpolizeigesetze.** Von Wirkl. Geh. Ob.Reg.Rat **F. Kunze** und Rechtsanwalt **R. Kühnemann. 2. Aufl. — 1907.** 4,— ℳ

Nr. **42.** Die Gesetzgebung über die **Allgemeine Landesverwaltung** und **Zuständigkeit der Verwaltungs- und Verwaltungsgerichtsbehörden.** Von Dr **K. Friedrichs. — 1908.** 3,40 ℳ

Nr. **43.** Gesetz, betr. die **Zulassung einer Verschuldungsgrenze** für land- und forstwirtschaftlich benutzte Grundstücke. Von Syndikus Dr **R. Leweck. — 1908.** 2,60 ℳ

Nr. **44. Quellenschutzgesetz** nebst den Ausführungsbestimmungen. Von Geh. Bergrat **E. Voelkel. — 1909.** 1,25 ℳ

Nr. **45. Rechtsverhältnisse der Juden in Preußen.** Von Rechtsanwalt Dr **M. Kollenscher. — 1910.** 2,60 ℳ

Nr. **46.** Gesetz betr. **Austritt aus der Landeskirche** vom 14. Mai 1873. Von Ger.-Assessor **H. Caro. — 1911.** 2,60 ℳ

Nr. **47.** Gesetz, betr. die **Feuerbestattung.** Von Amts-G.Rat Dr **W. Lohmann. — 1912.** 1,60 ℳ

Nr. **48. Zweckverbandsgesetz für Groß-Berlin** vom 19. Juli 1911 nebst Abdruck des allgemeinen Zweckverbandsgesetzes. Von den Magistratsräten Dr **L. Brühl,** Dr **K. Gordan** und Stadtrat Dr **W. Ledermann. — 1912.** 4,50 ℳ

Nr. **49. Gesetze gegen die Verunstaltung landschaftlich hervorragender Gegenden** mit Ausf.-Anweisungen. Von Reg.Rat **O. Goldschmidt. — 1912.** 2,60 ℳ

Nr. **50. Gesetz, betr. die Anlegung und Veränderung von Straßen und Plätzen in Städten und ländlichen Ortschaften.** Von Ob.L.G.Rat **O. Meyer. — 1913.** 3,40 ℳ

Nr. **51. Das preußische Disziplinargesetz für die nichtrichterlichen Beamten** und die Privatdozenten. Von Reg.Rat Dr **E. v. Dultzig.** 4,80 ℳ

Guttentagsche Sammlung Preußischer Gesetze.

Nr. 52. **Preußisches Wassergesetz** v. 7. April 1913. Von den Rechtsanwälten **G. Wulff** und **F. Herold.** — **1913.** 5,50 ℳ

Nr. 53. **Hinterlegungsordnung** v. 21. April 1913. Von Landrichter **Hagemann.** 2,50 ℳ

Nr. 54. Gesetz betr. **Anlegung von Sparkassenbeständen in Inhaberpapieren** nebst Ausf.-Verordnung vom 8. Mai 1913. Von Rechtsanwalt **H. Döhring.** — **1914.** 2,25 ℳ

Die Gerichtspraxis.

In Verbindung mit

Amtsrichter **E. Armstroff**, Berlin-Lichterfelde, Staatsanwalt Dr. **E. Falck**, Berlin, Kammergerichtsrat **M. Gfrörer**, Berlin, Amtsrichter **W. Häuseler**, Berlin-Weißensee, Amtsgerichtsrat **G. Krause**, Berlin-Tempelhof, Amtsgerichtsrat **L. Levy**, Charlottenburg, Landrichter Dr. **M. Nadler**, Berlin, Amtsgerichtsrat **H. Riefenstahl**, Berlin

herausgegeben von

Kammergerichtsrat **Dr. Ernst Pape**

1914. Gr.-**8°**. 1326 Seiten. Geb. in Leinen. Preis 19,50 ℳ.

Besprechungen aus der Presse:

Der schlichte Titel läßt den reichen Inhalt des umfangreichen Bandes nicht erkennen, der eine zusammenfassende Darstellung des gesamten Gerichtsverfahrens bietet . . .

„Literarisches Zentralblatt für Deutschland"

Schon jetzt wird man sagen dürfen, daß das Werk vor allen anderen bestimmt ist, dem jungen Praktiker ein treuer Berater und Führer zu sein. Die leichtverständliche Schilderung und die übersichtliche Anordnung werden auch die Gerichtsschreibereibeamten sowie strebsame Bürobeamte anziehen. . . .

„Zeitschrift für Rechtspflege in Bayern."

Die einzelnen Abschnitte sind von erfahrenen Fachmännern bearbeitet worden, die die ihnen gestellte Aufgabe in vortrefflicher Weise gelöst haben. . . . . . Auch der gereifte Praktiker wird Anregung und Belehrung aus dem Werke schöpfen.

„Leipziger Zeitschrift für Deutsches Recht"
(Staatsanwaltschaftsrat Kaempffer-Berlin)

Inhaltsverzeichnis:

Kommentare — Nachschlagebücher.

Die Erbenhaftung nach dem Bürgerlichen Gesetzbuch. Von Rechtsanwalt **S. Riesenfeld**, Berlin. **2 Bände. — 1916. Gr. 8 °.** Preis 26,— ℳ, geb. 31,— ℳ

Erster Band: **Grundsätze der Haftung.** Zweiter Band: **Das Inventar und die Mittel der Haftungsbeschränkung.**

Verwaltungsgesetzbuch für Preußen. Systematische Zusammenstellung der wichtigsten Verwaltungsgesetze und Verordnungen für Praxis und Unterrichtszwecke bearbeitet von Reg.Rat Dr. **Hugo Reichelt.** Mitglied des Bezirksausschusses Magdeburg. — **1914. Gr. 8 °.** Preis geb. 13,— ℳ

Vereins- und Versammlungsrecht der **Gewerkschaften** und **Gewerkvereine.** Mit einem Anhang: Das gewerbliche Koalitionsrecht. Unter Benutzung amtlicher Quellen bearbeitet von Wirkl. Geh. Kriegsrat Dr. jur. **A. Romen.** — **1917. Gr. 8 °.** Preis brosch. 2,— ℳ

Bunte Bilder aus der Rechtswelt. Ein Lesebuch für die jungen Juristen im Felde. Von Dr. **J. W. Hedemann,** o. Prof. an der Universität Jena. — **1917. 8 °.** Preis brosch. 2,50 ℳ

Bürgerliches Rechts-Lexikon. Nach dem Bürgerlichen Gesetzbuch, dem Handelsgesetzbuch und sonstigen Reichs- und Landesgesetzen bearbeitet von Amtsgerichtsrat **E. Christiani. 3. wesentlich vermehrte und verbesserte Auflage. — 1908.** Lex. **8 °.** Geb. in ganz Leinen. Preis 12,20 ℳ

Verfassung und Verwaltung des Deutschen Reiches nebst wichtigen Nebengesetzen. Ein Hilfsbuch für die Examina in Justiz und Verwaltung sowie für die Doktorprüfung. Von Dr. **M. Gebhardt,** Gerichtsassessor a. D. — **1912. Lex. 8 °.** Preis brosch. 9,50 ℳ, geb. in Leinen 10,50 ℳ

Sonderverzeichnisse über hervorragende Erscheinungen aus den Gebieten des Verwaltungs- und Handelsrechts, sowie der genossenschaftlichen Literatur, durch jede Buchhandlung und direkt vom Verlage.

Schlagwort-Register

R. = Nummer der Sammlung Deutscher **Reichs**gesetze.
P. = Nummer der Sammlung **Preußischer** Gesetze.
S. = Seite.

Schlagwort-Register. (R. = Reichsgesetz, P. = preuß. Gesetz.)

 4. IV. 1917. 23 500.

Kolibri 360 GmbH
Ferdinand-Jühlke-Straße 7
99095 Erfurt, Deutschland
produktsicherheit@kolibri360.de